Susi Plott
Günter Durner

Bonus
GPS-Daten zum Download

Wanderführer
Garmisch-Partenkirchen
Band 2

Inhalt

M = mittel **S** = schwer = Klettersteig = mit Bergbahn

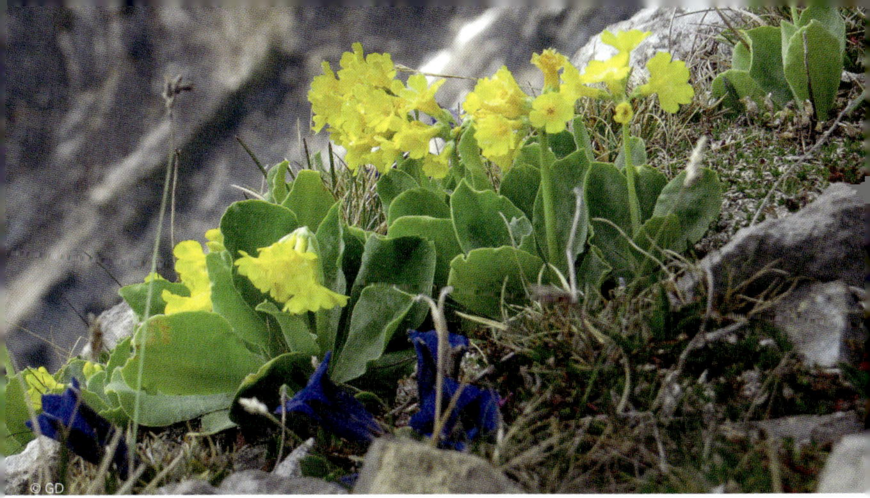
© GD

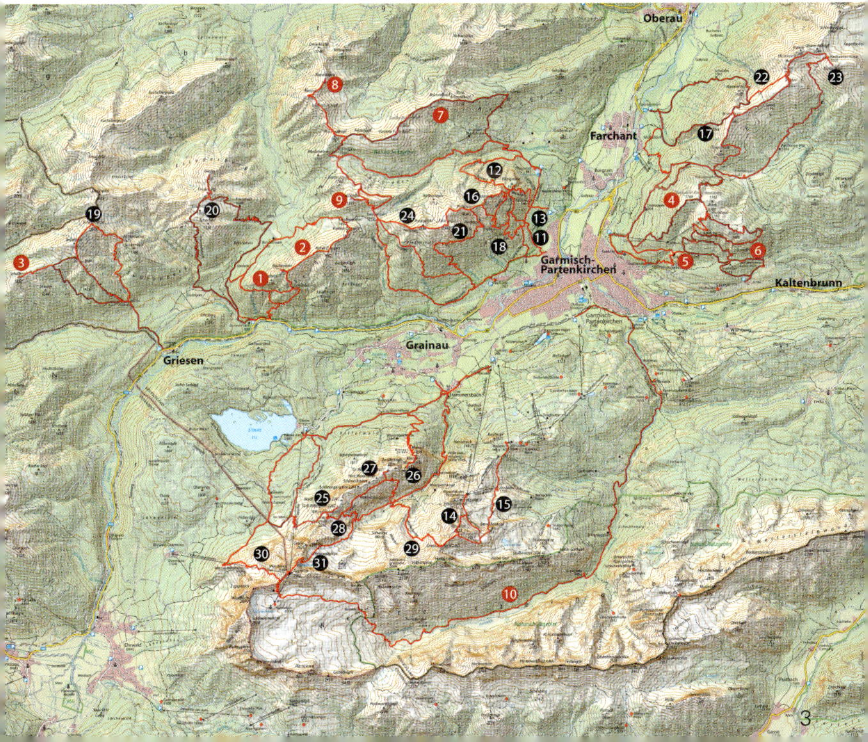
Oberau
Farchant
Garmisch-
Partenkirchen
Kaltenbrunn
Grainau
Griesen

Inhalt

Verpflegung · Bergbahn · Kinder · Klettersteig · Winter

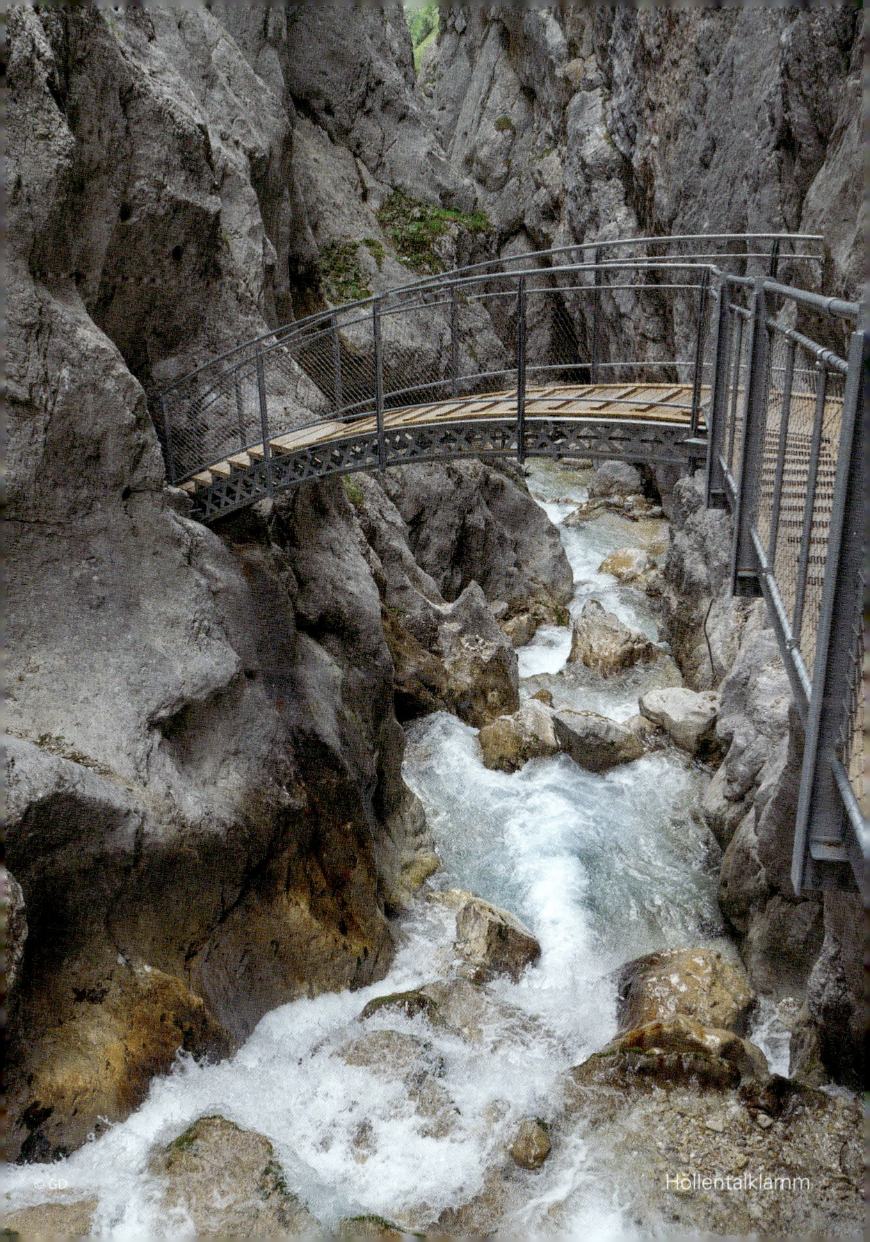
Höllentalklamm

© GD

Wanderparadies Garmisch-Partenkirchen

Garmisch-Partenkirchen grenzt an drei verschiedene Gebirgsgruppen, wobei jede für sich einen ganz eigenen Charakter hat. Die Tourenmöglichkeiten im Wettersteingebirge, in den Ammergauer Alpen und im Estergebirge, bieten dem Genusswanderer und dem Extrembergsportler eine vielfältige Tourenauswahl.

Im Süden von Garmisch-Partenkirchen erhebt sich mit dem **Wettersteingebirge,** die höchste Gebirgsgruppe von Deutschland. Mit seinen langen, tiefeingeschnittenen Tälern, den steilen Felswänden und den markanten Gipfeln, ist es ein wildes, faszinierendes Hochgebirge.
An keinem anderen Ort in Deutschland geht es so hoch hinauf und gibt es so viele „prominente" Gipfel wie beispielsweise die Zugspitze, die Alpspitze oder auch die Dreitorspitze. Das steile, schroffe Wettersteingebirge bietet aber auch liebliche, fast zahme Landschaften mit glasklaren Bächen und Seen. Kaum ein anderer Gebirgsstock hat auf engstem Raum so viele verschiedene Facetten. In der einzigartig schönen Bergwelt des Wettersteingebirges gibt es Tourenmöglichkeiten vom Feinsten.

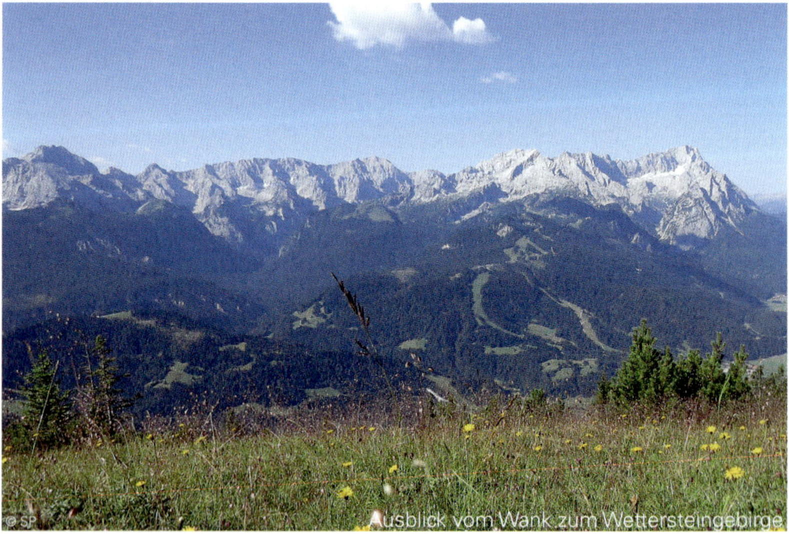

© SP

Ausblick vom Wank zum Wettersteingebirge

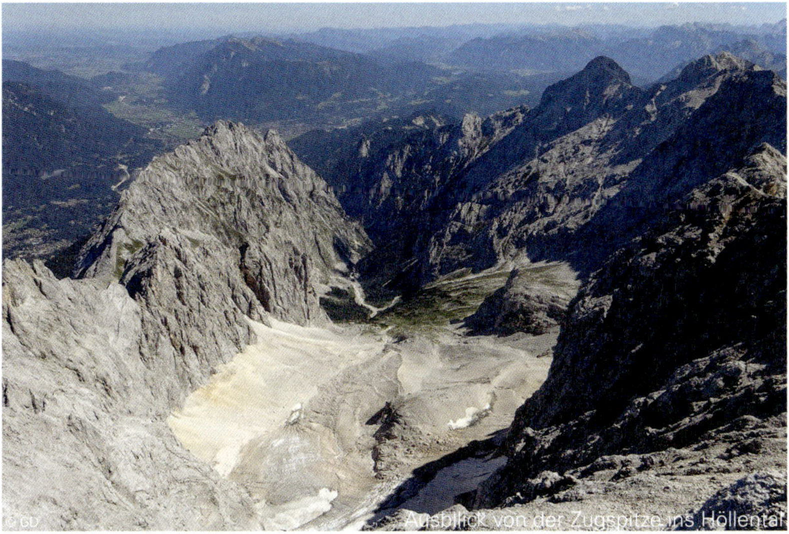
Ausblick von der Zugspitze ins Höllental

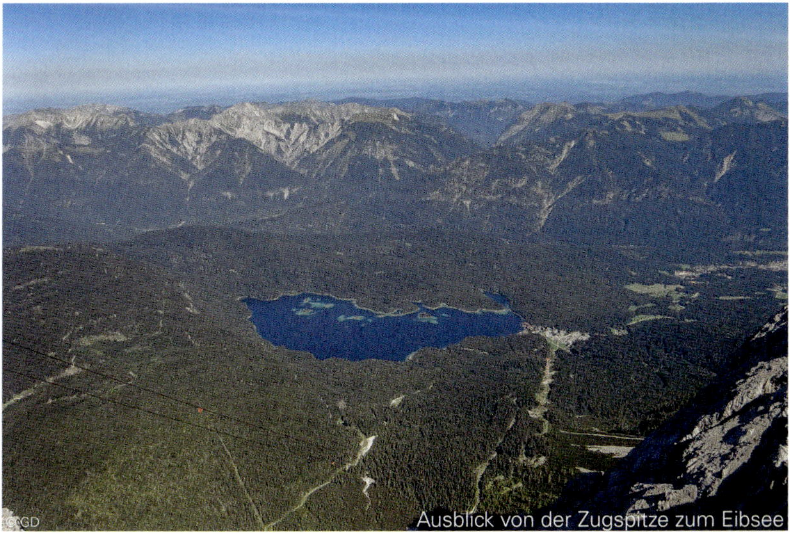
Ausblick von der Zugspitze zum Eibsee

Einleitung

Im Nordwesten von Garmisch-Partenkirchen erstrecken sich die **Ammergauer Alpen**. Sie sind das größte Naturschutzgebiet Bayerns. Im August 2017 wurde das Gebiet zum Naturpark Ammergauer Alpen erklärt. Die weitläufige und einmalige Landschaft ist überwiegend dünn besiedelt und eignet sich hervorragend zum Wandern und Bergsteigen.
Genusswanderer, als auch ambitionierte Bergsteiger, finden in den Ammergauer Alpen viele schöne Wanderziele. Höchster Gipfel der Ammergauer Alpen ist der Daniel 2340 m.

Im Osten von Garmisch-Partenkirchen und dem Loisachtal befindet sich das **Estergebirge**, das sich bis zum Isartal erstreckt. Das landschaftlich äußerst abwechslungsreiche Estergebirge, auch Krottenkopfgebirge genannt, ist eines der größten zusammenhängenden Karstgebiete in den Bayerischen Alpen. Die Karstgewässer des Estergebirges treten an den westlichen und östlichen Flanken des Plattenkalkgebiets aus. Eine sehr eindrucksvolle Karstquelle sind die Kuhfluchtwasserfälle bei Farchant. Das Estergebirge eignet sich perfekt zum Wandern und bietet sehr viele großartige Gipfelziele. Höchster Gipfel des Estergebirges ist der Krottenkopf 2086 m, der schönste Panoramaberg im Werdenfelser Land ist der Wank.

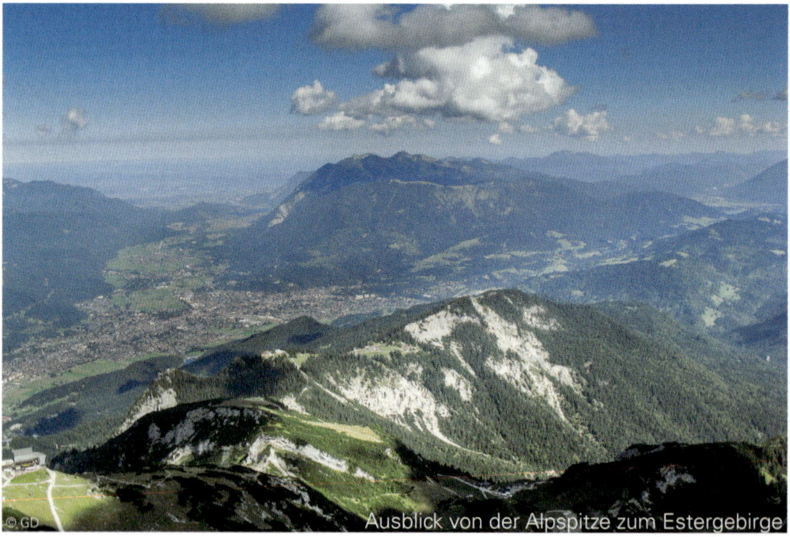

© GD Ausblick von der Alpspitze zum Estergebirge

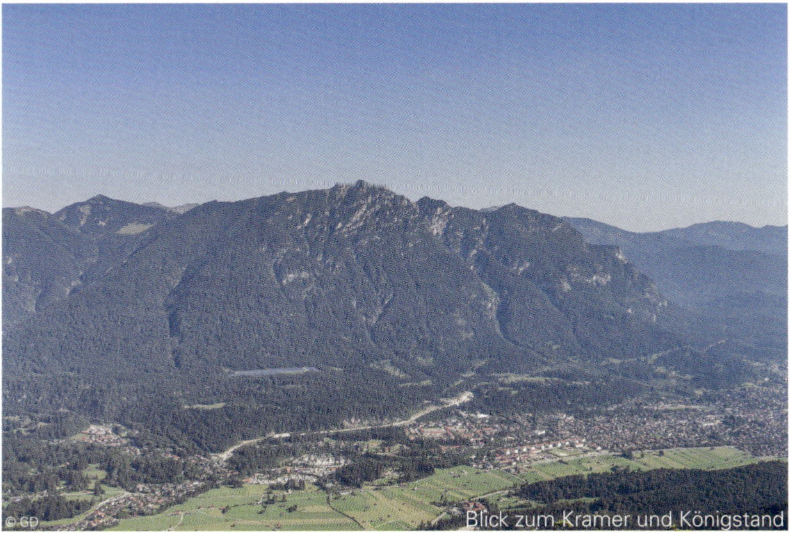

© GD

Blick zum Kramer und Königstand

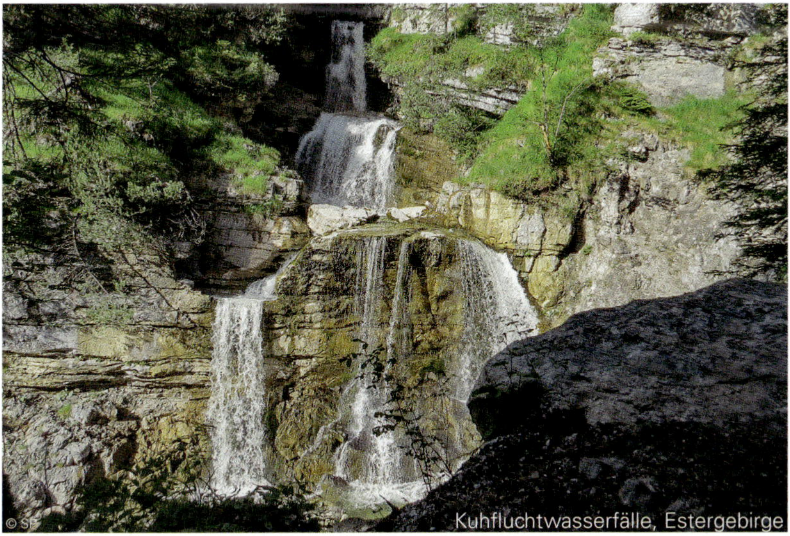

© SP

Kuhfluchtwasserfälle, Estergebirge

Einleitung

In diesem Wanderführer stellen wir Ihnen Wanderungen vor, die wir sorgfältig recherchiert haben Es handelt sich überwiegend um schwierige Touren, die teilweise auf fast vergessenen Jagdsteigen, steilen ausgesetzten Pfaden, über Schrofen und leichten Fels oder auch über wegloses Gelände verlaufen. Viele dieser Touren erfordern fast immer Trittsicherheit und Schwindelfreiheit sowie ein sicheres Gehen im weglosen Gelände.

Regen und Schnee haben oft zur Folge, dass Wege beschädigt oder auch unpassierbar werden. Im Gegensatz zu den „Hauptwegen", werden die weniger frequentierten Wege, nach Beschädigungen durch Witterungseinflüsse, kaum oder gar nicht repariert bzw. in Stand gehalten. So kann es schon mal vorkommen, dass umgestürzte Bäume mehrere Jahre auf einem dieser Weg liegen bleiben.

Sehr oft sind die weniger bekannten Wege nicht oder nur sehr spärlich ausgeschildert, ein gutes Orientierungsvermögen und etwas Spürsinn für den „richtigen" Weg sind unbedingt notwendig.

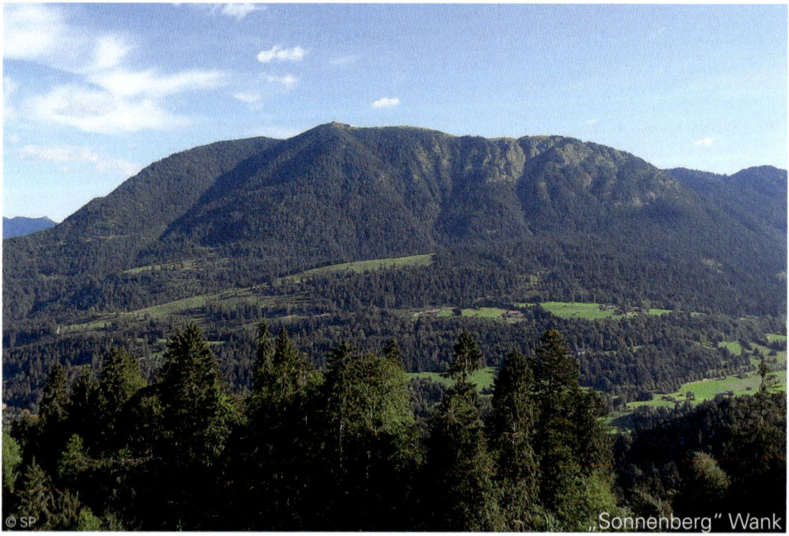

© SP

„Sonnenberg" Wank

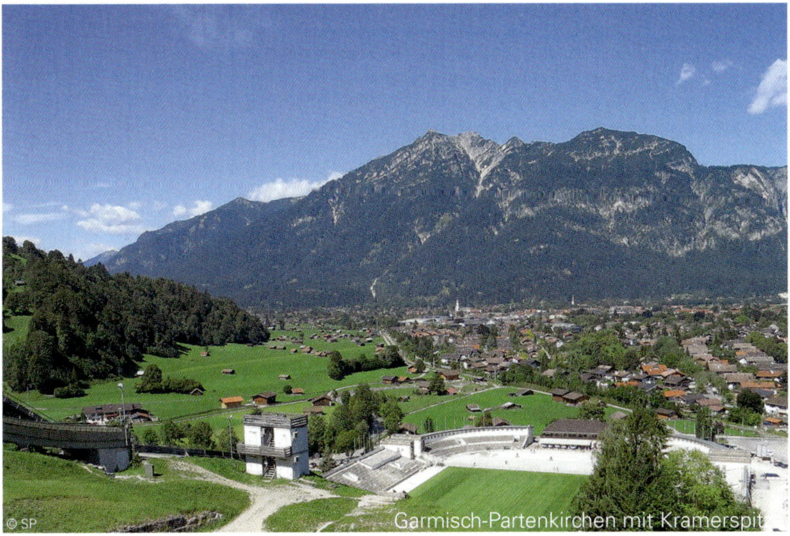

© SP Garmisch-Partenkirchen mit Kramerspitz

Anspruchsvolle Touren verlangen gute Bedingungen, das bedeutet beispielsweise stabiles und trockenes Wetter, zudem müssen die Wege Eis- und Schneefrei sein.
Wie immer sollte die Sicherheit an oberster Stelle stehen, im Zweifelsfall lieber einmal verzichten. Umkehren oder erst gar nicht zu starten ist manchmal der „sicherste Weg". Die Touren in diesem Führer richten sich ganz klar an sehr erfahrene und trittsichere Bergsteiger und keinesfalls an unerfahrene Bergwanderer.

Garmisch-Partenkirchen gehört zu den wenigen Orten in Deutschland, die das höchste Gütesiegel „Premium Class", eine Art Garantieerklärung für naturorientierten Gesundheitsurlaub, tragen dürfen. Voraussetzung für die Auszeichnung ist unter anderem eine außerordentlich hohe Luftqualität, wenig Nebel und kaum schwüle Tage.

Sollten Sie bei der Planung einer Bergwanderung unsicher sein, aber dennoch den Wunsch haben, hoch hinauf zu wandern, dann wenden Sie sich an einen staatlich geprüften Berg- und Skiführer.

Höhenangaben
Die Höhenmeter umfassen alle Höhenmeter bergauf. Am Startpunkt ist die Ortshöhe angegeben. Mit dieser Höhenangabe kann der eigene Höhenmesser eingestellt werden. Da die Höhenmessung über den momentan vorherrschenden Luftdruck gemessen wird, kann diese von den im Wanderführer angegebenen Höhenangaben (z.B. Gesamt hm der Tour) abweichen.

Kilometerangaben
Die Kilometerangaben wurden mit einem GPS-Gerät ermittelt, sie können je nach GPS-Gerät etwas variieren.

Zeitangaben
Die angegebenen Zeiten sind reine Gehzeiten, die großzügig bemessen sind. Pausen für Rast und zur Orientierung wurden nicht berücksichtigt.

Wie lange brauche ich für eine Tour?
Ein durchschnittlicher Wanderer geht in:
1 Stunde 400 Höhenmeter bergauf
1 Stunde 600 Höhenmeter bergab
1 Stunde 4 Kilometer in der Ebene

Startpunkt (in der Tourenbeschreibung)
Angabe des Ortes (z.B. GAP = Garmisch-Partenkirchen), des Startpunktes (z.B. Bahnhof) und die dazugehörige hm-Angabe (z.B. 708 m). In Klammern steht der Verweis auf die Seite + Startpunkt Nr. (z.B. Anfahrt Seite 19, 6). Hier findet man die Wegbeschreibung zum jeweiligen Startpunkt.

Beschreibung Startpunkte (Seiten 18 - 23)
Jeder Startpunkt ist genau beschrieben, wie man dorthin gelangt. Weiter ist aufgeführt, welche Touren von diesem Startpunkt aus starten.

Höhenprofile
Die Höhenprofile geben Auskunft über die Verteilung der Höhenmeter und damit über den Verlauf der Tour. Die jeweilige Wegbeschaffenheit, wie Asphalt, Schotter / Fußwege oder Pfade ist farblich gekennzeichnet.

Höhenangabe beim Tourennamen
z.B. T 31 „Zugspitze über Höllental" (2962 m) = höchster Punkt der Tour

Schwierigkeitsgrad

Die Touren sind in zwei Schwierigkeitsgrade **mittel** - **schwer** eingeteilt. Dieses Buch enthält überwiegend schwere Touren.

Bei der Einteilung sind die Tourenlänge, die Schwierigkeit, die Kondition, die Wegbeschaffenheit und der Höhenunterschied mit bewertet worden.

Symbole

Möglichkeiten zur Einkehr (Hütte, Restaurant,...)

Tour mit Bergbahnbenutzung, Beginn an der Bergstation

Familienfreundlich, mit Kindern möglich

Klettersteig Passagen (Klettersteigausrüstung erforderlich)

Wegpunkte

❶, ❷ Orientierungspunkte mit genauer Höhenangabe (❶ = Startpunkt)

Hinweis / Haftungsausschluss

Infolge von Naturereignissen wie Sturm, starker Regen oder Erdrutsche können Strecken manchmal unpassierbar werden. Bitte erkundigen Sie sich gegebenenfalls persönlich vor Ort bei der Touristinfo über die derzeitige Wegbeschaffenheit. Das Begehen der Touren erfolgt auf eigene Gefahr und Risiko. Jegliche Haftung durch die Autoren oder den AM-BERG Verlag aus der Benutzung dieses Wanderführers ist ausgeschlossen.

Touristinfo	Garmisch-Partenkirchen	08821/180-700	www.gapa.de
	Grainau	08821/9818-50	www.grainau.de
	Farchant	08821/961614	www.farchant.de

Wetter www.gapinfo.de, www.wetteronline.de, www.wetter.com
Wetteraushang am Rathausplatz und bei der Touristinformation

Bergbahnen www.zugspitze.de, www.eckbauerbahn.de

Bergwacht 08821/9222 oder 08821/3611 bzw. Notruf 110

Fahrpläne im Internet:

Nahverkehr in Bayern	www.bayern-fahrplan.de
Nahverkehr im Landkreis Garmisch-Partenkirchen	www.LRA-GAP.de
Regionalverkehr Oberbayern (RVO)	www.rvo-bus.de
Ortsbus Garmisch-Partenkirchen	www.gw-gap.de

Wegeklassifizierung

Gelb ● (Talwege)
Talwege sind überwiegend breit, haben in der Regel eine geringe Steigung und weisen keine absturzgefährlichen Passagen auf.

Blau ● (leichte Bergwege)
Leichte Bergwege sind überwiegend schmal, können steil angelegt sein und weisen in der Regel keine absturzgefährlichen Passagen auf.

Rot ● (mittelschwere Bergwege)
Mittelschwere Bergwege sind überwiegend schmal, oft steil angelegt und weisen absturzgefährliche Passagen auf. Es können zudem kurze, meist versicherte Gehpassagen (z.B. Drahtseil) und / oder kurze, einfache Kletterstellen vorkommen, die den Gebrauch der Hände erfordern.

Schwarz ● (schwierige / anspruchsvolle Bergwege)
Schwere Bergwege sind schmal, teilweise ausgesetzt, oft steil angelegt und absturzgefährlich. Es kommen häufig versicherte Gehpassagen und / oder einfache Kletterstellen vor, die den Gebrauch der Hände erfordern.

Das Begehen von roten oder schwarzen Bergwegen erfordert alpine Erfahrung, Trittsicherheit, Schwindelfreiheit, grundsätzliches Orientierungsvermögen, gute körperliche Verfassung und die Fähigkeit, Gefahren im Gebirge einzuschätzen. Zur entsprechenden Ausrüstung gehören unter anderem eine wetterfeste Bekleidung und geeignete Schuhe mit griffigen Sohlen.

Beschilderung

Die meisten Touren sind mit gelben Hinweisschildern ausgeschildert. In der Regel sind auf den Schildern zusätzlich die Schwierigkeitsangaben in Form eines, z.B. roten (mittelschwer) Punktes angegeben. Zudem ist die Wegenummer und die Gehzeit zum entsprechenden Ziel aufgedruckt.

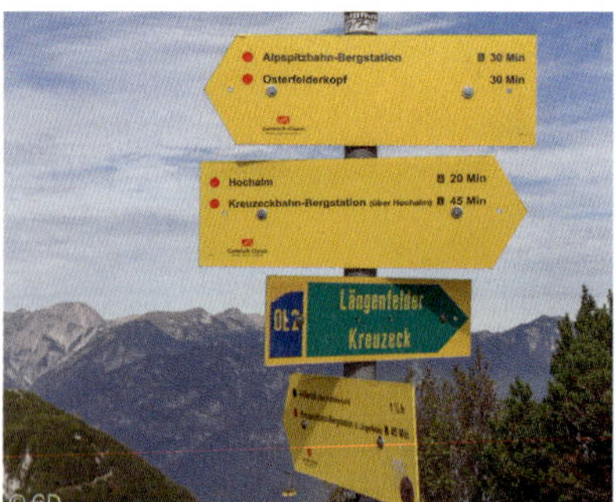

Die übliche farbige Wegmarkierung, an Felsen oder Bäumen etc., ist meistens rot. Falls es notwendig ist, gibt es zusätzliche Hinweise.

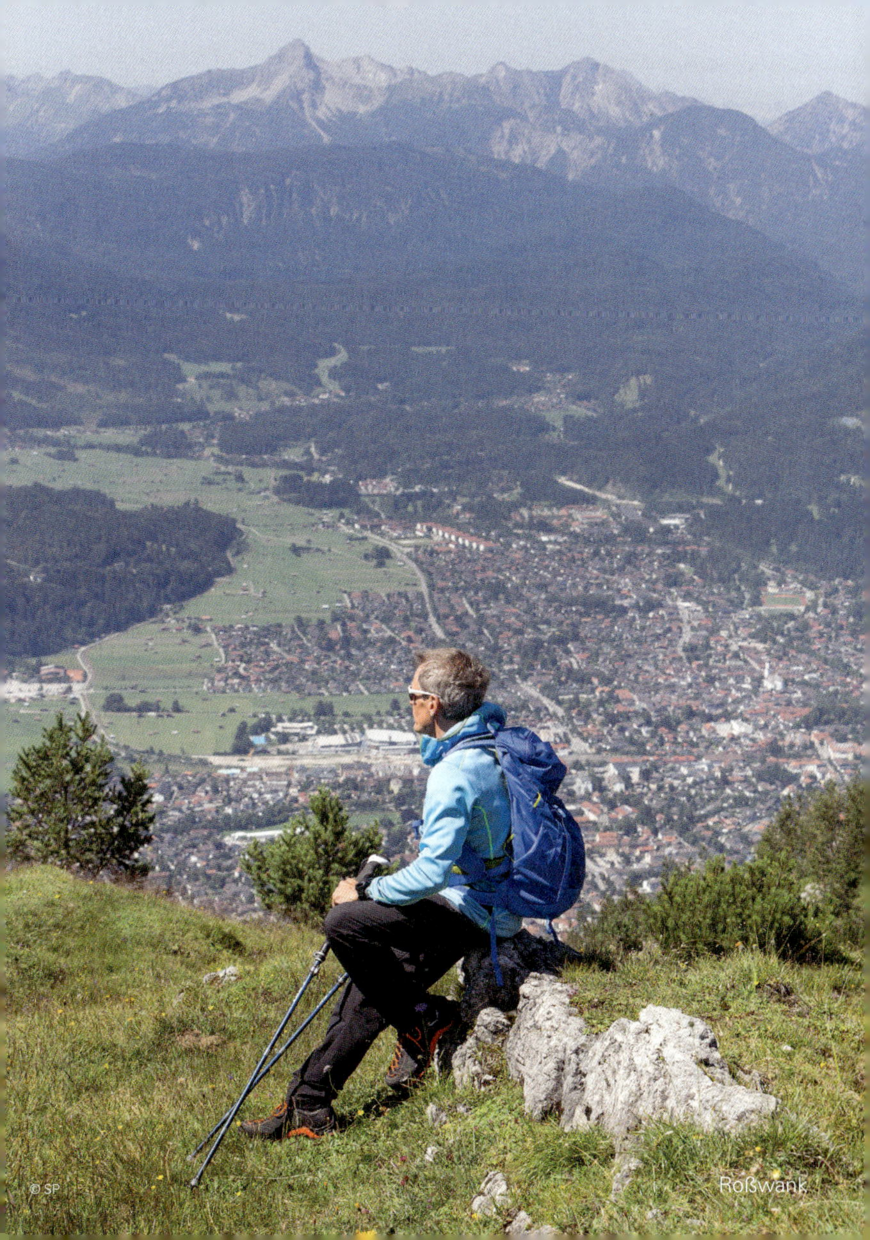

Roßwank

„Bonus“: GPS-Tracks zum Herunterladen

Selbst die sorgfältigste Routenbeschreibung nutzt einem nur, solange man genau weiß, wo man sich gerade befindet. Kleine Abstecher von der eigentlichen Route führen schnell dazu, dass man „den Faden“ verliert. Nicht so bei der Verwendung eines GPS-Navigations-Systems. Sie wissen stets genau, wo Sie sich gerade befinden und, ähnlich wie bei einem Fahrzeugnavigationssystem, erhalten Sie präzise Informationen über den weiteren Wegverlauf. Wenn Sie alles richtig machen, ist ein Verlaufen tatsächlich unmöglich.

Alle GPS-Tracks wurden beim Begehen der Wandertouren durch ein modernes GPS-Gerät aufgezeichnet. Um Ihnen einen idealen GPS-Track anzubieten, haben wir diesen nachträglich am PC bearbeitet. Dabei wurden „Ausreißer“ und „Fehler“ behoben, die immer dann entstehen, wenn das GPS-Gerät beim Aufzeichnen einen schlechten oder gar keinen Empfang hat, z.B. in einer engen Klamm oder in einer Schlucht.

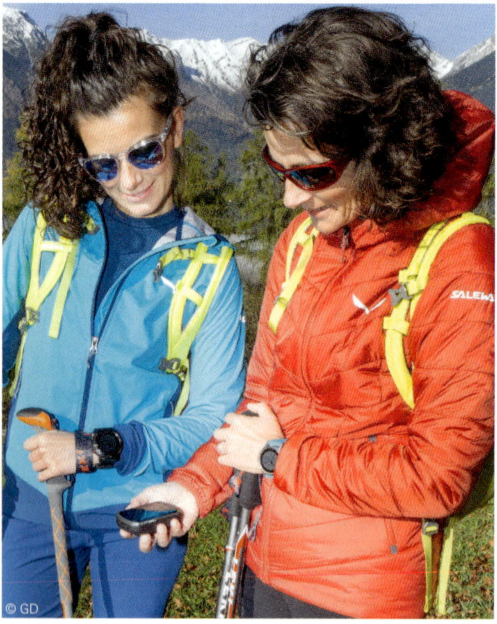

© GD

GPS-Daten zum Download

Die GPS-Tracks, in Form von gpx-Dateien, stellen wir Ihnen als Bonus zum Buch unter www.am-berg-verlag.de zum Herunterladen bereit.

Die GPS-Tracks gelten somit nur als „kostenlose“ Beigabe und sind nicht Bestandteil des Buches. Wir können nicht garantieren, dass die GPS-Tracks jederzeit bzw. für alle Zeiten und von überall aus heruntergeladen werden können. Ein Anspruch auf die GPS-Tracks durch den Kauf des Buches besteht nicht.

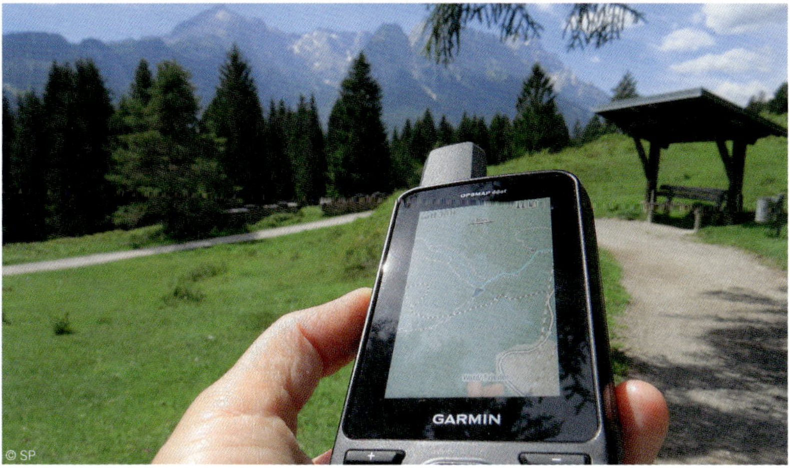

Wie kommen die GPS-Tracks in das GPS-Gerät?

Neben einem GPS-Gerät benötigt man auch einen PC und die entsprechende Software, um die GPS-Tracks auf das GPS-Gerät zu übertragen. Man kann die GPS-Tracks eventuell weiter bearbeiten, auf digitale Karten darstellen und speichern.

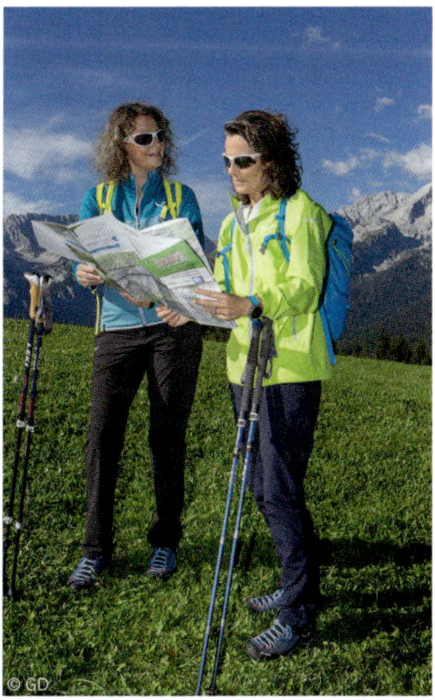

Mit den Softwareprogrammen QuoVadis, BaseCamp von Garmin, Software der digitalen Karten von Kompass können GPS-Tracks auf ein GPS-Gerät geladen, dargestellt und verwaltet werden. Außerdem gibt es zahlreiche freie GPS-Softwareprogramme aus dem Internet.

Im Übrigen verlassen wir uns nie ganz auf die GPS-Technik. Bei allen unseren Touren haben wir weiterhin eine aktuelle Landkarte dabei. Wir hoffen, dass Sie mit unseren Landkarten, die wir speziell für unsere Tourenführer angefertigt haben, immer den „richtigen Weg" finden.

Beschreibung Startpunkte in Garmisch-Partenkirchen ❶ bis ❻

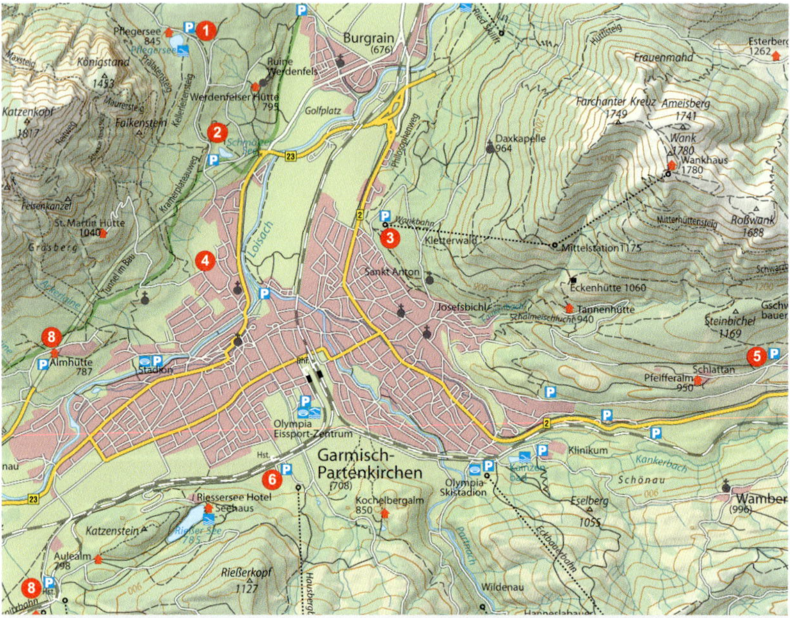

Garmisch-Partenkirchen

❶ Pflegersee
❷ Pflegerseestraße
❸ Parkplatz Wankbahn
❹ Bayernhalle
❺ Schlattan, Höfle
❻ Parkplatz Hausbergbahn
❼ Alpspitz-/Kreuzeckbahn
❽ Almhütte

Anreise Bahn: ❶ ❷ ❸ ❹ ❺ ❻
Von München mit dem ICE oder Regionalzug nach Garmisch-Partenkirchen fahren.

❶ **Pflegersee** (845 m) - *Startpunkt der Touren: 7, 8, 9, 12, 24*
Auto: Von der A95 Richtung Garmisch-Partenkirchen fahren. Nach dem Tunnel Richtung „Fernpaß“ abbiegen. Kurz nach dem Ortsschild Garmisch-Partenkirchen, beim Hotel Sonnenbichl, rechts in die Thomas-Knorr-Straße abbiegen und der Beschilderung „Pflegersee“ folgen.
Navi: 82467 Garmisch-Partenkirchen, Pflegersee 1
Bus ab Bhf.: Ortsbus Linie 3, 4 bis Haltestelle Hörmannstraße. Von hier zu Fuß der Hörmannstraße bis zur Pflegerseestraße folgen und auf dieser bergauf bis zum Pflegersee gehen (ca. 2 km).

❷ Pflegerseestraße (765 m) - *Startpunkt der Touren: 11, 16*

Auto: Von der A95 Richtung Garmisch-Partenkirchen fahren. Nach dem Tunnel Richtung „Fernpaß" abbiegen. Kurz nach dem Ortsschild Garmisch-Partenkirchen, beim Hotel Sonnenbichl, rechts in die Thomas-Knorr-Straße abbiegen und der Beschilderung „Pflegersee" folgen. Nach 800 m beim Parkplatz (Kreuzung Kramerplateauweg) parken.

Navi: 82467 Garmisch-Partenkirchen, Pflegersee 1

Bus ab Bhf.: Ortsbus Linie 3, 4 bis Haltestelle Hörmannstraße. Von hier zu Fuß der Hörmannstraße bis zur Pflegerseestraße folgen und auf dieser bergauf bis zum Abzweig Kramerplateauweg gehen (ca. 1 km).

❸ Wankbahn (740 m) - *Startpunkt der Touren: 4, 5, 17, 23*

Auto: Von der A95 nach Garmisch-Partenkirchen fahren. Etwa 1 km nach dem Kreisel links Richtung „Wankbahn" abbiegen und der Beschilderung „Wankbahn" folgen.

Navi: 82467 Garmisch-Partenkirchen, Wankbahnstraße 2

Bus ab Bhf.: Ortsbus Linie 3, 4, 5 bis Haltestelle Wankbahn

❹ Bayernhalle (760 m) - *Startpunkt der Touren: 13, 18*

Auto: Von der A95 Richtung Garmisch-Partenkirchen fahren. Nach dem Tunnel Richtung „Fernpaß" abbiegen und in Garmisch-Partenkirchen bis zur Loisachbrücke fahren. Hier nach rechts abbiegen und der Beschilderung „Bayernhalle" folgen.

Navi: 82467 Garmisch-Partenkirchen, Brauhausstr. 19

Bus ab Bhf.: Ortsbus Linie 3, 4, 5 bis Haltestelle Thomas-Knorr-Straße. Von hier zu Fuß in die Th.-Knorr-Straße, dann links in die Friedhofstraße und dieser bis zum Ende folgen. Dort links und dann rechts der Brauhausstraße folgen (ca. 600 m).

❺ Schlattan, Höfle (880 m) - *Startpunkt der Tour: 6*

Auto: Von der A95 nach Garmisch-Partenkirchen und dort Richtung „Mittenwald" weiterfahren. Etwa 2,5 km nach dem Ortsende von Garmisch-Partenkirchen links abbiegen und der Beschilderung „Schlattan, Höfle" folgen.

Navi: 82467 Garmisch-Partenkirchen, Schlattan

Bus ab Bhf.: Mit dem Oberbayernbus „Isartal-Bus" (9608) bis Haltestelle Schlattan fahren. Von hier zu Fuß der Straße Richtung Schlattan, Höfle folgen (ca. 700 m). (ca. 300 m).

❻ Hausbergbahn (728 m) - *Startpunkt der Tour: 10*

Auto: Von der A95 nach Garmisch-Partenkirchen fahren. Nach dem Tunnel Richtung „Fernpaß" abbiegen. In Garmisch-Partenkirchen Richtung „Hausbergbahn" fahren.

Navi: 82467 Garmisch-Partenkirchen, Am Hausberg

Bahn: Am Bahnhof in die Bayerische Zugspitzbahn umsteigen und bis zur Haltestelle Hausberg fahren.

Bus ab Bhf.: Ortsbus Linie 1, 2, 3, 4, 5 bis Haltestelle Alpspitzstraße

Beschreibung Startpunkte in Garmisch-Partenkirchen ❼ bis ❽

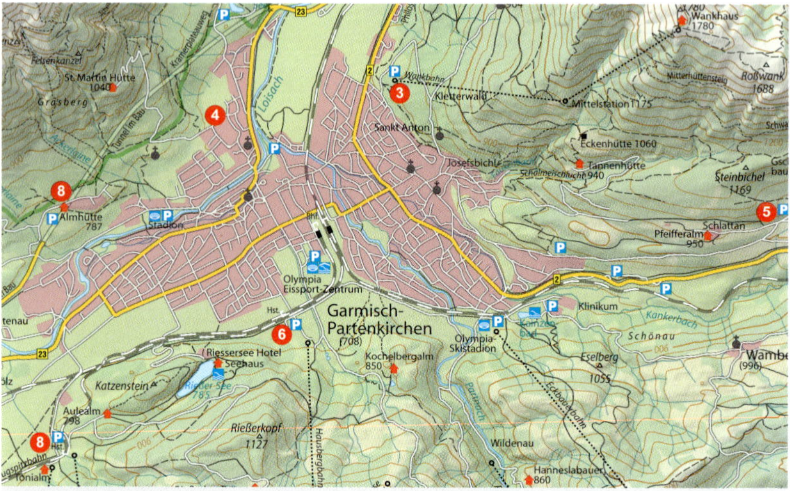

Garmisch-Partenkirchen

❶ Pflegersee
❷ Pflegerseestraße
❸ Parkplatz Wankbahn
❹ Bayernhalle
❺ Schlattan, Höfle
❻ Parkplatz Hausbergbahn
❼ Alpspitz-/Kreuzeckbahn
❽ Almhütte

Anreise Bahn: ❼ ❽
Von München mit dem ICE oder Regionalzug nach Garmisch-Partenkirchen fahren.

❼ **Kreuzeckbahn** (760 m) - *Startpunkt der Touren: 14, 15, 29*
Auto: Von der A95 nach Garmisch-Partenkirchen fahren. Nach dem Tunnel Richtung „Fernpaß" abbiegen. In Garmisch-Partenkirchen Richtung „Alpspitzbahn" fahren.
Navi: 82467 Garmisch-Partenkirchen, Am Kreuzeckbahnhof 12
Bahn: Am Bahnhof in die Bayerische Zugspitzbahn umsteigen und bis zur Haltestelle Kreuzeck fahren.
Bus ab Bhf.: Ortsbus Linie 1 bis Haltestelle Kreuzeck, Alpspitzbahn

❽ **Almhütte** (787 m) - *Startpunkt der Touren: 21*
Auto: Von A95 Richtung Garmisch-Partenkirchen fahren und nach dem Tunnel Rich-tung „Fernpaß" bis zur Loisachbrücke fahren. Hier rechts Richtung „Stadion am Gröben" fahren. Nach ca. 2 km rechts der Maximilianstraße bis zur Almhütte folgen.
Navi: 82467 Garmisch-Partenkirchen, Maximilianshöhe 15
Bus ab Bhf.: Ortsbus Linie 1, 2 bis Haltestelle Äußere Maximilianstraße. Von hier zu Fuß links, der Maximilianstraße bis zur Almhütte folgen (ca. 1 km).

Beschreibung Startpunkte in Farchant ❾

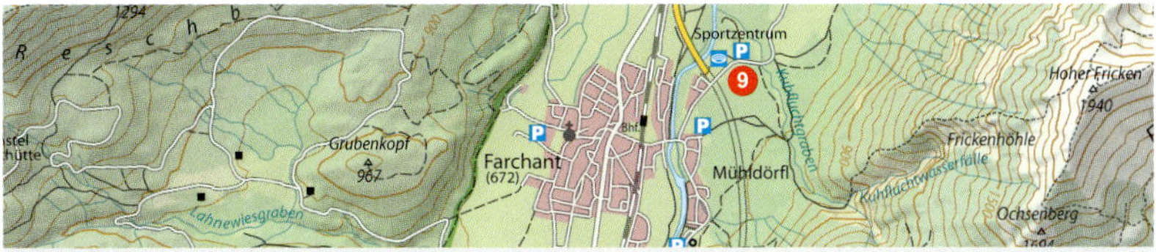

Farchant

❾ Föhrenheide

❾ **Föhrenheide** (670 m) - *Startpunkt der Tour: 22*

Auto: Von der A95 nach Farchant fahren. In der Ortsmitte nach links abbiegen und der Beschilderung „Sportzentrum" folgen.

Navi: 82490 Farchant, Föhrenheide

Bahn: Von München mit dem ICE oder Regionalzug nach Garmisch-Partenkirchen fahren.

Bus ab Bhf.: Ortsbus Linie 3, 4, 5 bis Haltestelle Farchant, Maibaum. Von hier zu Fuß der Hauptstraße Richtung Norden folgen und dann rechts in die Bahnhofstraße und der Beschilderung „Sportzentrum" folgen (ca. 1 km).

Beschreibung Startpunkte in Grainau, Hammersbach ⑩ bis ⑪

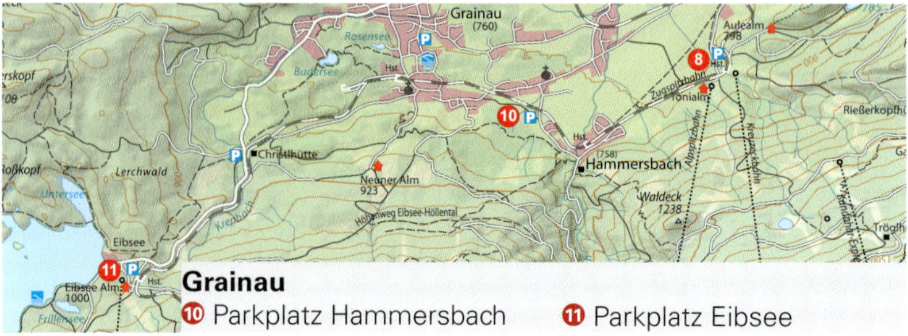

⑩ **Wanderparkplatz Hammersbach** (760 m) - *Startpunkt der Touren: 26, 27, 28, 31*
Auto: Von der A95 nach Garmisch-Partenkirchen fahren. Nach dem Tunnel Richtung „Fernpaß“ abbiegen und durch Garmisch-Partenkirchen fahren. Nach dem Ort, den 1. Abzweig links nach Grainau nehmen und Richtung „Hammersbach“ fahren.
Navi: 82491 Grainau, Höllentalstraße
Bahn: Von München mit ICE oder Regionalzug nach Garmisch-Partenkirchen. Hier in die Bayerische Zugspitzbahn umsteigen. Bis zur Haltestelle Hammersbach. Von hier zu Fuß der Höllentalstraße ortsauswärts bis zum Parkplatz folgen (ca. 600 m).
Bus ab Bhf. GAP: „Eibsee-Bus“ bis Haltestelle Hammersbach. Ev. kann hier direkt die Wanderung gestartet werden. (Wanderparkplatz liegt ca. 500 m ortsauswärts).

⑪ **Eibsee** (980 m) - *Startpunkt der Touren: 25, 30*
Auto: Von der A95 nach Garmisch-Partenkirchen fahren. Nach dem Tunnel Richtung „Fernpaß“ abbiegen. Durch Garmisch-Partenkirchen Richtung „Fernpaß“ weiterfahren und nach Garmisch-Partenkirchen dem 2. Abzweig links Richtung „Zugspitze, Eibsee“ folgen.
Navi: 82491 Grainau, Am Eibsee
Bahn: Von München mit dem ICE oder Regionalzug nach Garmisch-Partenkirchen. Hier in die Bayerische Zugspitzbahn umsteigen. Bis zur Haltestelle Eibsee fahren.
Bus ab Bhf.: „Eibsee-Bus" bis Haltestelle Eibsee

Beschreibung Startpunkte in Griesen ⓬ bis ⓭

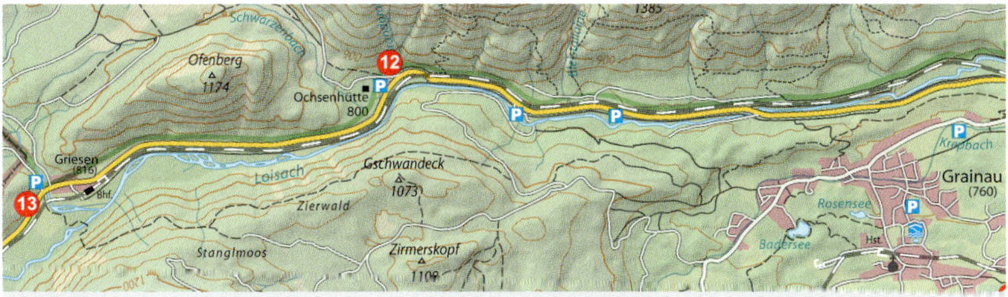

Griesen

⓬ Ochsenhütte ⓭ Griesen

⓬ **Ochsenhütte** (800 m) - *Startpunkt der Touren: 1, 2, 20*
Auto: Von der A95 nach Garmisch-Partenkirchen fahren. Nach dem Tunnel Richtung „Fernpaß" abbiegen und durch Garmisch-Partenkirchen fahren. Nach dem Ort, weiter Richtung „Fernpaß" fahren. Ca. 5 km nach Garmisch-Partenkirchen fährt man über einen Bahnübergang und danach folgt auf der rechten Seite der Wanderparkplatz bei der Ochsenhütte.
Navi: 82467 Griesen, B23
Bahn: Keine Bahnverbindung.
Bus ab Bhf. GAP: Keine Busverbindung.

⓭ **Griesen** (816 m) - *Startpunkt der Touren: 3, 19*
Auto: Von der A95 nach Garmisch-Partenkirchen fahren. Nach dem Tunnel Richtung „Fernpaß" abbiegen und durch Garmisch-Partenkirchen fahren. Nach dem Ort, weiter Richtung „Fernpaß" fahren. Nach ca. 8 km erreicht man den Ortsteil Griesen. Am Ortsende gibt es zwei Wanderparkplätze
Navi: 82467 Griesen, B23
Bahn: Von München mit dem ICE oder Regionalzug nach Garmisch-Partenkirchen fahren. Weiterfahrt mit dem Regionalzug zum Bahnhof Griesen. Vom Bahnhof geht man ca. 400 m bis zum Startpunkt der Tour.
Bus ab Bhf.: Gästebus Bayern-Tirol Haltestelle Bahnhof Griesen. Von hier zu Fuß der Hauptstraße Richtung Westen folgen und dann, direkt bei der Brücke, rechts zum Startpunkt gehen. (ca. 400 m).

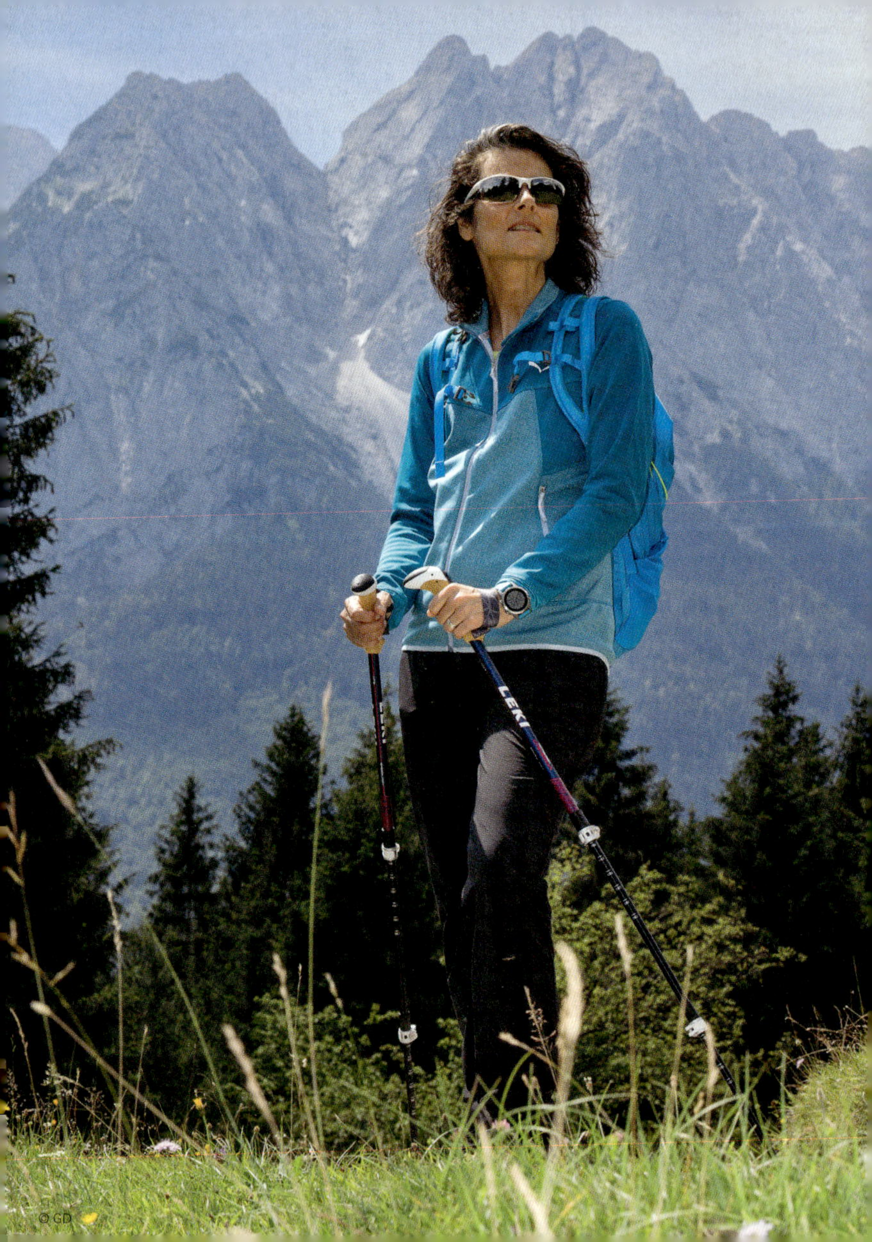
LEKI

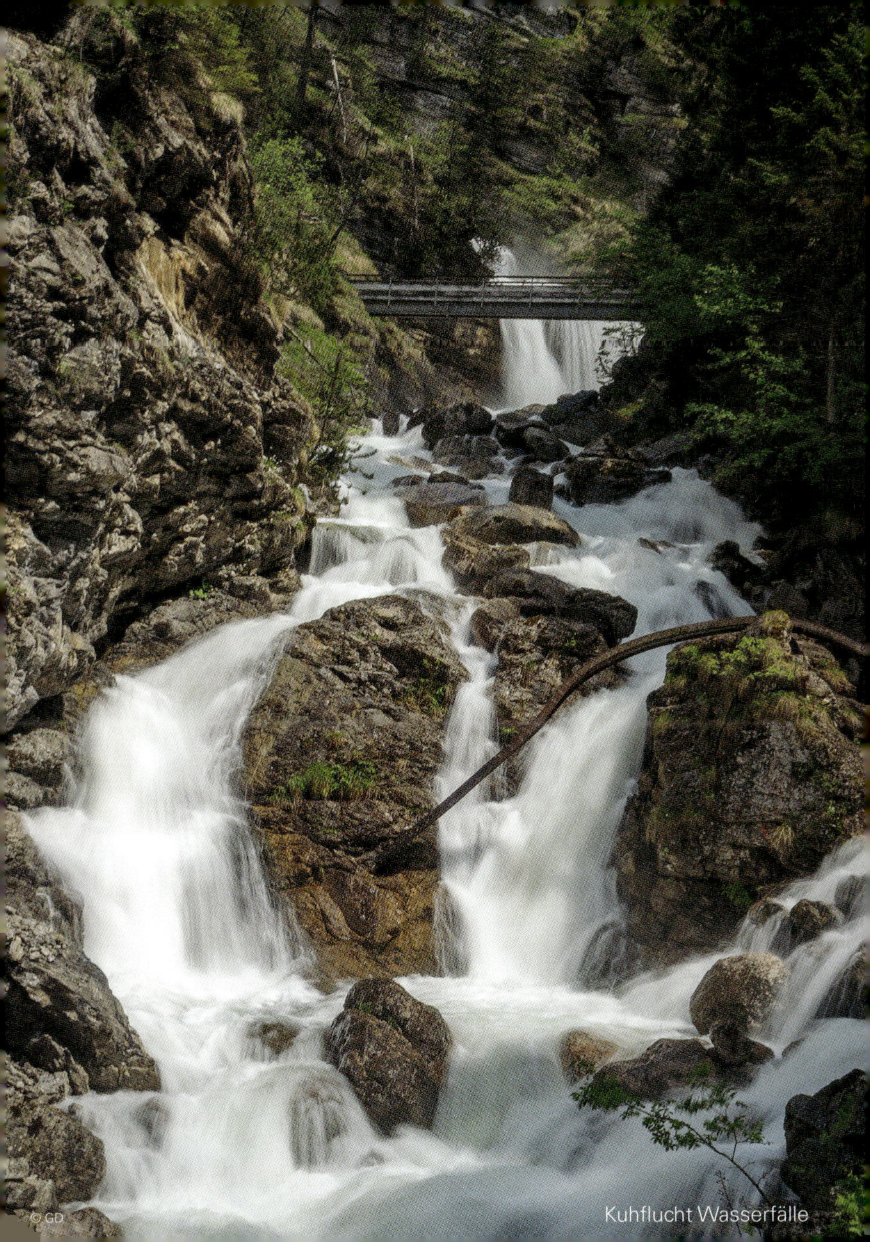

Kuhflucht Wasserfälle

1 „Rauhenstein - Griesbergalm - Panoramasteig“ (1728 m)

Einsame wildromantische Runde

An den extrem steilen mit Felsen und Gras durchsetzten Südhängen des Rauhensteins gibt es wunderschöne Kiefern. Die steile Nordseite, hinunter zur Rotmoosalm, besteht dagegen aus brüchigen Felswänden. Oberhalb einer markanten Felswand über die ein Wasserfall stürzt, verläuft der Panoramasteig.

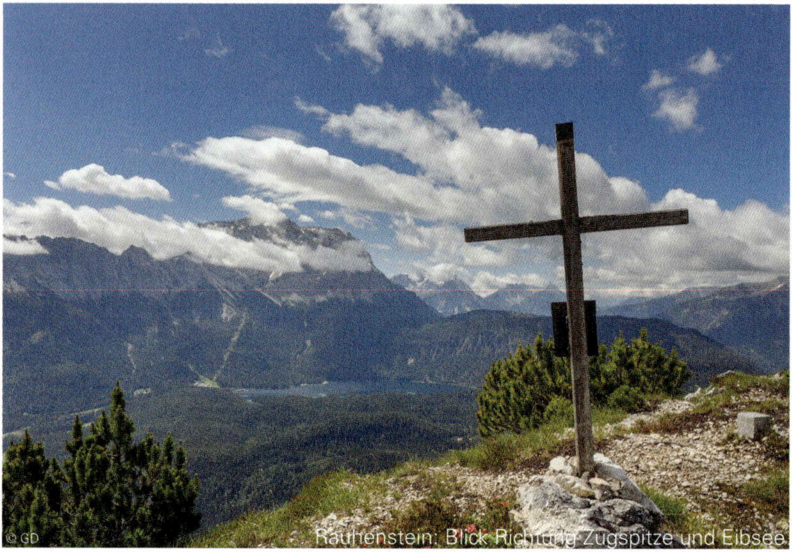

© GD Rauhenstein: Blick Richtung Zugspitze und Eibsee

Schwierigkeit: Mittelschwere Tour, die auf überwiegend schmalen Pfaden verläuft. Der Abzweig zum Rauhenstein ist schwer zu finden. Die letzten Meter zum Gipfel führen über steiles, teilweise latschenbedecktes Gelände. Gutes Orientierungsvermögen und Trittsicherheit sind erforderlich.

Startpunkt: GAP, Ochsenhütte, 800 m (Anfahrt Seite 23, Nr. ⓬)

Strecke: ❶ Ochsenhütte 800 m, ❷ Grießbergalm 1428 m, ❸ Rauhenstein 1728 m, ❹ Forststraße 1040 m

Interessantes: Aussichtsreicher Panoramasteig, entlang der Südseite vom Griesberg

Einkehr: Keine

5:11 Std. 8,8 km 981 hm

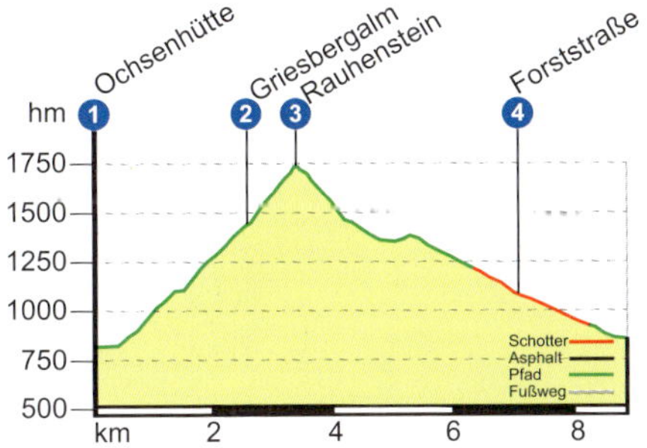

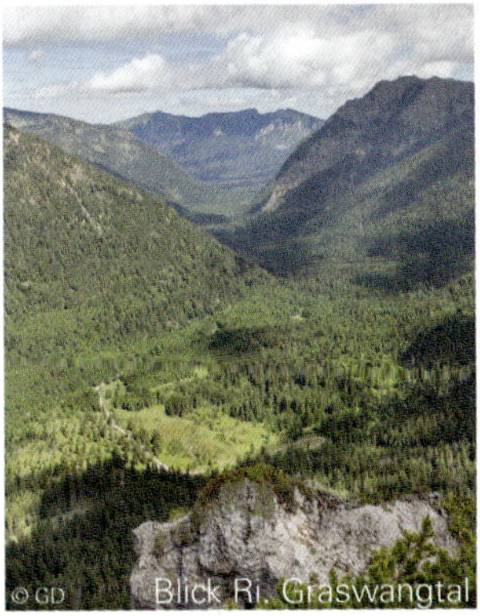

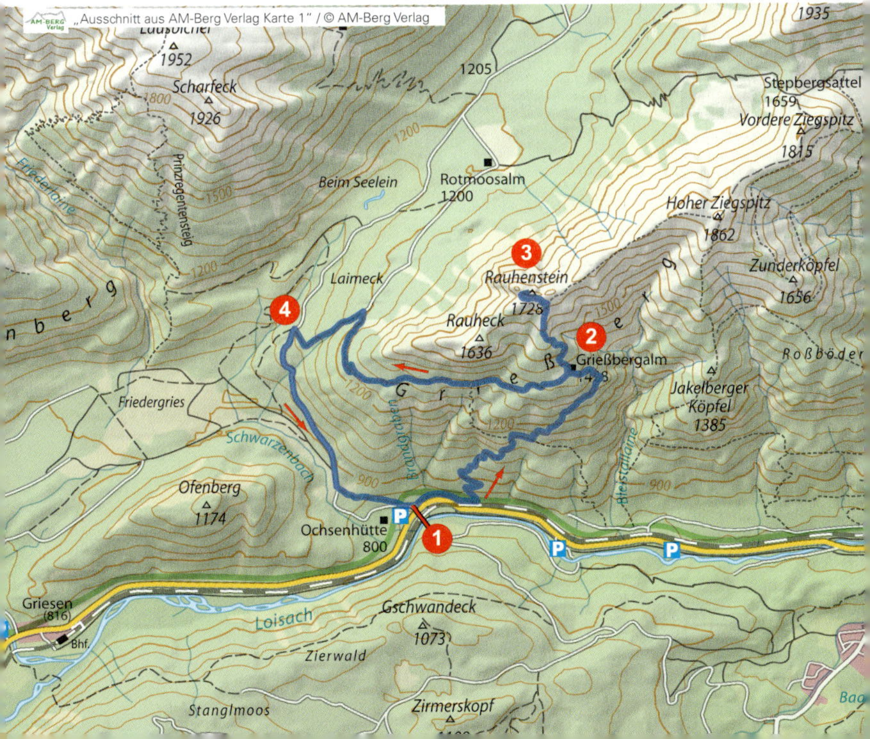

1 „Rauhenstein - Griesbergalm - Panoramasteig“ (1728 m)

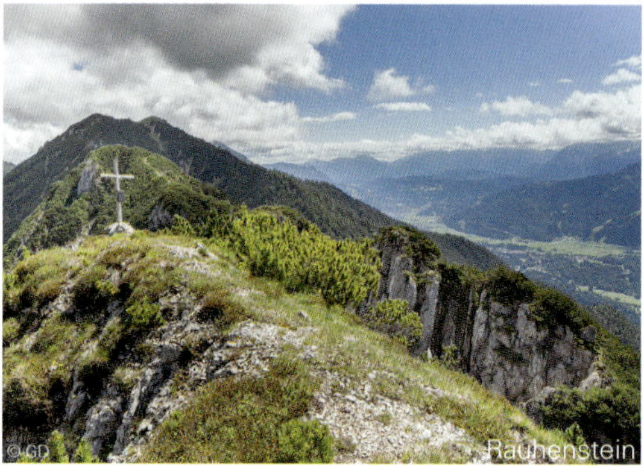

© GD Rauhenstein

Wegbeschreibung:

Vom Parkplatz bei der ❶ **Ochsenhütte** bis zum Bahnübergang gehen. Dort links und auf der linken Seite der Bahnlinie, ca. 150 m weitergehen. Achtung: Nicht auf dem Bahngleis gehen, Lebensgefahr. Bei einem Baum mit einer roten Markierung, zweigt links ein Pfad ab. Diesem bergauf folgen. Der Pfad windet sich in zahlreichen Serpentinen durch den wunderschönen Bergwald empor. Bei einer Weggabelung hält man sich rechts und folgt nun dem Pfad der den Hang quert. Nach etwa 150 m zweigt links (bergseitig) ein etwas unscheinbarer Steig ab, der leicht übersehen werden kann ab. Dieser Steig führt hinauf zur ❷ **Grießbergalm**.

Direkt hinter der unbewirtschafteten kleinen Grießbergalm, weiter dem Steig folgen. Nun wandert man zunächst durch Wald, dann durch eine Latschenzone, hinauf Richtung Rauhenstein. Auf einer Höhe von 1670 m zweigt unterhalb des Rauhenstein wieder ein unscheinbarer Pfad nach links ab. Dieser Pfad führt zunächst nach Westen und steigt dann steil an. Durch freigeschnittene Latschen und leichtes Schrofengelände erreicht man den Gipfel des ❸ **Rauhensteins.**

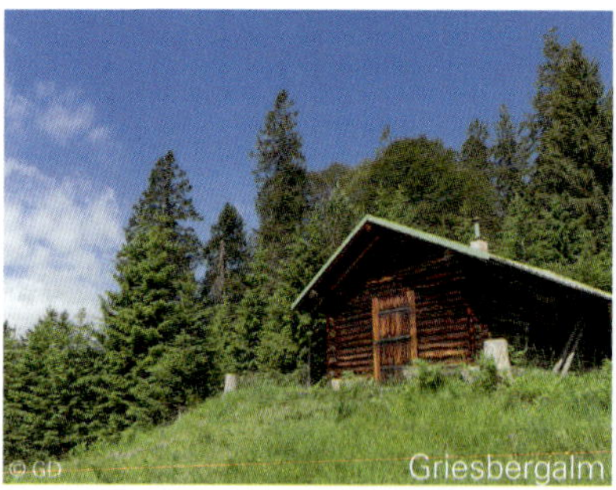

© GD Griesbergalm

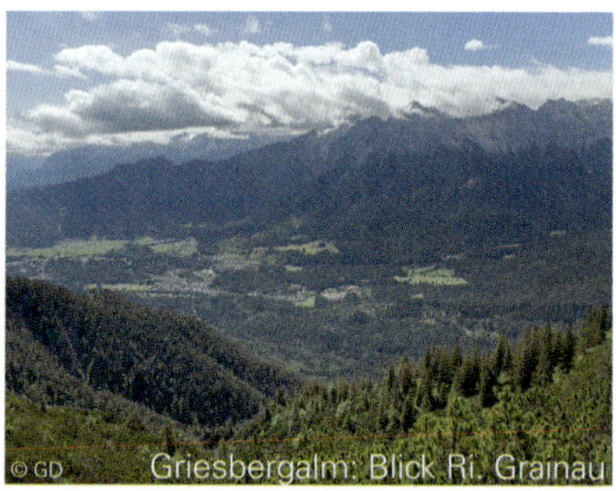

© GD Griesbergalm: Blick Ri. Grainau

Wussten Sie schon ...

- ... dass der Grießberg der westlichste Punkt des Ziegspitzkammes ist, der von der Stepbergalm über die Hohe Ziegspitz verläuft. Am Grießberg und Rauhenstein gibt es zahlreiche alte Pfade auf denen man fast immer allein unterwegs sein kann. Sie erfordern allerdings einen guten Orientierungssinn, da sie schlecht und teilweise nicht markiert sind.

Der Abstieg vom Rauhenstein bis zur Grießbergalm erfolgt auf dem gleichen Weg. Bei der Grießbergalm geht man nun rechts auf dem Pfad („Panorama"-Steig), der sich zuerst an der Südseite, dann an der Westseite des Grießbergs entlangschlängelt. Der Panoramasteig trifft auf einer Höhe von etwa 1200 m auf den Forstweg, der von der Rotmoosalm zur Ochsenhütte herunterführt. Hier links und dem Weg steil bergab folgen. An der ❹ **Forststraße**, die von der Ochsenhütte nach Linderhof geht nach links auf die Forststraße abbiegen und auf dieser zunächst hinunter Richtung Ochsenhütte wandern. Kurz nach dem Abzweig (rechts) zum Friedergries, links auf den Pfad abbiegen. Dieser führt zum Ausgangspunkt zurück.

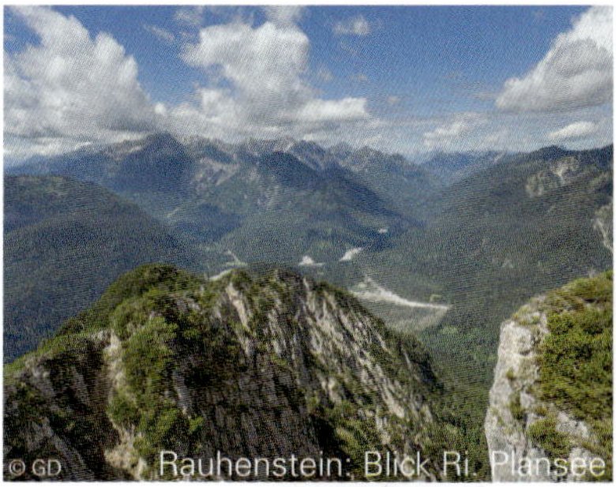

© GD Rauhenstein: Blick Ri. Plansee

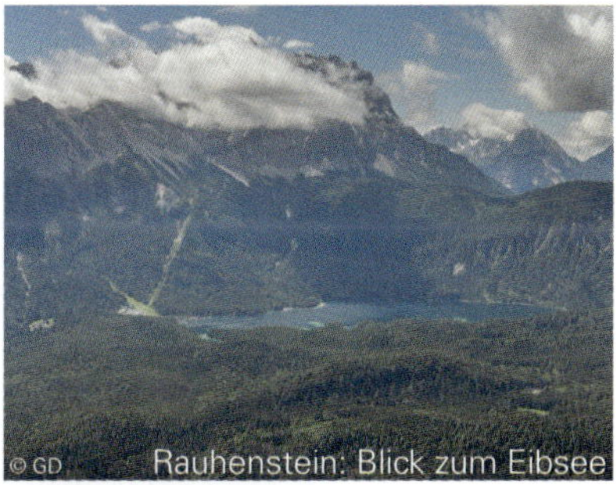

© GD Rauhenstein: Blick zum Eibsee

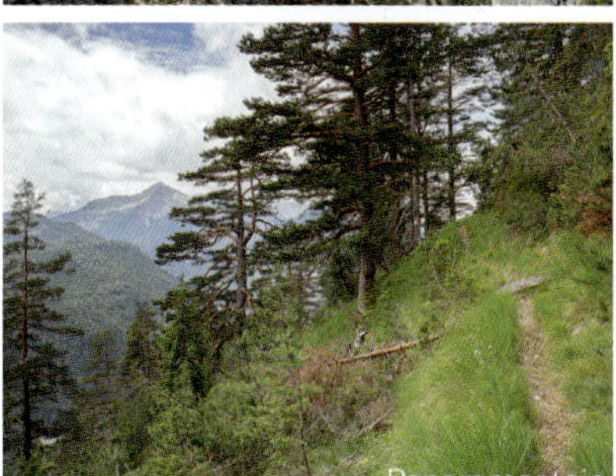

© GD Panoramasteig

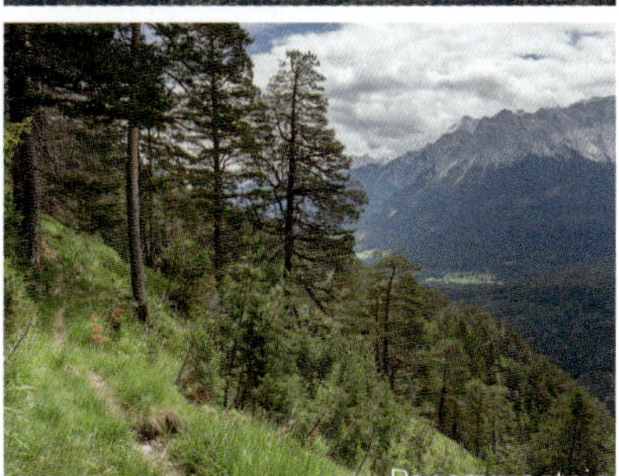

© GD Panoramasteig

2 „Hoher Ziegspitz über Grießbergalm" (1864 m)

Wunderschöne sehr aussichtsreiche Rundtour

Der Hohe Ziegspitz ist der höchste Punkt vom Ziegspitzkamm, der von der Stepbergalm zum Grießberg verläuft. Mit dem Aufstieg über die Grießbergalm und den Ziegspitzkamm zum Hohen Ziegspitz und hinunter über die Rotmoosalm, ergibt sich eine landschaftlich abwechslungsreiche Rundtour.

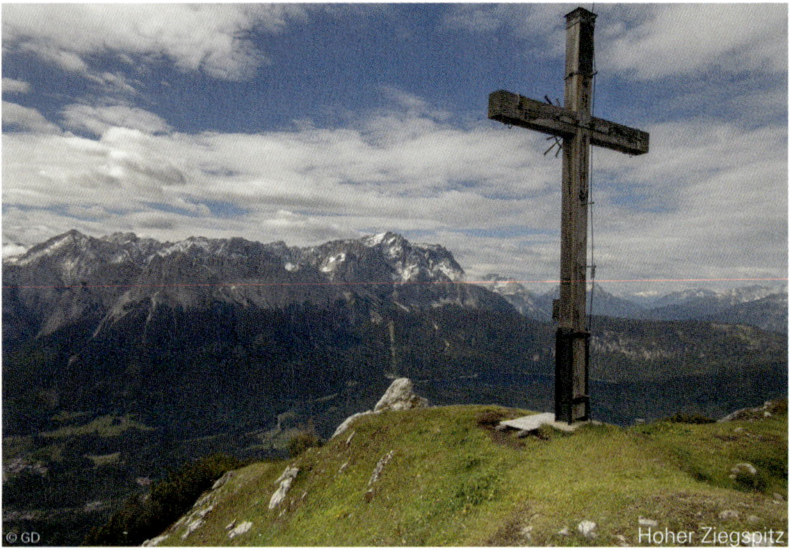
© GD
Hoher Ziegspitz

Schwierigkeit: Bis zum Stepbergsattel verläuft die Tour überwiegend auf schmalen Pfaden. Danach ist man auf breiten Karrenwegen unterwegs. Trittsicherheit ist nur auf dem nordseitigen Pfad von dem Hohen Ziegspitz zum Stepbergsattel erforderlich und dort kann im Frühjahr noch lange Schnee liegen.

Startpunkt: GAP, Ochsenhütte, 800 m (Anfahrt Seite 23, Nr. ⓬)

Strecke: ❶ Ochsenhütte 800 m, ❷ Grießbergalm 1428 m, ❸ Hoher Ziegspitz 1862 m, ❹ Stepbergsattel 1659 m, ❺ Rotmoosalm 1200 m, ❻ Forststraße 1040 m

Interessantes: Schöner Kammverlauf vom Rauhenstein zum Hohen Ziegspitz.

Einkehr: Keine

6:40 Std. 13,1 km 1209 hm

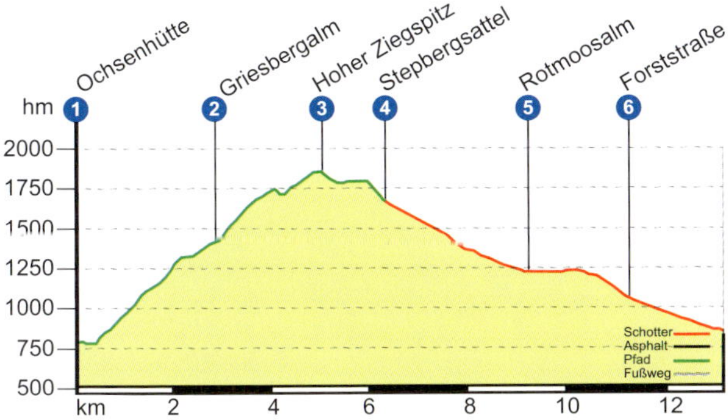

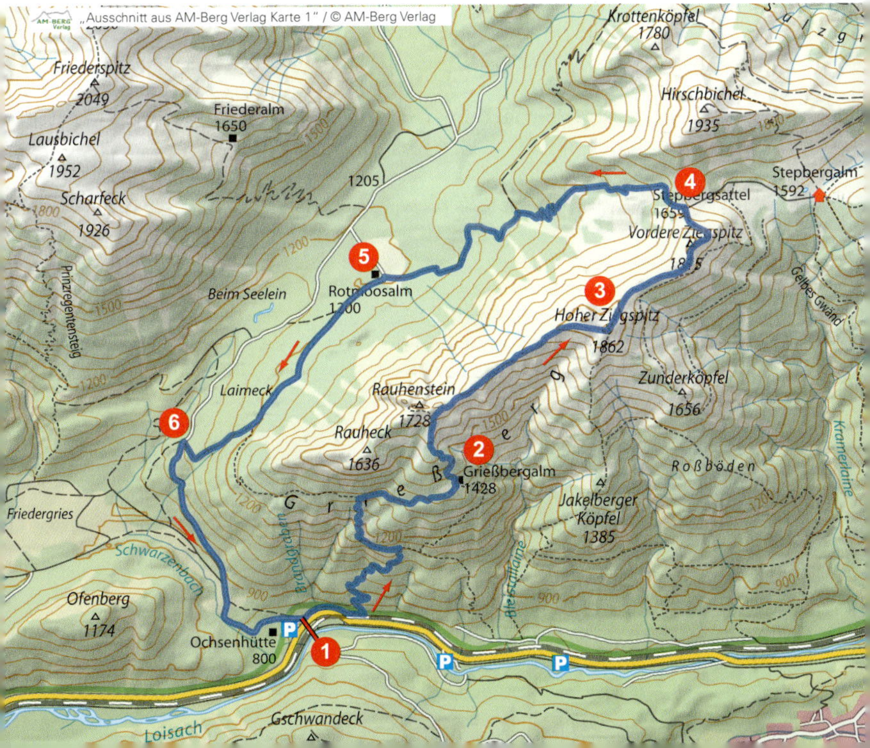

2 „Hoher Ziegspitz über Grießbergalm" (1864 m)

Wegbeschreibung:

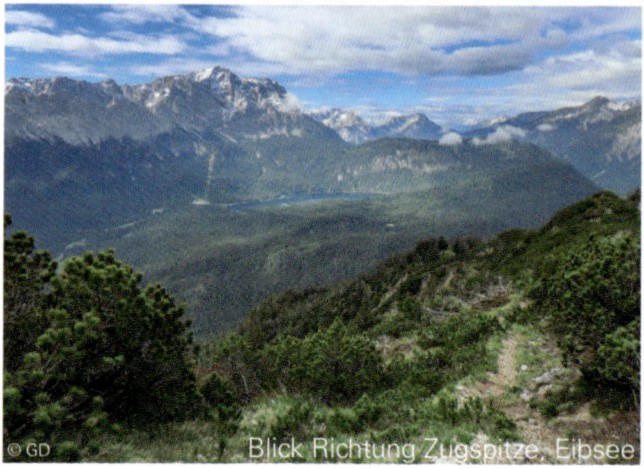

© GD Blick Richtung Zugspitze, Eibsee

Vom Parkplatz bei der ❶ **Ochsenhütte** bis zum Bahnübergang gehen. Dort links und auf der linken Seite der Bahnlinie, ca. 150 m weitergehen. Achtung: Nicht auf dem Bahngleis gehen, Lebensgefahr. Bei einem Baum, mit einer roten Markierung, zweigt links ein Pfad ab. Diesem bergauf folgen. Der Pfad windet sich in zahlreichen Serpentinen durch den wunderschönen Bergwald empor. Bei einer Weggabelung hält man sich links auf dem Pfad und quert zunächst den Hang. Nun wandert man in vielen Serpentinen weiter bergauf, bis zu der nächsten Weggabelung. Hier rechts halten und bis zur ❷ **Grießbergalm** aufsteigen.

Direkt hinter der unbewirtschafteten kleinen Grießbergalm, dem Steig folgen. Dieser führt zunächst durch den Wald, dann durch eine Latschenzone und hinauf Richtung Rauhenstein. Wer den Rauhenstein besteigen möchte muss gut aufpassen, da der Abzweig zum Rauhenstein leicht zu übersehen ist. Der weitere Weg verläuft größtenteils südseitig des Grates, zwischen dem Rauhenstein und dem Hohen Ziegspitz.

Vom Gipfel des ❸ **Hohen Ziegspitz,** dem Weg zur Vorderen Ziegspitz folgen. Von dort geht es, nordseitig durch teilweise gerölliges Gelände, hinunter zum Stepbergsattel.

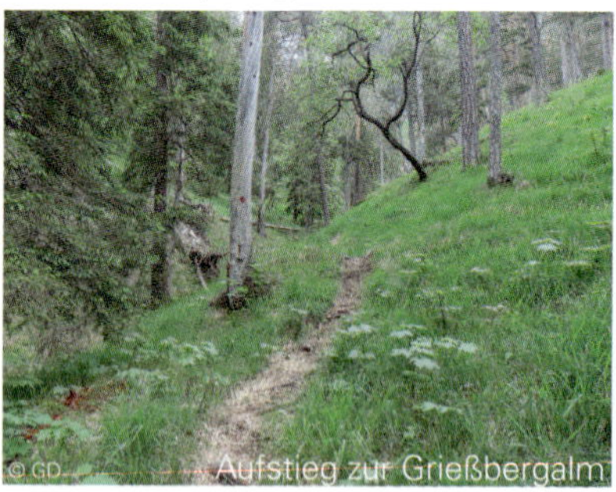

© GD Aufstieg zur Grießbergalm

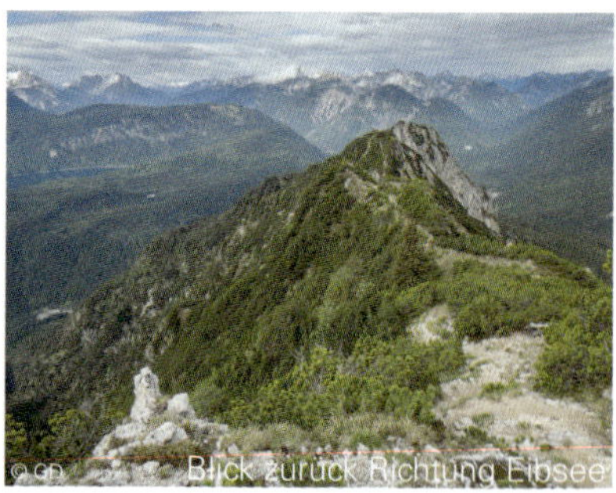

© GD Blick zurück Richtung Eibsee

Am ❹ **Stepbergsattel** links bergab, auf den Karrenweg abbiegen und zur unbewirtschafteten Rotmoosalm absteigen. An der ❺ **Rotmoosalm** links vorbeigehen. Der Forstweg steigt jetzt ein kurzes Stück an und führt dann steil bergab zur ❻ **Forststraße**, die von der Ochsenhütte nach Linderhof führt. Hier nach links auf die Forststraße abbiegen und auf dieser hinunter zur Ochsenhütte wandern.

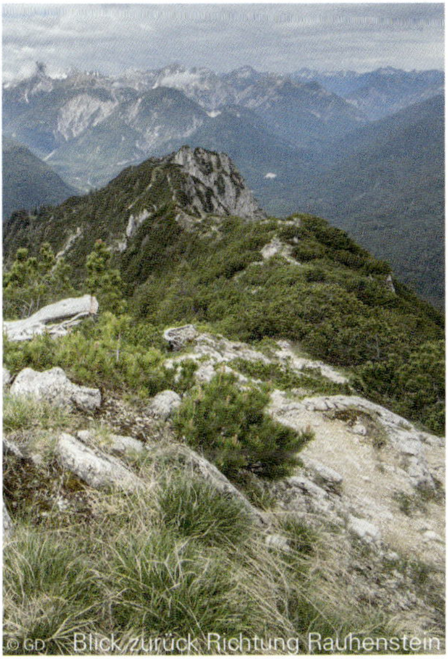

© GD Blick zurück Richtung Rauhenstein

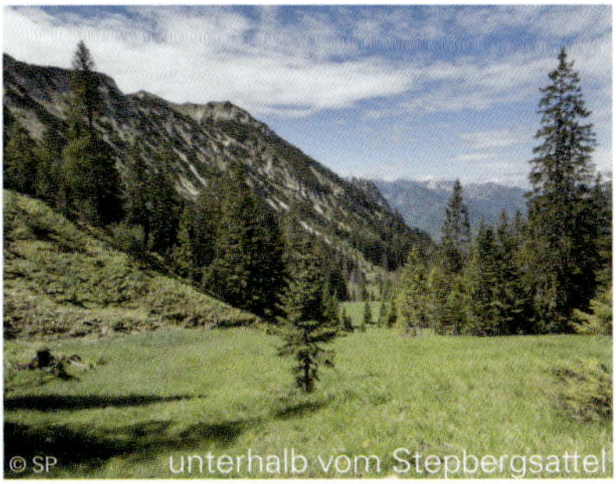

© SP unterhalb vom Stepbergsattel

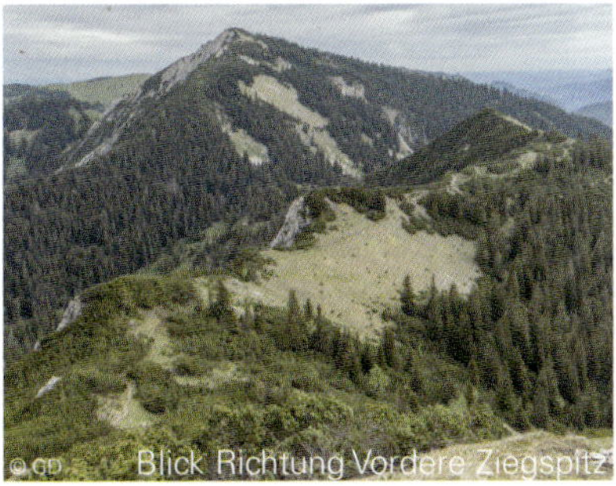

© GD Blick Richtung Vordere Ziegspitz

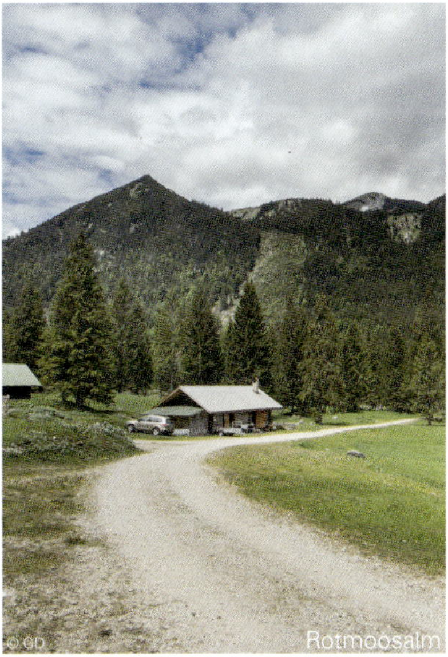

© GD Rotmoosalm

3 „Schellkopf - Hoher Brand“ (1832 m)

Einsames Gipfelziel, mit Blick zum Plansee

Der Schellkopf ist nicht so bekannt und auch nicht so hoch wie sein knapp über 2000 m hoher Nachbar, die Schnellschlicht. Das wird der Grund sein, dass der Schellkopf seltener besucht wird. Sehr schöne und einsame Tour zu einem lohnenden Gipfel, von dem man eine tolle Aussicht bis zum Plansee hat.

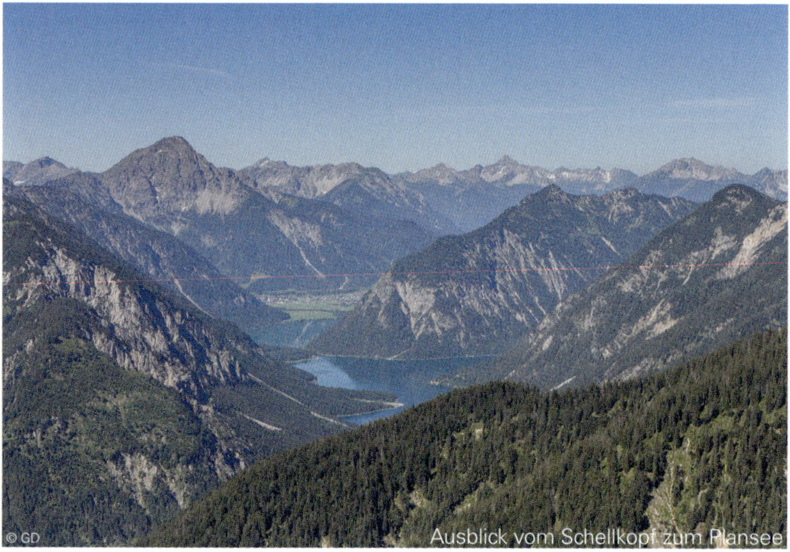

© GD Ausblick vom Schellkopf zum Plansee

Schwierigkeit: Im unteren bewaldeten Bereich, einfache gut zu begehende Wege, danach teilweise weglos über mäßig steiles Alm- und Wiesengelände. Der Weg hinüber zum Hohen Brand führt durch dichtes Latschengelände und ist teilweise schwierig zu finden. Anschließend folgt eine kurze seilversicherte Passage. Trittsicherheit, Schwindelfreiheit und Orientierungsvermögen sind notwendig.

Startpunkt: GAP-Griesen, 816 m (Anfahrt Seite 23, Nr. ⓭)

Strecke: ❶ Griesen 816 m, ❷ Eiserne Brücke 980 m, ❸ Schellkopf 1832 m, ❹ Hoher Brand 1764 m, ❺ Schellalm 1479 m

Interessantes: Kleines liebevoll gestaltetes Gipfelkreuz aus Holz.

Einkehr: Keine

6:41 Std. 13,1 km 1212 hm

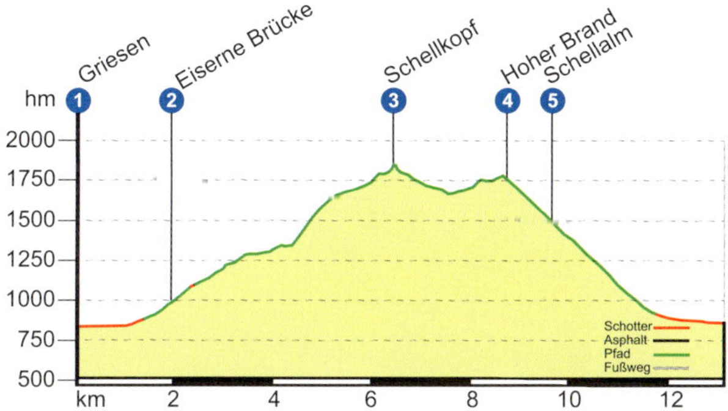

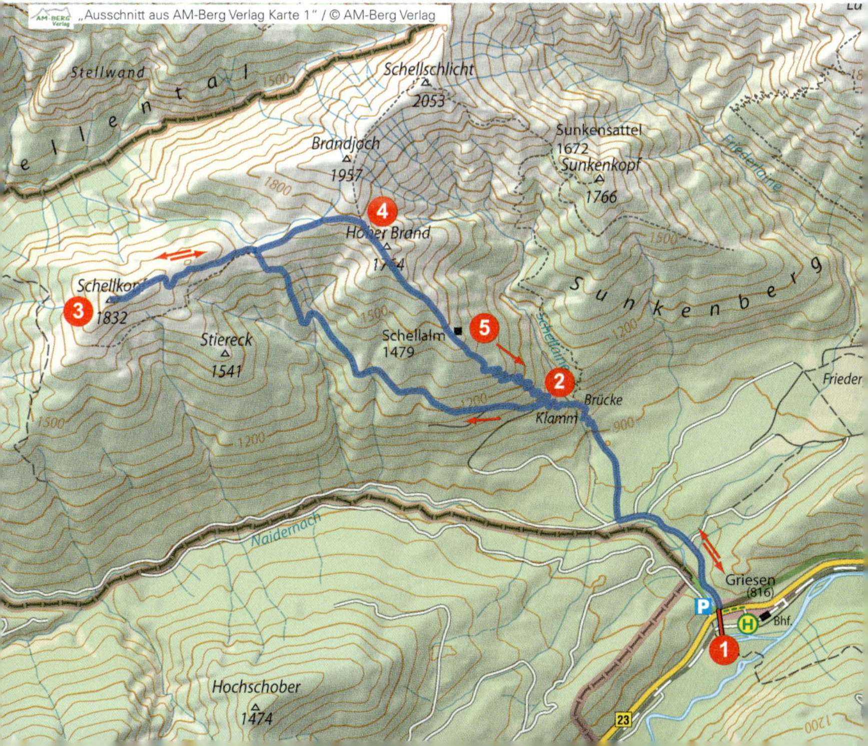

3 „Schellkopf - Hoher Brand" (1832 m)

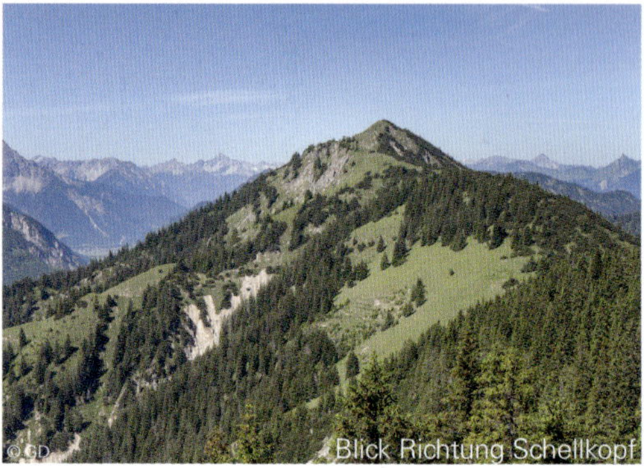

Blick Richtung Schellkopf

Wegbeschreibung:

Vom Parkplatz in ❶ **Griesen** folgt man etwa 1 km der Forststraße die, entlang der Naidernach, bis zum Plansee führt. Die ersten zwei Abzweigungen nach rechts ignorieren. Bei der dritten, etwas unscheinbaren, Abzweigung, bei einem Baum mit zwei kleinen rot/weißen Hinweisschildern Nr. 251/252, rechts abzweigen. Von hier dem Karrenweg, der dann in einen Pfad mündet, folgen. Nach etwa 800 m, bei einer Weggabelung (Baum mit roten Pfeilen), auf dem linken Weg Nr. 251 weitergehen. Kurz danach kommt ein Hinweisschild „Schellalm, Schellschlicht 251". Wenige Meter weiter führt dieser Weg über eine ❷ **Eiserne Brücke**. Von dort hat man einen beeindruckenden Blick in die Klamm der Schellaine. Dem Pfad, der in mäßiger Steigung durch lichten Bergwald hinaufführt, bis auf Höhe einer Forststraße folgen. In einer Rechtskehre des Pfades, biegt man links zu dem schon sichtbaren Forstweg ab. Dort nach rechts, an dem Holzkreuz vorbei und auf dem Forstweg bleiben. Nach etwa 150 m zweigt rechts ein Pfad ab. Auf diesem jetzt bergauf weiterwandern. Er führt durch einen wunderschönen Bergwald sowie einige wilde Bach- und Lawinengräben (Kellerlaine), hinauf zu den Almwiesen, die sich zwischen dem Schellkopf und dem Hohen Brand befinden.

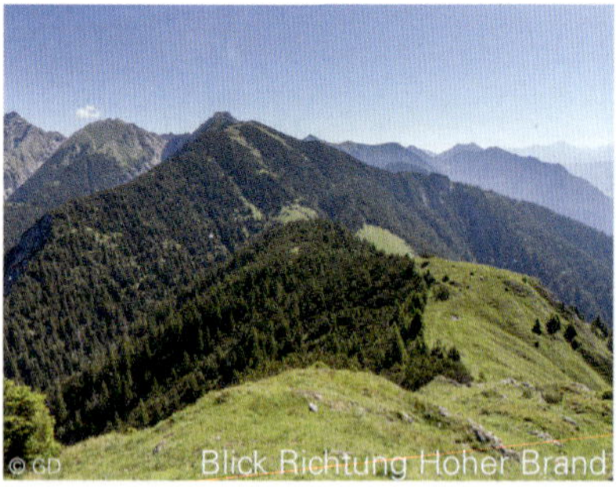

Blick Richtung Hoher Brand

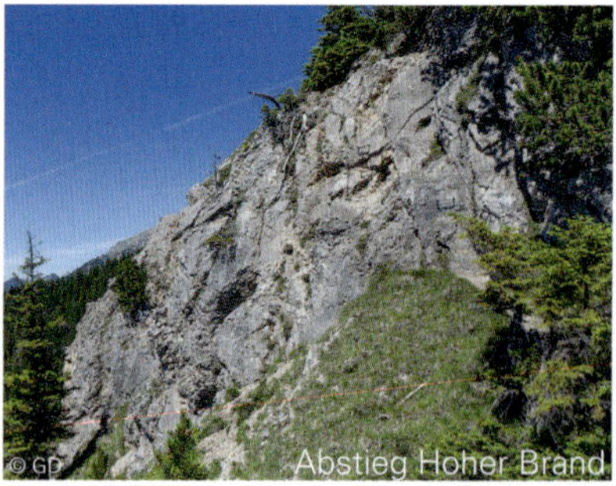

Abstieg Hoher Brand

Wusstén Sie schon ...

- ... dass der Schellkopf ein kleiner Aussichtsberg ist, der auf drei Seiten (Norden, Westen und Süden) „hufeisenförmig" von der Landesgrenze zu Österreich „eingeschlossen" ist.

Von den Almwiesen geht es jetzt auf den kaum sichtbaren Wegspuren und teilweise weglos, in westlicher Richtung (nach links) zum ❸ **Schellkopf** hinauf

Der Rückweg vom Gipfel verläuft anfangs auf der gleichen Strecke zurück, bis zu der Stelle, an der man die Almwiesen erreicht hat. Von hier geht es, jetzt geradeaus durch eine Senke, an einem Wassertrog für Tiere vorbei, in östlicher Richtung. Der folgende Wegabschnitt, hinüber Richtung Hoher Brand, ist teilweise schwierig zu finden, da er durch dichte Latschen führt. Etwas nördlich vom Hohen Brand erreicht man den Anstieg, der von der Schellalm zur Schellschlicht hinaufgeht, hier rechts abbiegen. Unterhalb vom ❹ **Hohen Brand** führt der Weg durch eine kurze Felsstufe, die mit einem Stahlseil und einigen Trittstufen versichert ist. Danach weiter auf dem Pfad, an der ❺ **Schellalm** vorbei und bis auf Höhe der Forststraße absteigen. Von hier auf dem schon bekannten Weg (vom Aufstieg) über die Eiserne Brücke (Schellaine) bis zum Ausgangspunkt hinuntergehen.

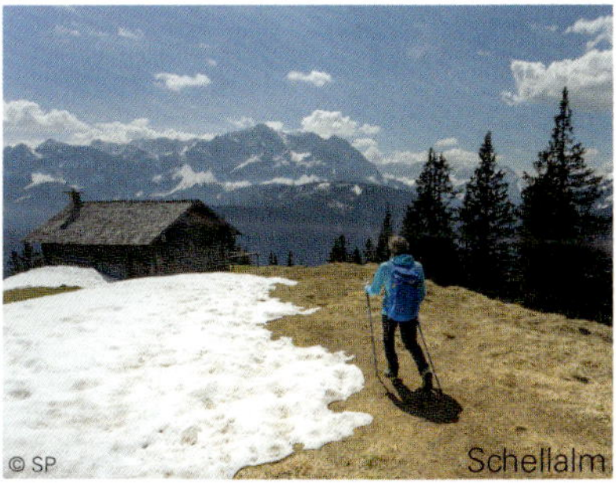
© SP Schellalm

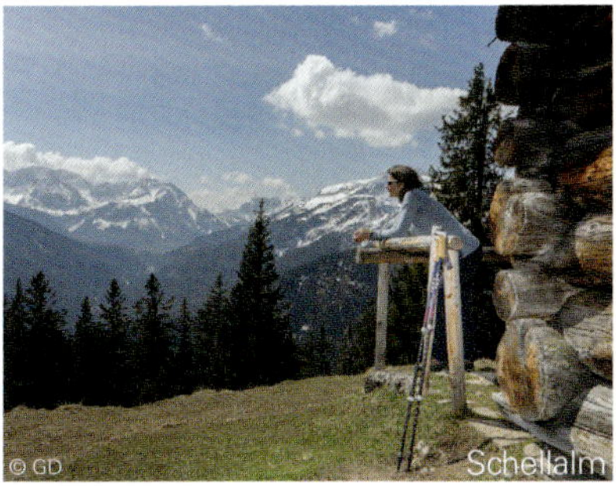
© GD Schellalm

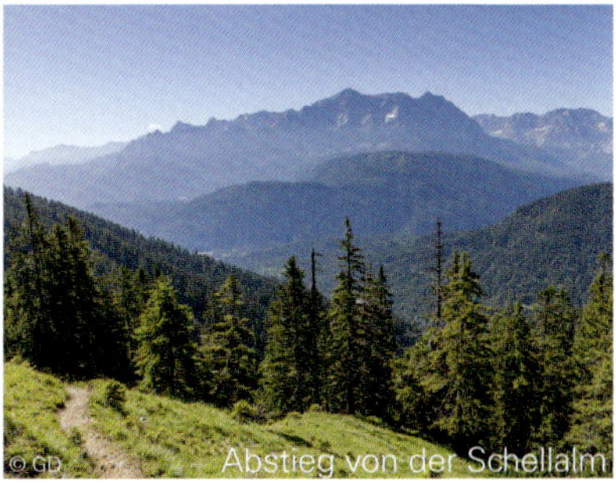
© GD Abstieg von der Schellalm

4 „Wank über Farchanter Kreuz - Hüttlsteig“ (1780 m)

Steil hinauf, zum aussichtsreichen Farchanter Kreuz und Wankgipfel

Der Wank ist zwar nicht der höchste Berg im Estergebirge, dafür bietet er aber eine sensationelle Aussicht. Es gibt dort unzählige, mehr oder weniger stark frequentierte Wege und Steige. Bei dieser Runde ist der Aufstieg sehr steil, zurück geht es dann über den gemütlichen Hüttlsteig.

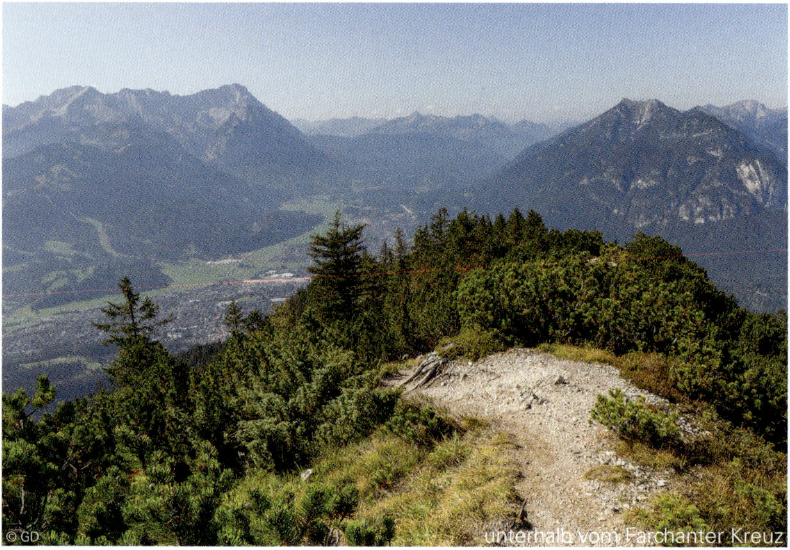

© GD unterhalb vom Farchanter Kreuz

Schwierigkeit: Lediglich der Aufstieg hinauf zum Farchanter Kreuz ist sehr steil, aber gut zu begehen.

Startpunkt: GAP, Parkplatz Wankbahn, 740 m (Anfahrt Seite 19, Nr. ❸)

Strecke: ❶ Parkplatz Wankbahn 740 m, ❷ Farchanter Kreuz 1749 m, ❸ Wank 1780 m, ❹ Abzweig Hüttlsteig 1243 m,

Interessantes: Vom Farchanter Kreuz hat man einen wunderschönen 360-Grad-Rundblick.

Einkehr: Wankhaus, Kiosk Talstation Wankbahn

6:09 Std. 12,1 km 1115 hm

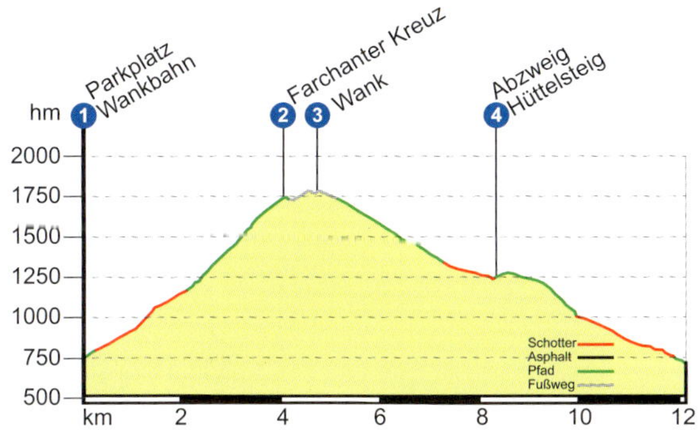

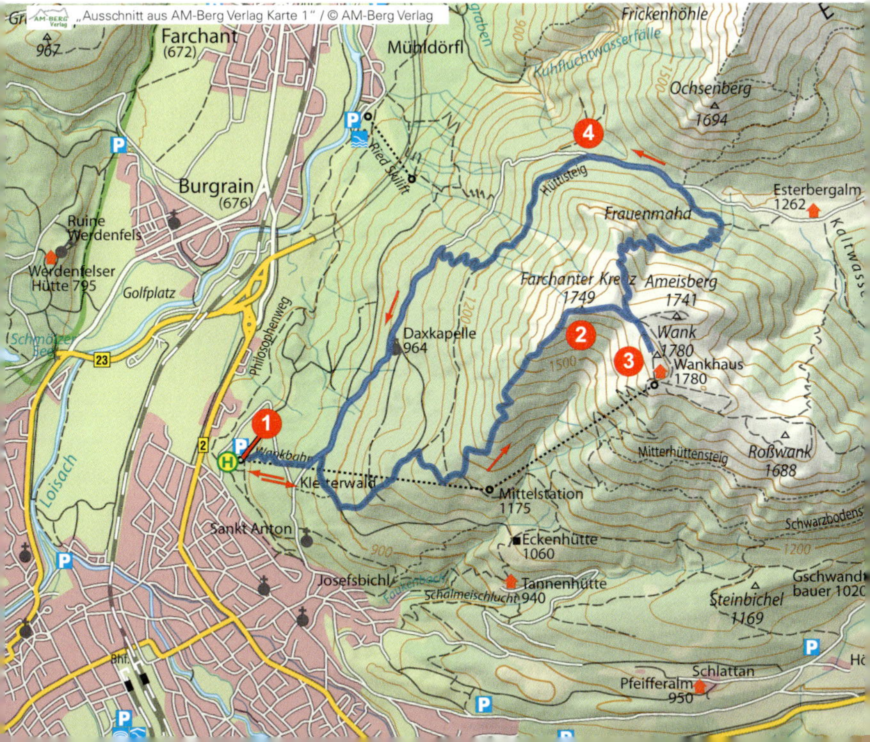

4 „Wank über Farchanter Kreuz - Hüttlsteig“ (1780 m)

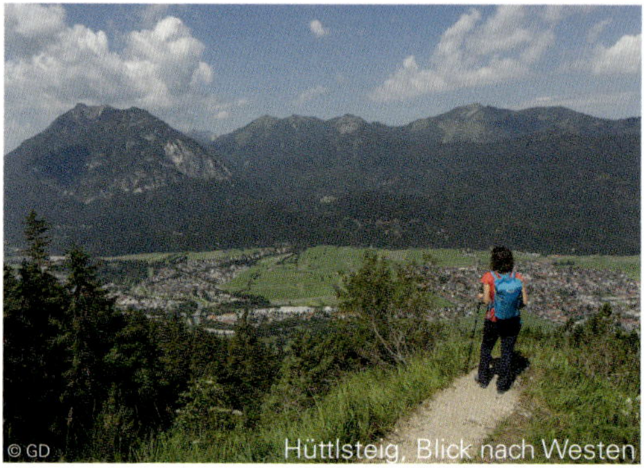

Hüttlsteig, Blick nach Westen

Wegbeschreibung:

Vom ❶ **Parkplatz** der **Wankbahn,** dem Pfad (bei der Infotafel) Richtung „Zum Wank" bergauf bis zur Straße folgen. Die Straße überqueren und auf der ehemaligen Skipiste, links am Kletterwald vorbei, hinauf zur Forststraße gehen. Der geschotterten Forststraße nach links, Richtung „Zum Wank" folgen. Beim nächsten Abzweig nach rechts, Richtung „Eckenhütte, Tannenhütte", bergauf gehen. Nach ca. 480 m zweigt links ein Karrenweg ab, diesem nicht ausgeschilderten Weg bergauf folgen. Der Weg wird weiter oben zu einem Pfad und führt über mehrere steilere Geländeabschnitte zu einem Forstweg. Sämtliche Abzweigungen nach links und rechts ignorieren. Bei dem Forstweg hält man sich rechts bergauf, Richtung „Wankbahn Mittelstation". Etwa 50 m nach dem Abzweig, links zum Hüttlsteig, geht links nochmal ein Steig ab. Diesem steilen Steig, der direkt zum ❷ **Farchanter Kreuz** hinaufführt, folgen. Von hier oben hat man einen sensationellen Blick hinunter nach Garmisch-Partenkirchen und zum Wettersteingebirge. Vom Farchanter Kreuz geht es dann ein kurzes Stück bergab bis zu einer Einsattelung in der Nähe vom Ameisberg. Dort rechts bergauf, dem Weg zum ❸ **Wank** Gipfel folgen. Auch von dort gibt es einen eindrucksvollen Ausblick. Wer möchte kann noch kurz zum Wankhaus für

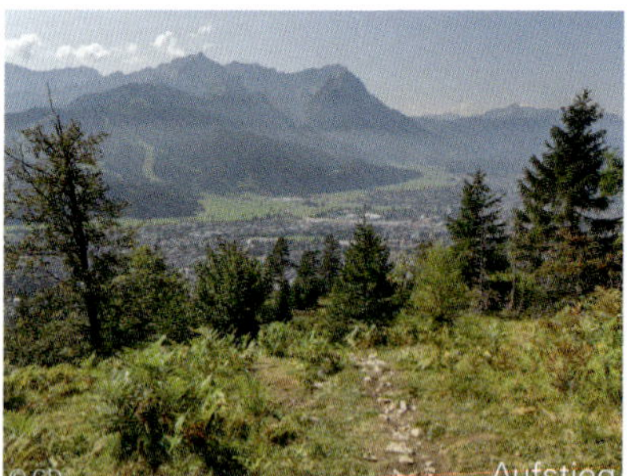

Aufstieg

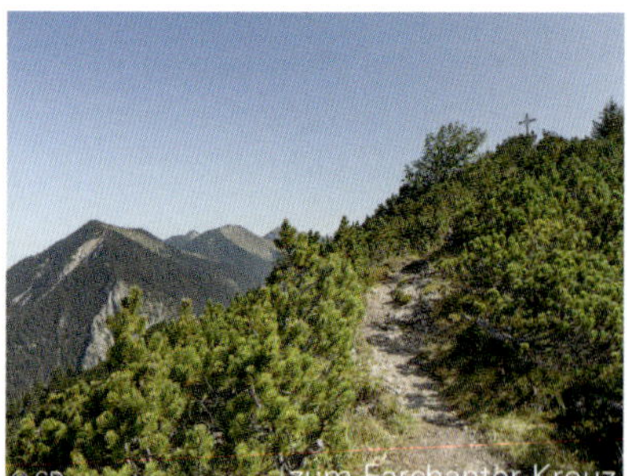

zum Farchanter Kreuz

Wusstene Sie schon ...

- ... dass der Name Wank auf ein altes Wort für „Hang" zurückgeht. Früher wurde der Wank auch Eckenberg genannt.
- ... dass die Gemeindegrenze von Farchant vom Hohen Fricken über den Nebengipfel des Wanks (Farchanter Kreuz) nach Westen hinab ins Loisachtal verläuft. Das ist auch der Grund warum der Nebengipfel des Wanks als Farchanter Kreuz bezeichnet wird.

eine Einkehr weitergehen. Für den Rückweg geht es wieder bergab, zurück bis zur Einsattelung, in der Nähe des Ameisbergs. Hier kurz nach links, dann rechts hinunter Richtung „Esterbergalm" gehen und über das sogenannte „Frauenmahd" zur Forststraße absteigen. Der Forststraße, die von der Wankbahn Talstation zur Esterbergalm führt, nach links, ca. 1 km bis zum ❹ **Abzweig Hüttlsteig** folgen. Der Hüttlsteig führt, fast immer auf gleicher Höhe, an der Westseite des Wanks bis zur Mittelstation der Wankbahn hinüber. Man geht aber nicht bis zur Mittelstation, sondern zweigt nach ca. 1,2 km rechts bergab auf einen Steig ab. Dieser etwas unscheinbare Steig führt zur Esterberg-Forststraße hinunter. Nun links und auf der Forststraße bis zum Kletterwald absteigen. Hier rechts über die Skipiste weitergehen und auf dem bekannten Weg zurück zum Ausgangspunkt gehen.

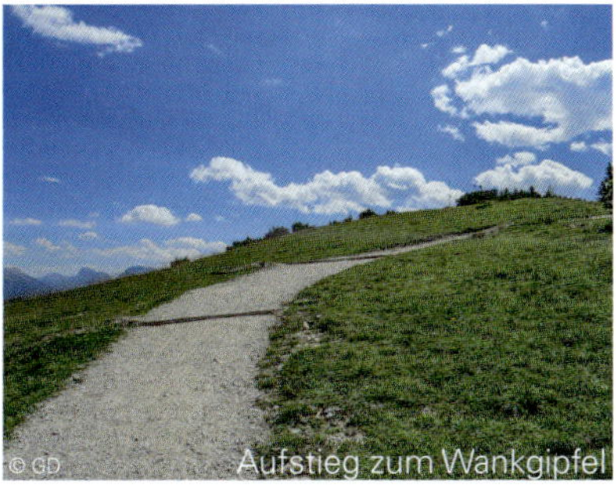

© GD Aufstieg zum Wankgipfel

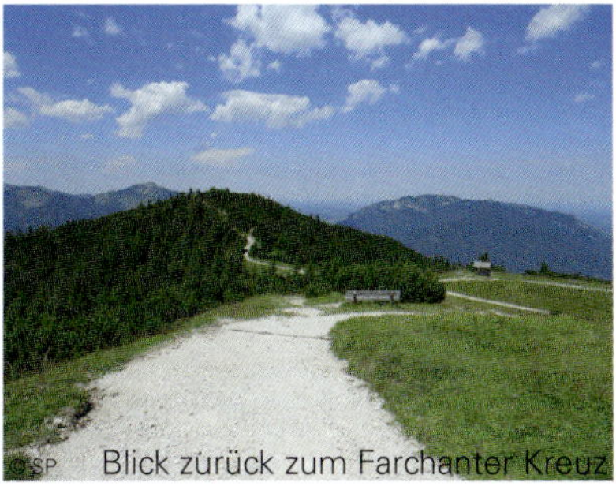

© SP Blick zurück zum Farchanter Kreuz

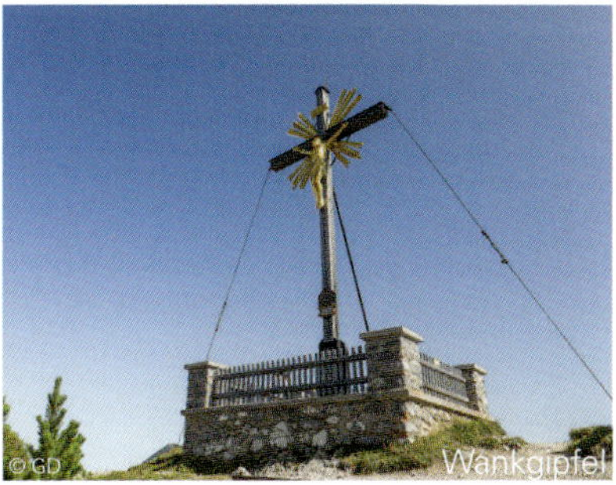

© GD Wankgipfel

5 „Wank über Eckenhütte - Tannenhütte" (1780 m)

Über den klassischen Anstieg „Normalweg" hinauf zum Wank

Der Wank ist einer der beliebtesten Wanderberge in Garmisch-Partenkirchen. Bei dieser Tour geht es über den „klassischen Weg" zum Gipfel. Der Weg verläuft größtenteils südseitig und ist fast das ganze Jahr hindurch begehbar. Es bieten sich immer wieder sehr schöne Ausblicke an.

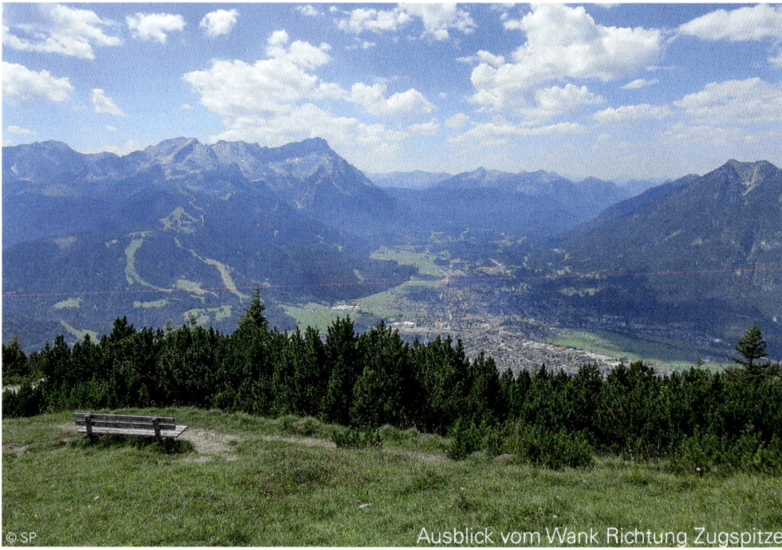
© SP

Ausblick vom Wank Richtung Zugspitze

Schwierigkeit: Die Tour verläuft auf durchwegs sehr guten, häufig begangenen Wegen und Steigen. Es gibt keine schwierigen Passagen.

Startpunkt: GAP, Parkplatz Wankbahn, 740 m (Anfahrt Seite 19, Nr. ❸)

Strecke: ❶ Parkplatz Wankbahn 740 m, ❷ Eckenhütte 1060 m, ❸ Wank 1780 m, ❹ Tannenhütte 940 m, ❺ Wallfahrtskirche St. Anton 760 m

Interessantes: Traumhafte Ausblicke vom Wank. Der Rückweg geht über die Faukenschlucht, auch Schalmeischlucht genannt, und an der Wallfahrtskirche St. Anton vorbei.

Einkehr: Wankhaus, Sonnenalm, Tannenhütte, Kiosk Talstation Wankbahn

6:15 Std. 12,9 km 1113 hm

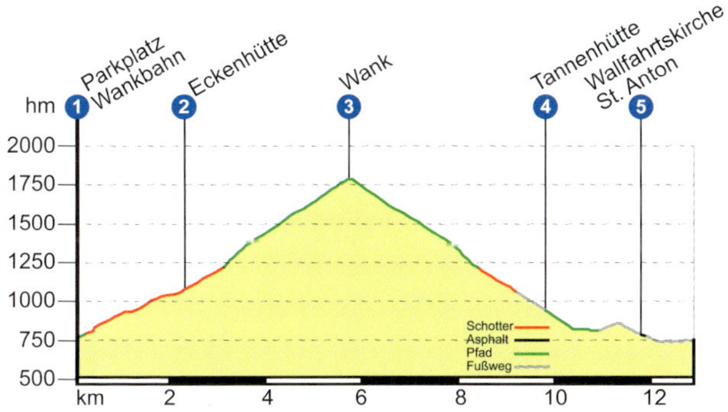

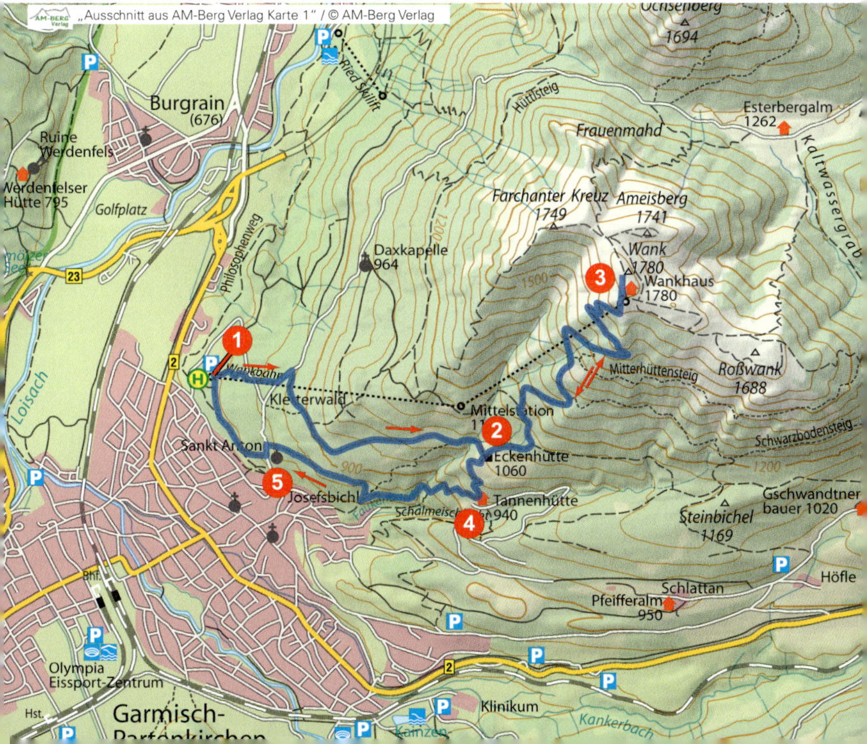

5 „Wank über Eckenhütte - Tannenhütte" (1780 m)

Wegbeschreibung:

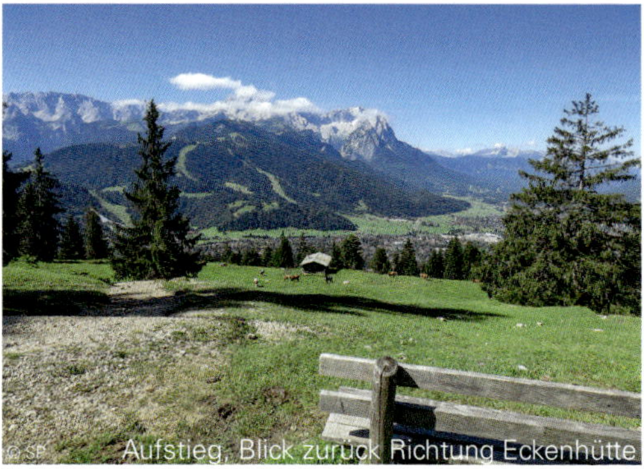

© SP Aufstieg, Blick zurück Richtung Eckenhütte

Vom ❶ **Parkplatz** der **Wankbahn,** dem Pfad (bei der Infotafel) Richtung „Zum Wank" bergauf bis zur Straße folgen. Die Straße überqueren und auf der ehemaligen Skipiste, links am Kletterwald vorbei, hinauf zur Forststraße gehen. Der geschotterten Forststraße nach links, Richtung „Zum Wank" folgen und beim nächsten Abzweig rechts, Richtung „Eckenhütte, Tannenhütte", bergauf gehen. Nach dem ersten steileren Anstieg eröffnen sich herrliche Ausblicke nach Garmisch-Partenkirchen. Auf diesem Forstweg nun stets bergauf, bis zur Eckenhütte weitergehen. Die unbewirtschaftete ❷ **Eckenhütte** liegt mitten auf einer großen Almwiese, hier gibt es viele schöne Plätze zum Verweilen. Direkt bei der Eckenhütte befindet sich eine Übersichtstafel, auf der die umliegenden Berge mit ihrem Namen aufgeführt sind. Von der Eckenhütte dem Wanderweg weiter bergauf, bis zur Weggabelung (Abzweig zur Wankbahn Mittelstation) folgen. Hier hält man sich rechts und steigt hinauf zum Wank. Der Pfad schlängelt sich teilweise in Serpentinen, immer in der Nähe der Wankbahn, bergauf. Vor der Bergstation geht man nach links und wandert zum Wankhaus hinauf. Gleich oberhalb vom Wankhaus steht das Gipfelkreuz des ❸ **Wanks**. Von hier oben hat man eine grandiose Rundumsicht.

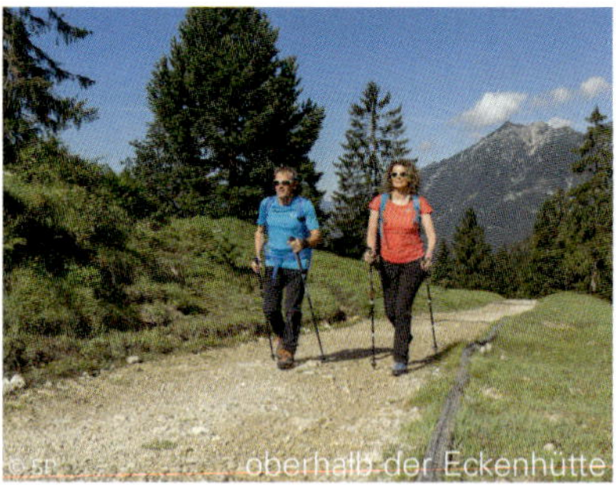

© SP oberhalb der Eckenhütte

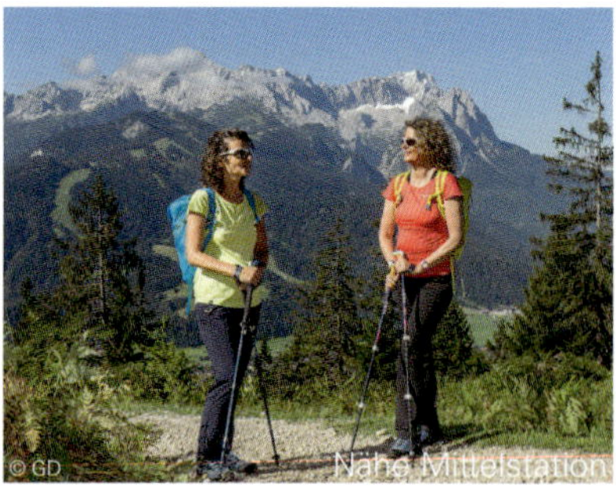

© GD Nähe Mittelstation

Der Abstieg vom Wank verläuft, bis hinunter zur Eckenhütte, auf der gleichen Strecke. Bei der Eckenhütte folgt man dann aber dem Weg links bergab Richtung „Tannenhütte". In ca. 10 min. erreicht man die ❹ **Tannenhütte**, die an einem wunderschönen Platz steht. Ideal für eine Einkehr und zum Ausruhen.

Ab der Tannenhütte folgt man dem Fußweg Richtung „Wank Talstation, Partenkirchen 45min." Der Weg wird kurz darauf zu einem Steig, der mit vielen Stufen versehen ist. Bei einem alten Bergrutsch teilt sich der Weg, hier rechts Richtung „Wankbahn Talstation" gehen. Von der Brücke, die über den Faukenbach führt, kann man den Kesselgraben-Wasserfall bestaunen, besonders bei Schneeschmelze oder nach Gewitterschauern rauscht hier eindrucksvoll der kleine Wildbach. Etwas weiter erreicht man den „Josefsbichl", eine Bergwiese, auf der ein markantes Kreuz mit einem goldenen Korpus steht. Von hier hat man wunderschöne Ausblicke auf Garmisch-Partenkirchen. Der weitere Weg, geradeaus Richtung „Wankbahn Talstation", führt an mehreren Marterln vorbei, bis zur ❺ **Wallfahrtskirche St. Anton**. Ein Besuch der Wallfahrtskirche ist lohnend, da hier berühmte Deckenfresken zu sehen sind. An der Straße links bergab weitergehen bis, unterhalb der Kirche, nach rechts der Pfad Richtung „Wankbahn Talstation" abzweigt. Diesem Weg, an einigen Aussichtsbänken vorbei, zum Ausgangspunkt zurückfolgen.

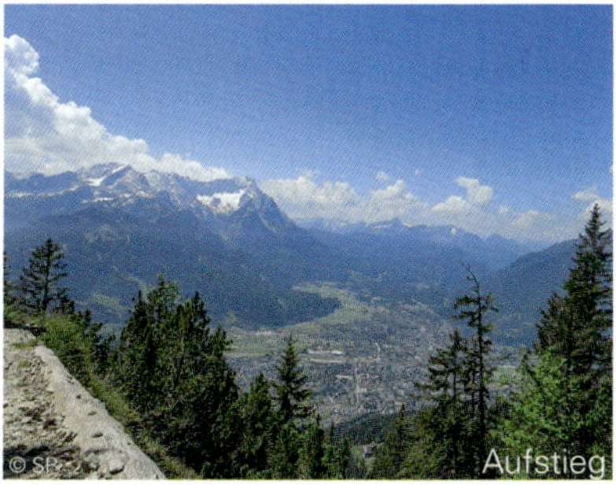

© SP Aufstieg

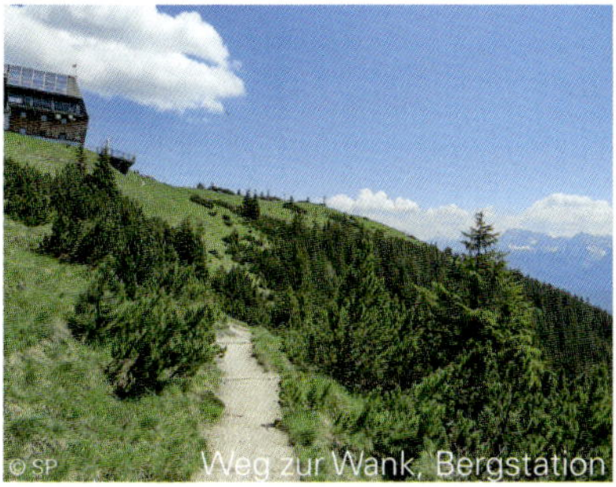

© SP Weg zur Wank, Bergstation

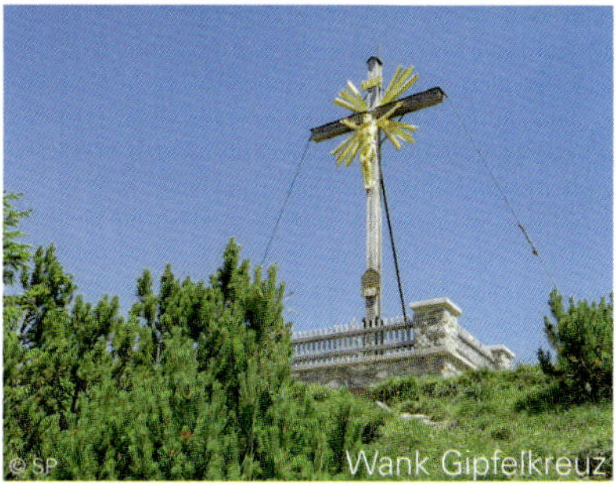

© SP Wank Gipfelkreuz

6 „Wank über Schwarzbodensteig“ (1780 m)

Über aussichtsreiche Steige auf der Südseite des Wank

Die Südflanke des Wanks, mit seinen steilen felsdurchsetzen Grashängen und dem schönen lichten Kiefernwald, ist fast das gesamte Jahr hindurch begehbar. Zwei kaum bekannte Wege, der Schwarzboden- und der Mitterhüttensteig, queren in unterschiedlicher Höhe die Südseite des Wanks.

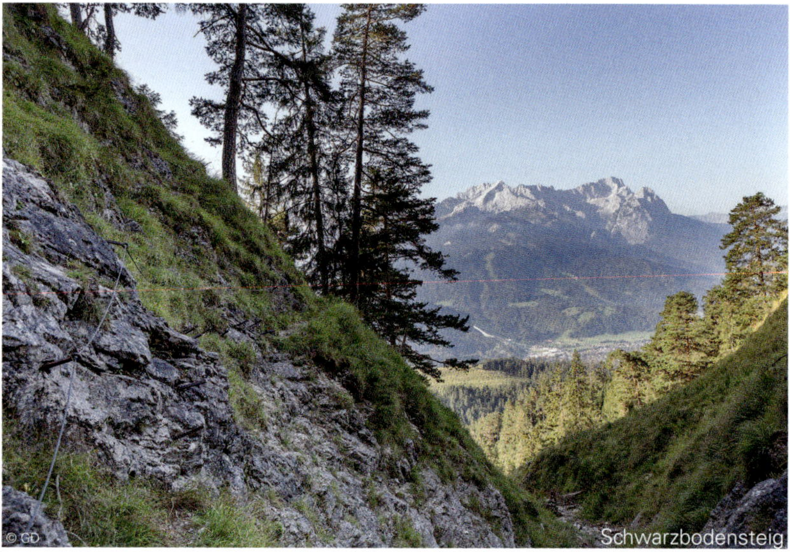

Schwierigkeit: Einsame, schmale und teilweise ausgesetzte Pfade durch die Südhänge des Wanks. Gute Kondition, Trittsicherheit und Orientierungssinn sind erforderlich.

Startpunkt: GAP-Schlattan, Höfle, 880 m (Anfahrt Seite 19, Nr. ❺)

Strecke: ❶ Schlattan 880 m, ❷ Abzweig Mitterhüttensteig 1364 m, ❸ Roßwank 1688 m, ❹ Wank 1780 m, ❺ Gschwandtnerbauer 1020 m

Interessantes: Beim Verweilen auf dem Roßwank und dem Wank bieten sich traumhafte Ausblicke.

Einkehr: Wankhaus, Sonnenalm, Gschwandtnerbauer

6:56 Std. 15,2 km 1211 hm

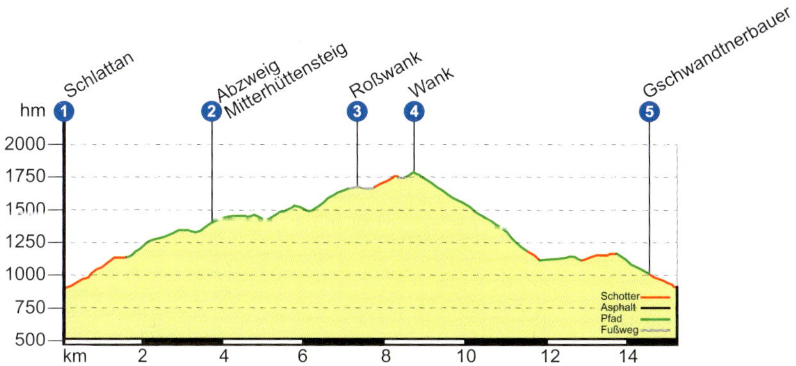

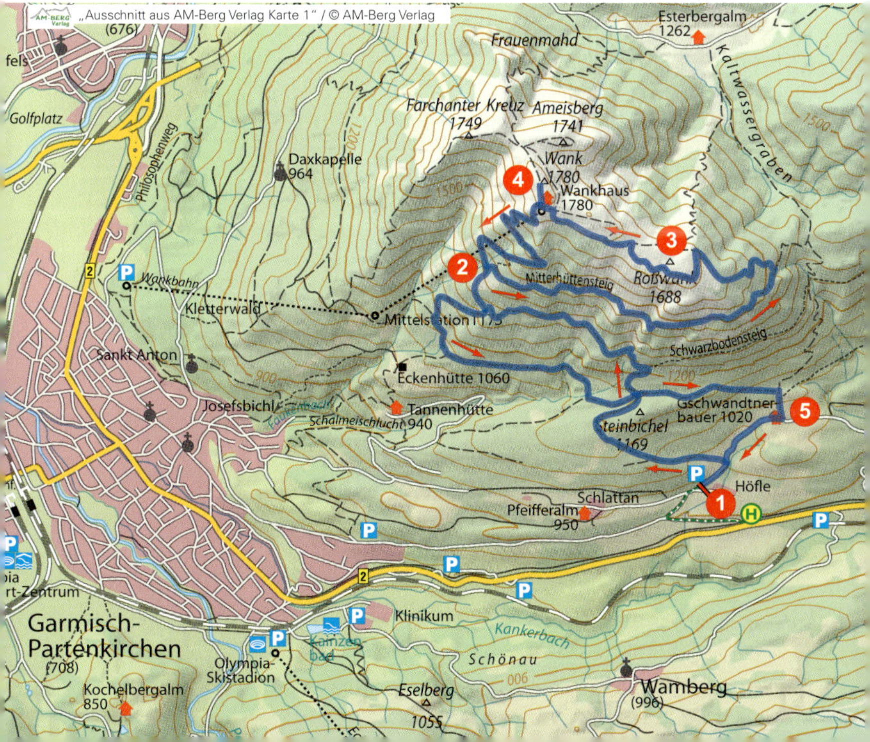

6 „Wank über Schwarzbodensteig“ (1780 m)

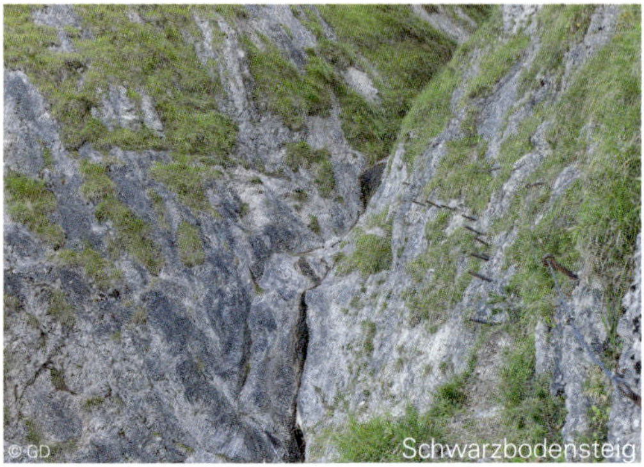

Schwarzbodensteig

Wegbeschreibung:

Vom Parkplatz bei ❶ **Schlattan, Höfle,** links dem Forstweg zum Gschwandtnerbauer folgen. Nach ca. 250 m, in einer Linkskurve, zweigt links ein Karrenweg ab. Diesem steil bergauf, zu einer Lichtung (Wiese) folgen. Hier hält man sich rechts und steigt über einen Pfad bis zu einem Forstweg auf. Bei dieser Wegkreuzung, den Forstweg, der von der Eckenhütte zum Gschwandtnerbauer verläuft, überqueren und geradeaus bergauf weitergehen. Dieser Weg geht dann, rechts an einem Weidezaun entlang, steil bergauf bis zu einem Viehgatter. Danach, ca. 100 m weiter, erreicht man eine etwas unscheinbare Weggabelung. Hier kommt man auf den Schwarzbodensteig, der in Ost-West Richtung verläuft. Jetzt geradeaus, auf dem etwas unscheinbaren Steig weitergehen. Der Schwarzbodensteig verläuft, durch eine seilversicherte Rinne, ein kurzes Stück auf Eisenstiften und quert den Südhang des Wanks in westlicher Richtung hinüber zum „Wank-Normalweg“. Dort, nach rechts auf dem „Wank-Normalweg“ bergauf, bis zu einer Aussichtbank gehen. Bei dieser Bank mit einem Gedenkkreuz, rechts auf den Pfad abbiegen und nach ca. 50 m rechts auf den Mitterhüttensteig abzweigen. Der Beginn des ❷ **Mitterhüttensteigs** ist leicht zu übersehen, da man kaum Trittspuren sieht und keine Markierung

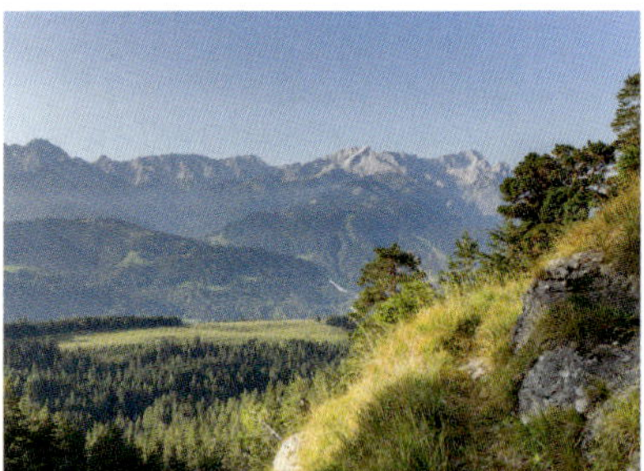

Schwarzbodensteig

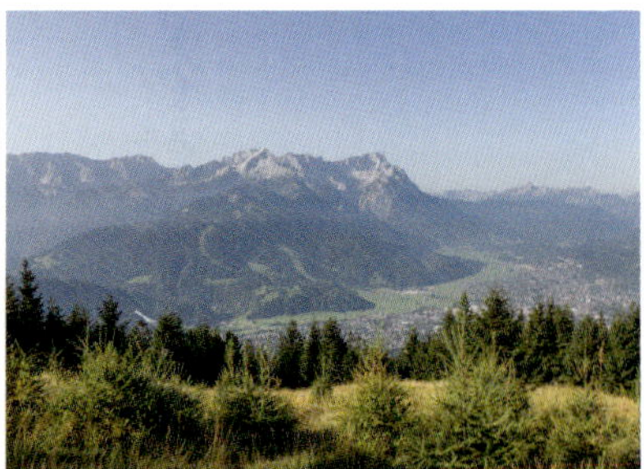

Ausblick vom Mitterhüttensteig

Wusstn Sie schon ...

- ... dass bereits 1892 vom DAV unterschiedliche Wege auf den Wank angelegt wurden und das Wankhaus am 10. September 1910 fertig gestellt wurde.
- ... dass der Wank ideale Bedingungen für Gleitschirmflieger bietet. Er zählt zu den thermisch aktivsten Bergen Deutschlands.

angebracht ist. Dieser Steig führt zunächst über eine Wiese, dann durch den Wald etwas bergauf. Danach quert er die Südhänge des Wanks und Roßwanks, in östlicher Richtung und mündet nach insgesamt ca. 2,5 km in den Anstieg, der vom Gschwandtnerbauer heraufkommt. Der Mitterhüttensteig verläuft meist auf einer Höhe zwischen 1400 m und 1500 m, dabei geht es mehrmals etwas bergauf und bergab. Bei der Weggabelung nimmt man den linken Weg Richtung „Wank". Der Weg geradeaus führt zur Esterbergalm. Auf dem weiteren Weg, hinauf zum Roßwank, wird der Bergwald immer lichter. Auf Höhe des Roßwanks gibt es nur noch einzelne Latschen und kleine Kiefern. Über der Waldgrenze hat man dann freien Blick auf das Wettersteingebirge. Oben, auf dem Roßwank, ist ein breiter Fußweg angelegt, der für klimatherapeutisches Wandern genutzt wird.

Man hält sich links, Richtung „Rundweg Roßwank", und folgt dem breiten Fußweg um den ❸ **Roßwank**. Hier bieten sich grandiose Ausblicke ins Wettersteingebirge und nach Garmisch-Partenkirchen. Zahlreiche Aussichtsbänke laden zum Genießen

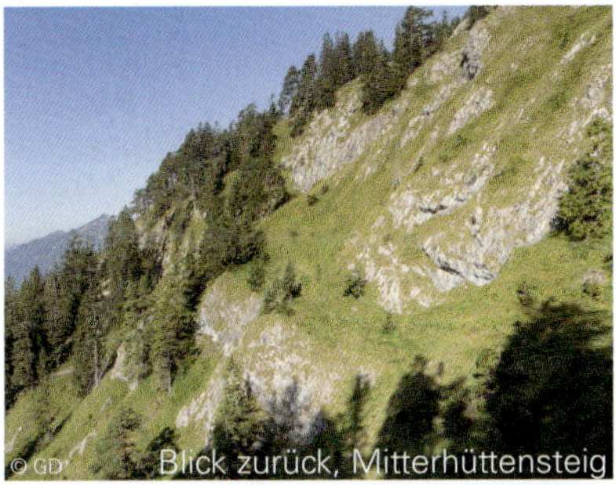

© GD Blick zurück, Mitterhüttensteig

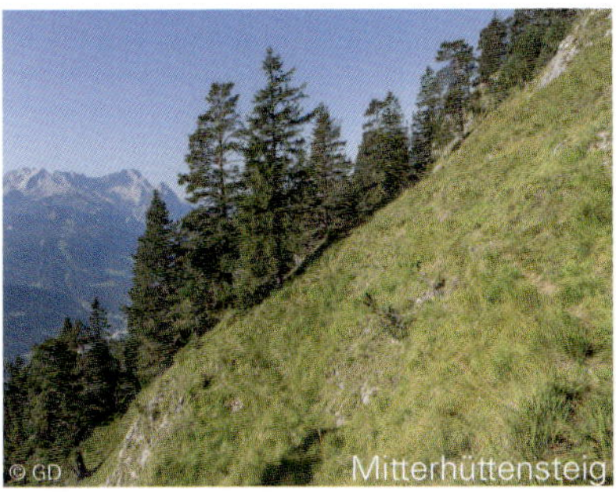

© GD Mitterhüttensteig

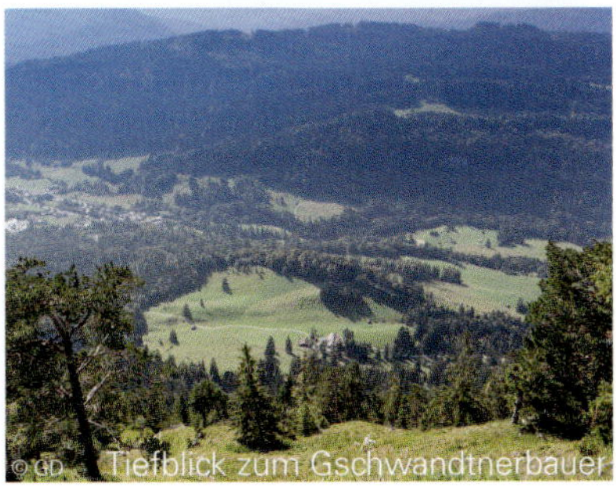

© GD Tiefblick zum Gschwandtnerbauer

der Aussicht ein. Man bleibt auf diesem Weg, bergauf Richtung „Wank“. Oberhalb einer überdachten Bank geht man geradeaus und wandert über die ehemalige Skipiste zur Bergstation hinauf.

Von dort rechts dem Fußweg zum Wankhaus folgen und weiter bis zum Gipfel des ❹ **Wanks** (goldenes Gipfelkreuz) gehen. Für eine Rast bieten sich die Sonnenalm (Bergstation) und das Wankhaus an. Aber auch die zahlreichen Bänke, von denen man sensationelle Rundblicke auf das Ester-, Ammer-, Karwendel- und Wettersteingebirge mit Alpspitze und auf die Zugspitze hat, laden zum Verweilen und zum „Brotzeitmachen“ ein.

Der Abstieg verläuft zuerst auf dem „Wank-Normalweg“, hinunter Richtung „Wankbahn Mittelstation“. In der Nähe der Mittelstation, nicht nach rechts zur Mittelstation abbiegen, sondern links bergab weitergehen. Nach ca. 260 m, etwas oberhalb der Eckenhütte, zweigt links ein Pfad ab. Auf diesem geht man zunächst bergab, quert dann die Hänge des Wanks und erreicht danach die Wegkreuzung, an der man bereits beim Aufstieg vorbeigekommen ist. Jetzt geradeaus dem Forstweg, der später ein Fußweg bzw. Steig wird, folgen. Dieser führt bergab, teilweise über einige Stufen, bis zum Pfad oberhalb vom Gschwandtnerbauer. An der Weggabelung rechts bergab, Richtung „Gschwandtnerbauer 5min.“ abbiegen und dem Pfad zum ❺ **Gschwandtnerbauer** folgen. Ab hier auf dem Forstweg bergab zurück zum Ausgangspunkt wandern.

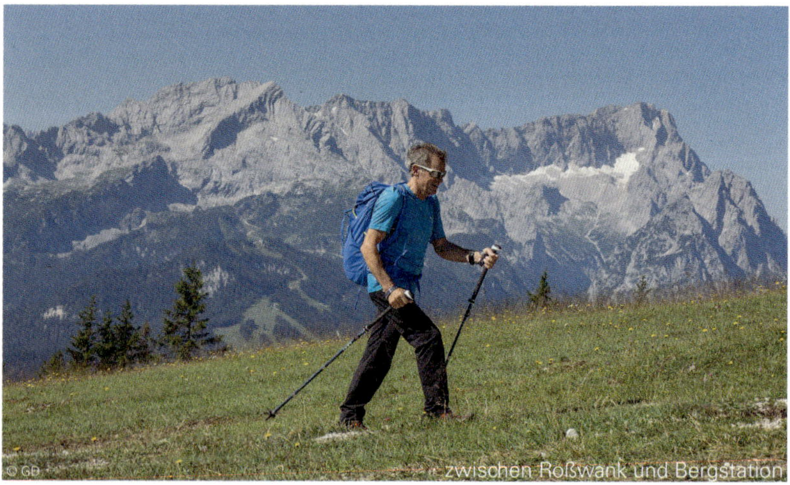

© GD
zwischen Roßwank und Bergstation

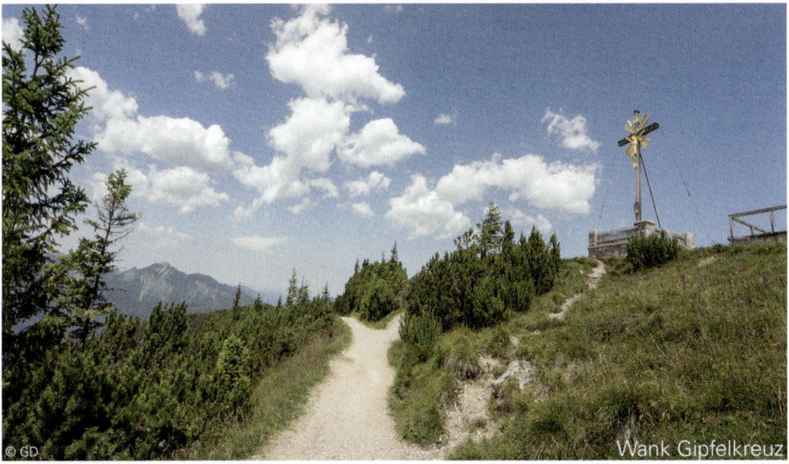

Wank Gipfelkreuz

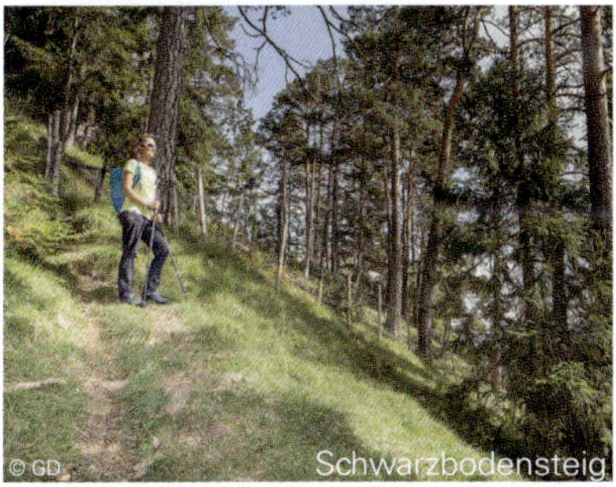

Schwarzbodensteig

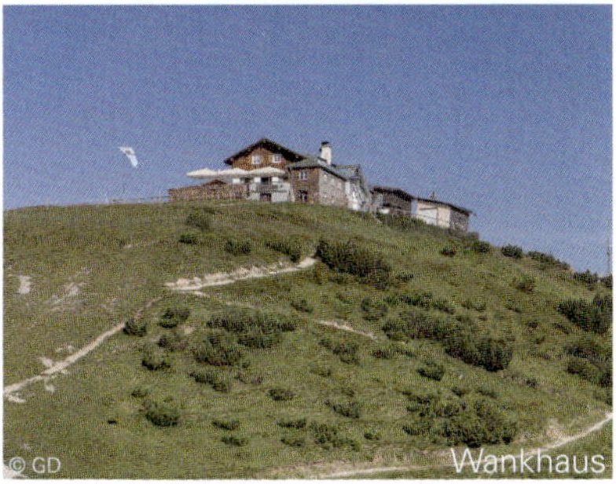

Wankhaus

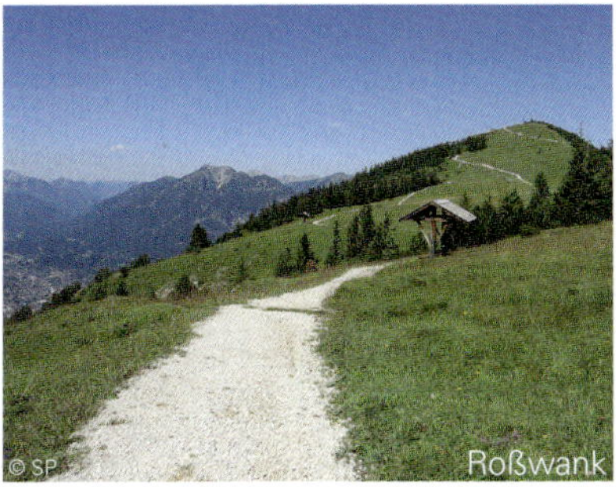

Roßwank

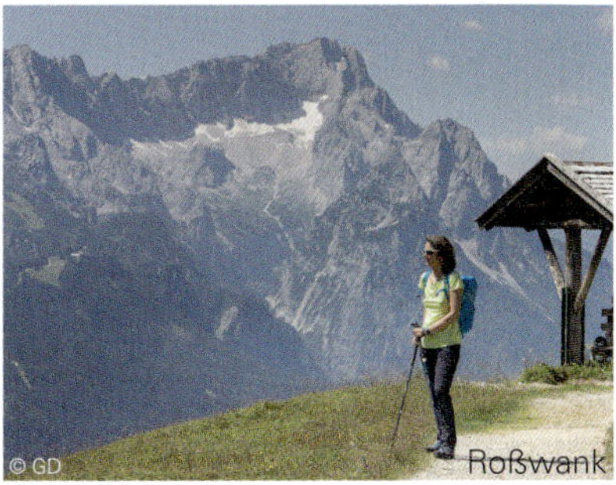

Roßwank

7 „Brünstelkopf - Felderkopf - Enningalm“ (1928 m)

Kammüberschreitung mit aussichtsreichen Gipfeln

Zwischen der Kramer- und der Notkarspitze liegt ein langgezogener Gebirgskamm, der vom Schafkopf bis zum Felderkopf verläuft. Über diesen Gebirgskamm führt die Tour. Es geht in mehreren Auf- und Abstiegen, vom Gießenbachsattel zum Felderkopf, dem westlichen Ende, des Kamms.

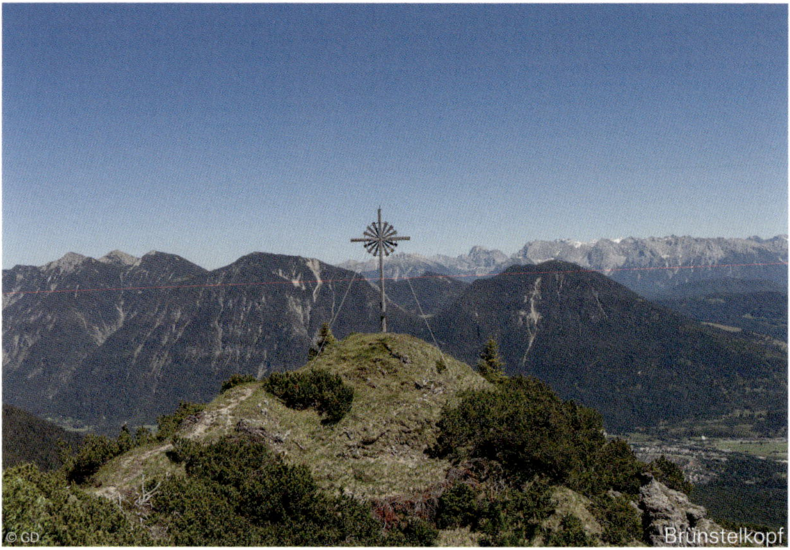

Schwierigkeit: Sehr lange Tour über mehrere Gipfel, die eine gute Kondition verlangt. Der Anstieg zum Brünstelkopf sowie die anschließende Kammüberschreitung zum Felderkopf verläuft auf teilweise steilen Pfaden. Trittsicherheit ist erforderlich. Der Rückweg von der Enningalm ist nicht mehr so aussichtsreich und sehr lang.

Startpunkt: GAP, Pflegersee, 845 m (Anfahrt Seite 18, Nr. ❶)

Strecke: ❶ Pflegersee 845 m, ❷ Gießenbachsattel 1294 m, ❸ Brünstelkopf 1814 m, ❹ Großer Zunderkopf 1895 m, ❺ Felderkopf 1818 m, ❻ Enningalm 1544 m

Interessantes: Traumhafte Ausblicke vom Kammverlauf.

Einkehr: Enningalm

7:25 Std. 17,6 km 1253 hm

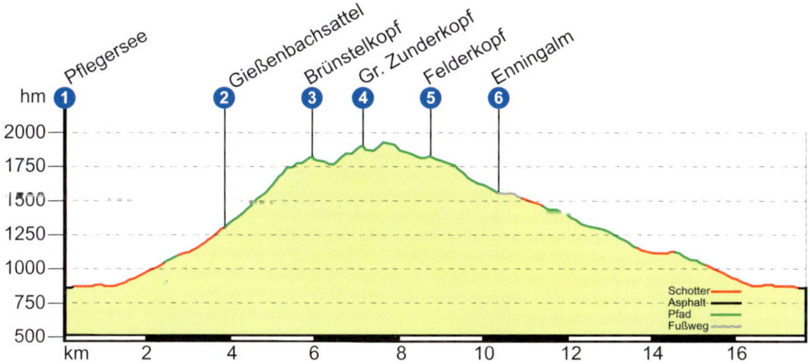

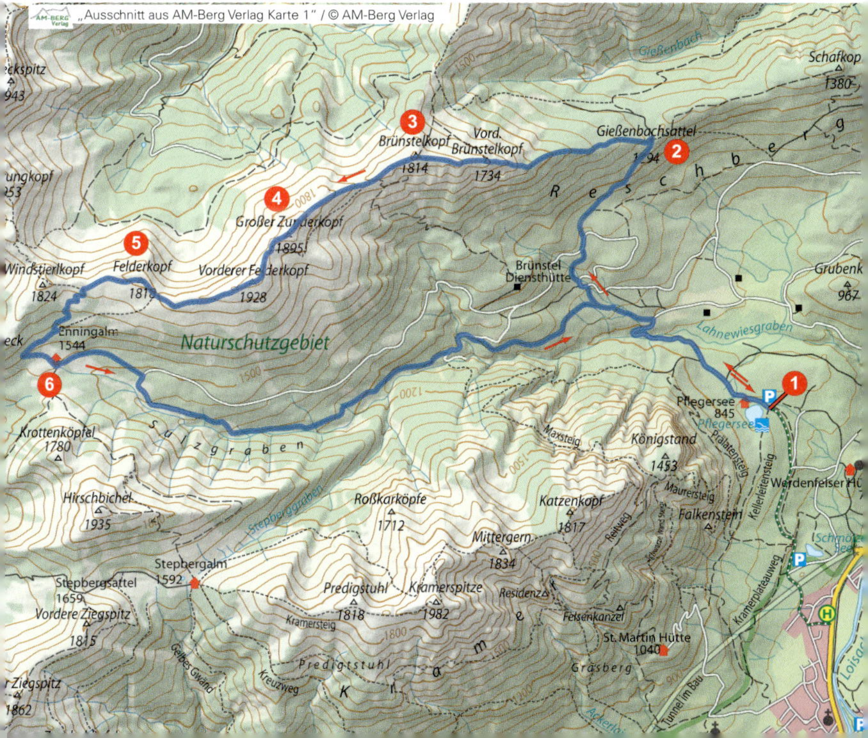

7 „Brünstelkopf - Felderkopf - Enningalm" (1928 m)

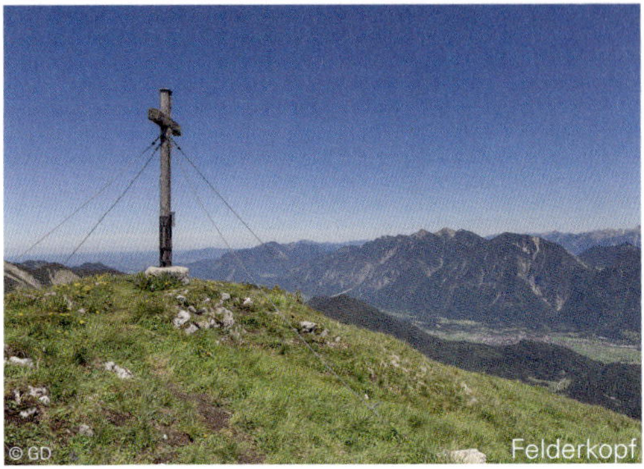

Felderkopf

Wegbeschreibung:

Vom ❶ **Pflegersee** auf der Forststraße, am Berggasthof Pflegersee vorbeigehen und geradeaus der Forststraße Richtung „Reschbergwiesen" folgen. Der Weg führt zunächst flach, dann etwas bergab in den Lahnewiesgraben und steigt danach steil an. Bei der nächsten Abzweigung, am sogenannten „Garmischer Stich" (Schild), nach links und dem Karrenweg Richtung „Brünstelkopf", etwa 500 m, bis zu der nächsten Weggabelung folgen. Hier rechts bergauf, auf dem Karrenweg weiter Richtung „Brünstelkopf", bis zur Enningalm Forststraße wandern. Nun auf der breiten Enningalm Forststraße nach links einbiegen. Bei der nächsten Rechtskurve zweigt links ein Steig ab, diesen ignorieren und erst auf den zweiten Steig, nach 100 m, links Richtung „Brünstelkopf" abbiegen. Auf diesem bergauf gehen, bis man nochmals auf die Enningalm Forststraße trifft. Dieser 100 m nach rechts folgen, dann links auf den Karrenweg Richtung „Gießenbachsattel" abzweigen. Der schmale Forstweg führt ziemlich steil bis zum ❷ **Gießenbachsattel** hinauf.

Hier, bei der Weggabelung, links dem Pfad Richtung „Brünstelkopf" folgen. Zunächst führt dieser Pfad flach, dann immer steiler in dem lichten

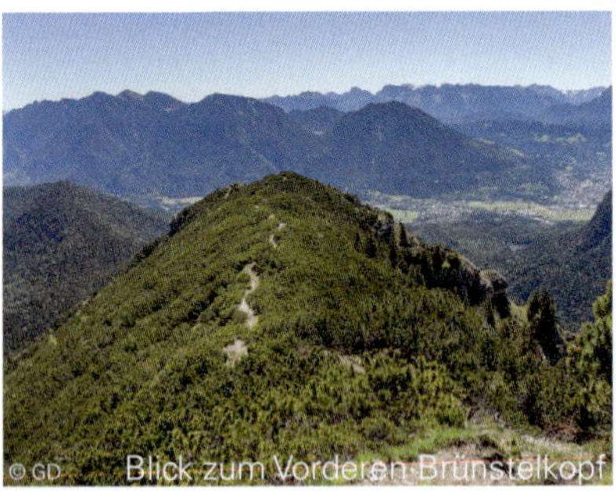

Blick zum Vorderen Brünstelkopf

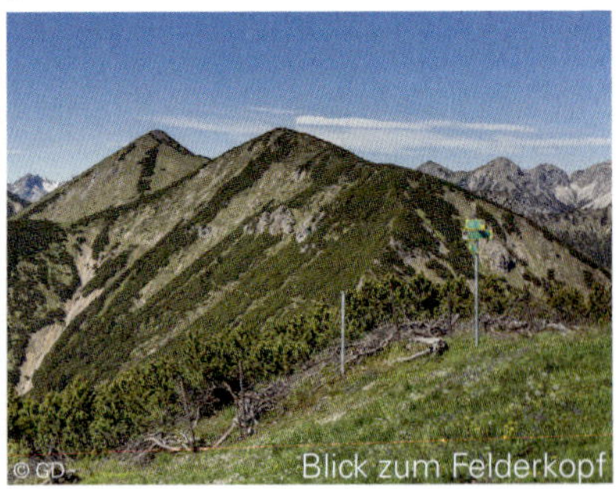

Blick zum Felderkopf

Hochwald hinauf. Weiter oben geht es durch Latschen und über kurze Felsstufen direkt zum ❸ **Brünstelkopf**.
Vom Brünstelkopf überschreitet man in mehreren Auf- und Abstiegen den ❹ **Großen Zunderkopf** sowie den Vorderen Felderkopf und erreicht schließlich den ❺ **Felderkopf**. Von dort geht es zunächst über ein kleines Hochplateau mit Almwiesen, dann durch lichte Latschenfelder hinunter zur Enningalm.

Von der ❻ **Enningalm** folgt man dem Wanderweg Richtung Garmisch bis zur Forststraße hinunter. Bei der Forststraße rechts bergab gehen, bis diese etwas weiter unten in einen schmalen Pfad mündet. Dieser Pfad führt am Anfang durch fast immer nasses, sumpfiges Gelände. Weiter unten wird der Pfad zu einem Forstweg. Danach, bei der nächsten Weggabelung, hält man sich rechts und folgt dem Steig weiter bergab. Dieser trifft auf den Karrenweg, der zum „Garmisch Stich" herunterführt. Von dort geht es auf dem schon bekannten Weg zurück zum Ausgangspunkt.

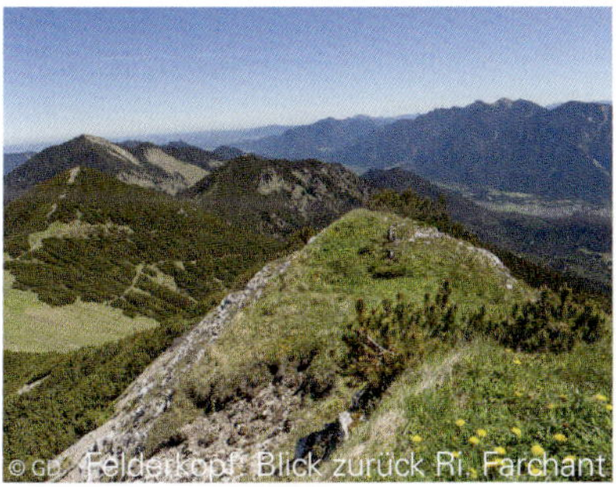
© GD Felderkopf: Blick zurück Ri. Farchant

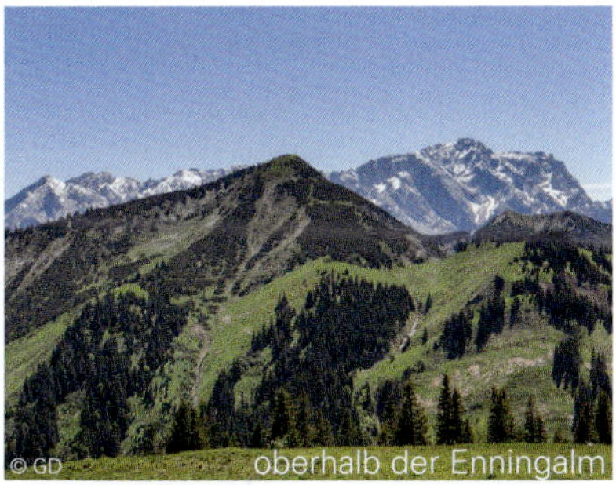
© GD oberhalb der Enningalm

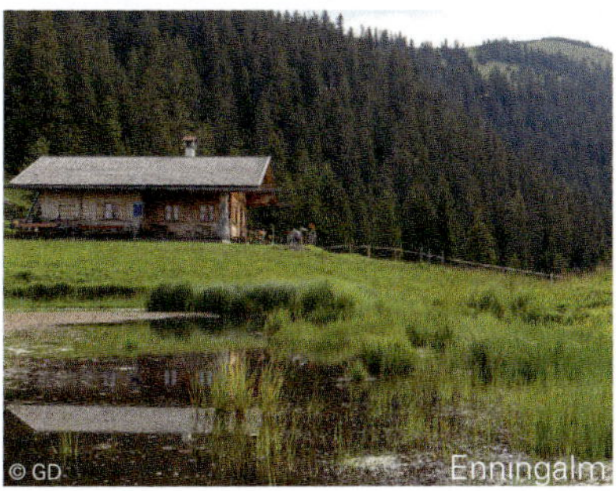
© GD Enningalm

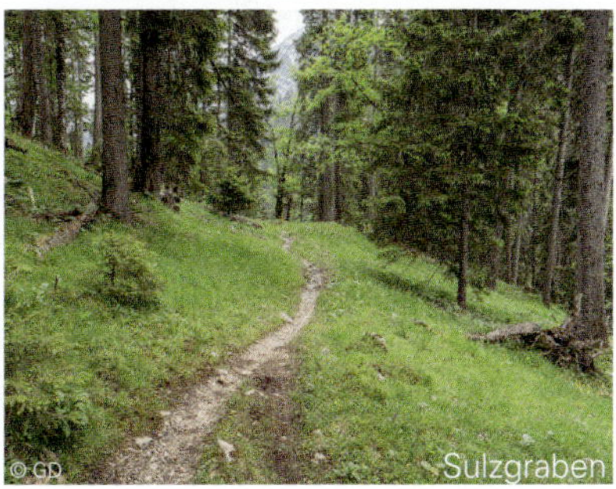
© GD Sulzgraben

8 „Enningalm - Kienjoch" (1953 m)

Landschaftlich beeindruckender Kammverlauf zum Kienjoch

Oberhalb der Enningalm befindet sich der Windstierlkopf. Von diesem verläuft in nördlicher Richtung ein schöner Gebirgskamm. Er führt über den Geißsprungkopf zum Kienjoch. Vom Pflegersee geht es über die Enningalm, in mehreren Auf-/Abstiegen zum Kienjoch.

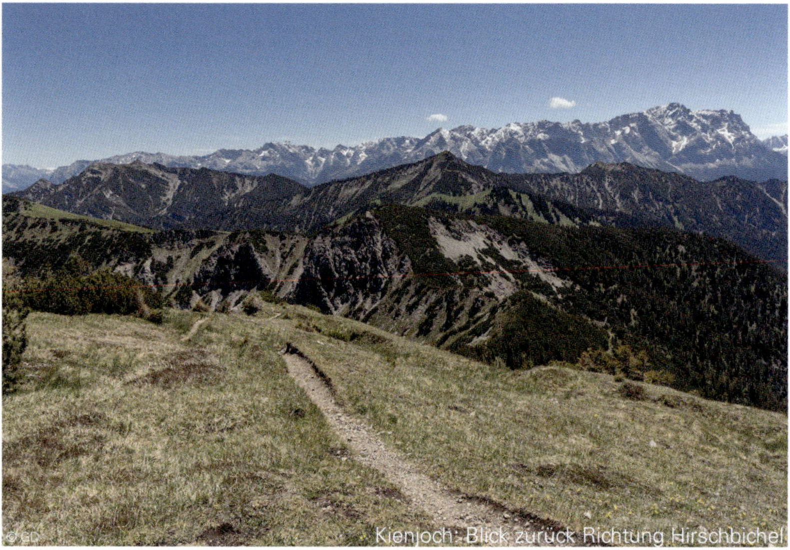

© GD Kienjoch: Blick zurück Richtung Hirschbichel

Schwierigkeit: Sehr lange Tour über mehrere Gipfel, die eine gute Kondition und Trittsicherheit erfordert. Der Hin- und Rückweg erfolgt auf der gleichen Strecke. Der Wegabschnitt bis zur Enningalm ist sehr lang und man hat kaum Aussicht oder Panoramablicke.

Startpunkt: GAP, Pflegersee, 845 m (Anfahrt Seite 18, Nr. ❶)

Strecke: ❶ Parkplatz Pflegersee 845 m, ❷ Enningalm 1544 m, ❸ Kienjoch 1953 m

Interessantes: Wunderschöne Ausblicke auf dem Kammverlauf, zwischen Windstierlkopf und Kienjoch.

Einkehr: Enningalm, Berggasthof Pflegersee

8:20 Std. 20,8 km 1378 hm

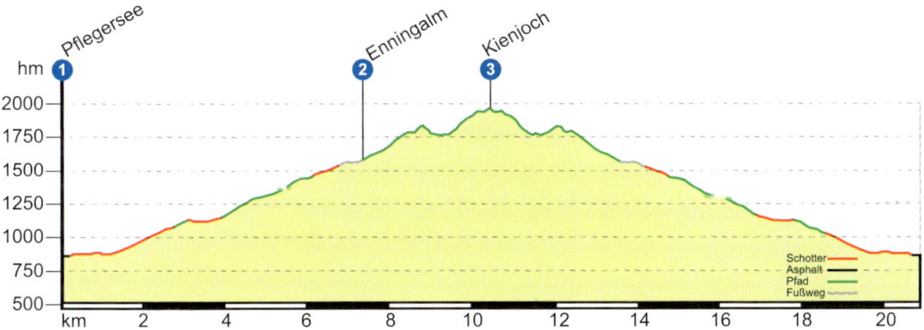

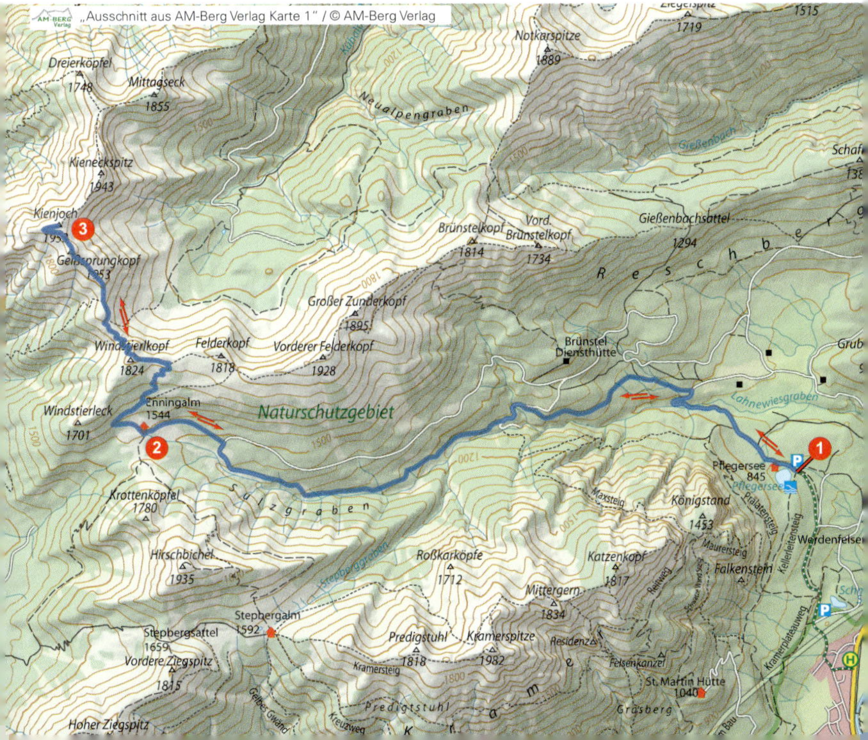

8 „Enningalm - Kienjoch“ (1953 m)

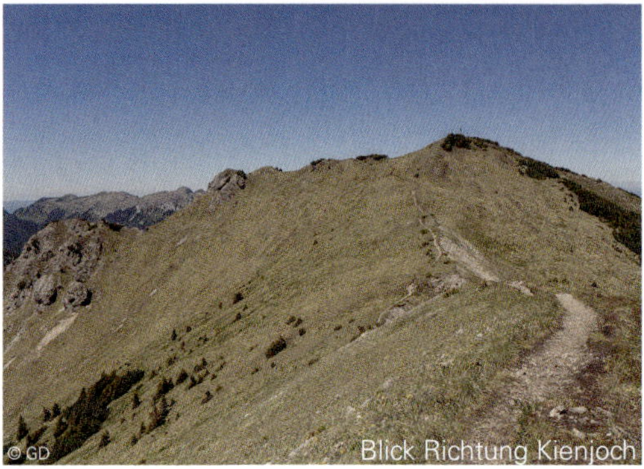

Blick Richtung Kienjoch

Wegbeschreibung:

Vom ❶ **Pflegersee** auf der Forststraße, am Berggasthof Pflegersee vorbei und geradeaus Richtung „Reschbergwiesen“ wandern. Der Weg führt zunächst flach, dann etwas bergab in den Lahnewiesgraben und steigt dann steil an. Bei der nächsten Abzweigung, am sogenannten „Garmischer Stich“ (Schild), nach links und auf dem Karrenweg Richtung „Bünstelkopf“, etwa 500 m, bis zu der nächsten Weggabelung wandern. Hier geradeaus, dem zunächst steinigen Karrenweg, der später zu einem Pfad wird, folgen. Weiter oben erreicht man einen Forstweg. Auf diesem taleinwärts (ca. 900 m) gehen, bis der Forstweg in einen Pfad mündet. Dieser schlängelt sich oberhalb des Sulzgrabens hinauf und mündet in eine breite Forststraße. Bei der nächsten Abzweigung wandert man links Richtung „Enningalm“.

Von der ❷ **Enningalm** nun in nördlicher Richtung zum Windstierlkopf aufsteigen. Von hier geht es dann in mehreren Auf- und Abstiegen bis zum ❸ **Kienjoch**. Auf dem gesamten Kammverlauf bieten sich immer wieder beeindruckende Ausblicke auf die umliegenden Berge, wie z.B. die Notkarspitze im Norden oder auch die Zugspitze im Süden. Der Rückweg erfolgt auf der gleichen Strecke.

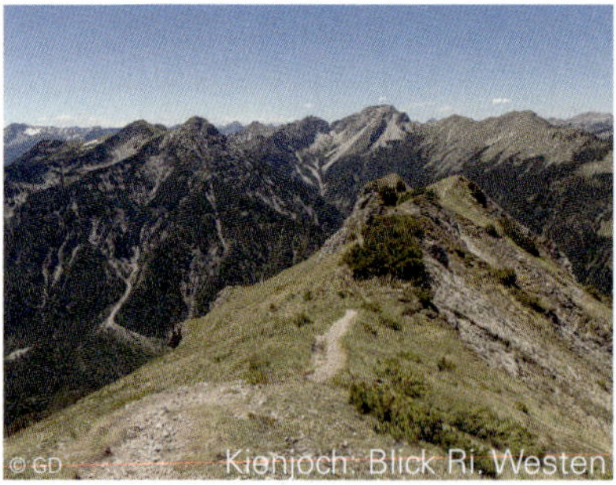

Kienjoch: Blick Ri. Westen

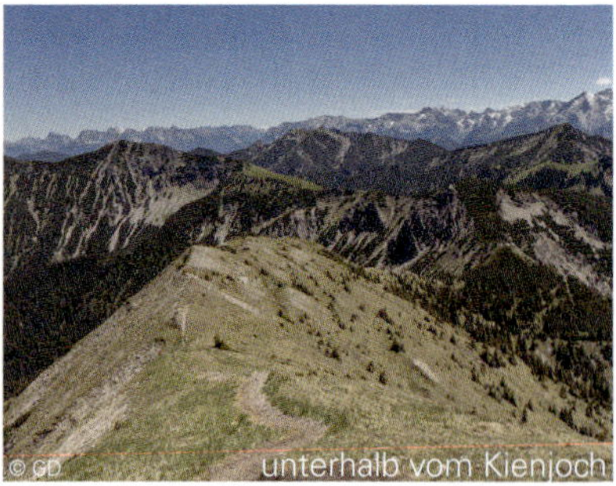

unterhalb vom Kienjoch

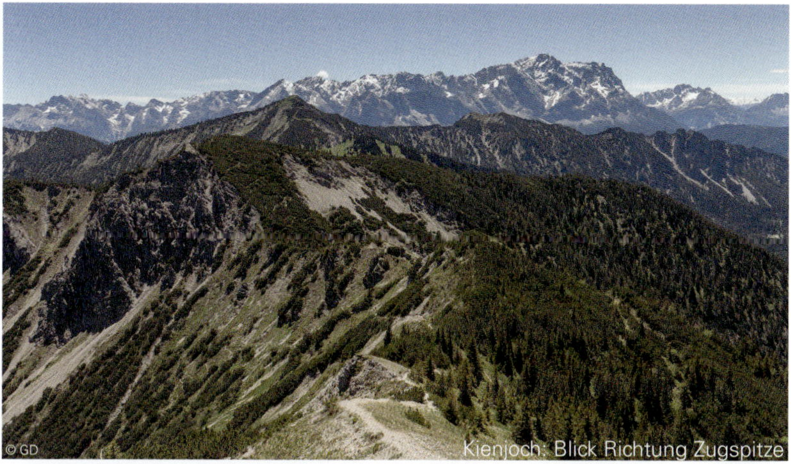

Kienjoch: Blick Richtung Zugspitze

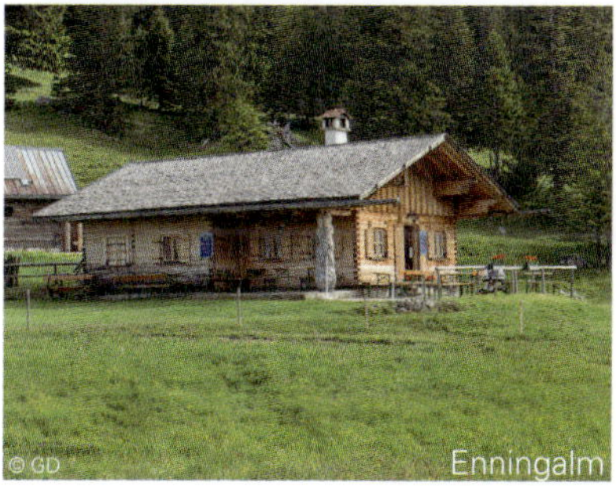

Enningalm

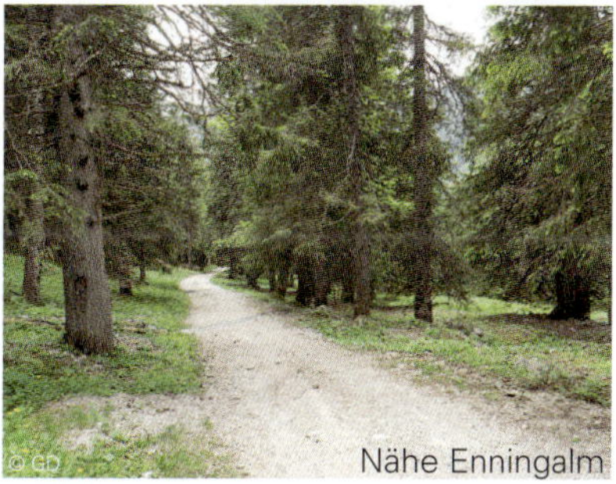

Nähe Enningalm

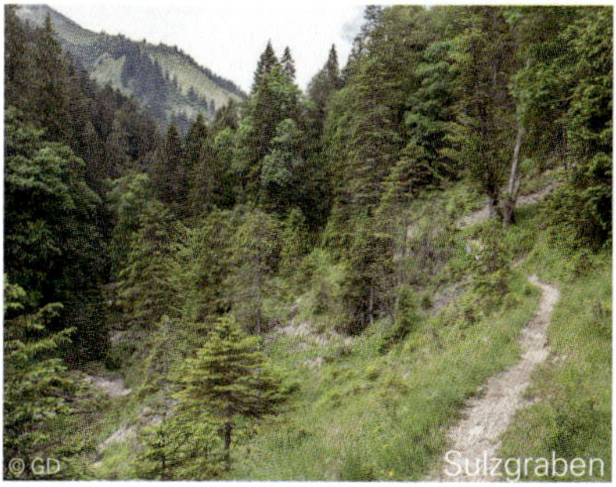

Sulzgraben

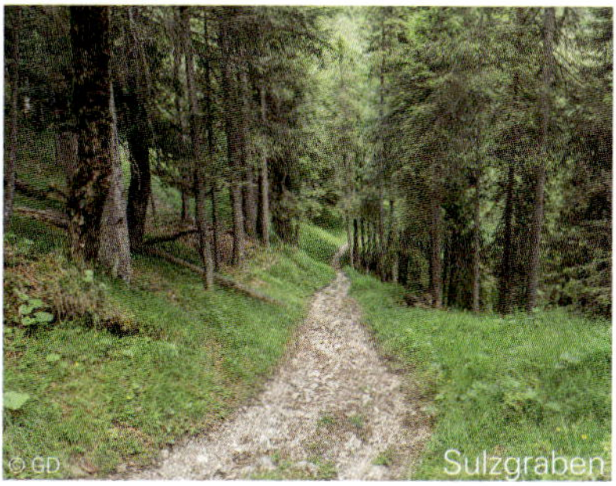

Sulzgraben

9 „Enningalm - Hirschbichel“ (1935 m)

Schöner Aussichtsberg zwischen Enning- und Stepbergalm

Zwischen der Enning- und der Stepbergalm liegt der Hirschbichel, der von beiden Almen aus einfach bestiegen werden kann. Der Gipfelbereich, von dem man eine sehr schöne Aussicht hat, ist eingezäunt, damit die im Sommer dort oben weidenden Schafe nicht direkt auf den Gipfel kommen.

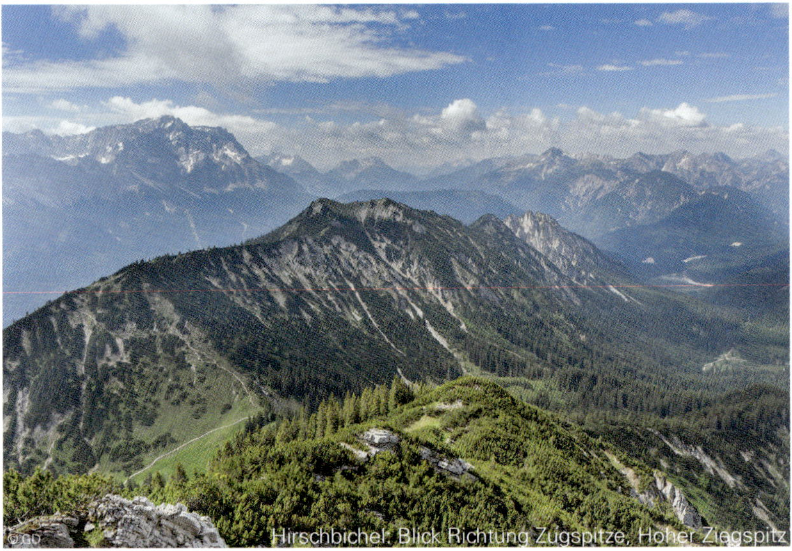

Hirschbichel: Blick Richtung Zugspitze, Hoher Ziegspitz

Schwierigkeit: Einfache, sehr lange Tour, die eine gute Kondition verlangt sowie Trittsicherheit erfordert. Prinzipiell ist sie mit Kindern möglich, es ist dann aber unbedingt zu berücksichtigen, dass diese Tour sehr lang ist.

Startpunkt: GAP, Pflegersee, 845 m (Anfahrt Seite 18, Nr. ❶)

Strecke: ❶ Parkplatz Pflegersee 845 m, ❷ Enningalm 1544 m, ❸ Hirschbichel 1935 m

Interessantes: Im Hochsommer ist diese Tour, durch den sehr langen Sulz- und Lahnewiesgraben angenehm kühl.

Einkehr: Enningalm, Stepbergalm (Abstecher möglich), Berggasthof Pflegersee

7:59 Std. 20,8 km 1293 hm

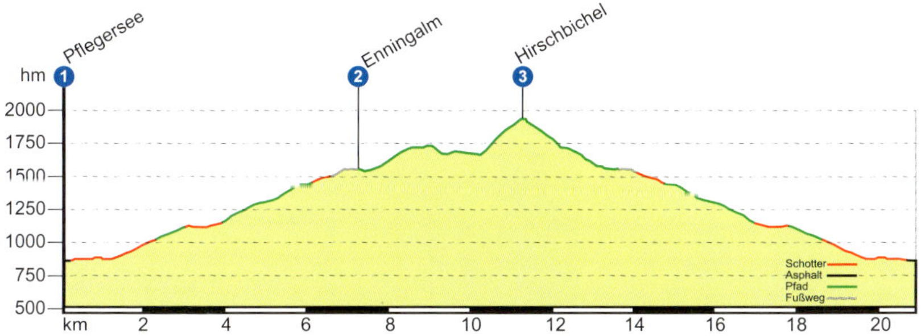

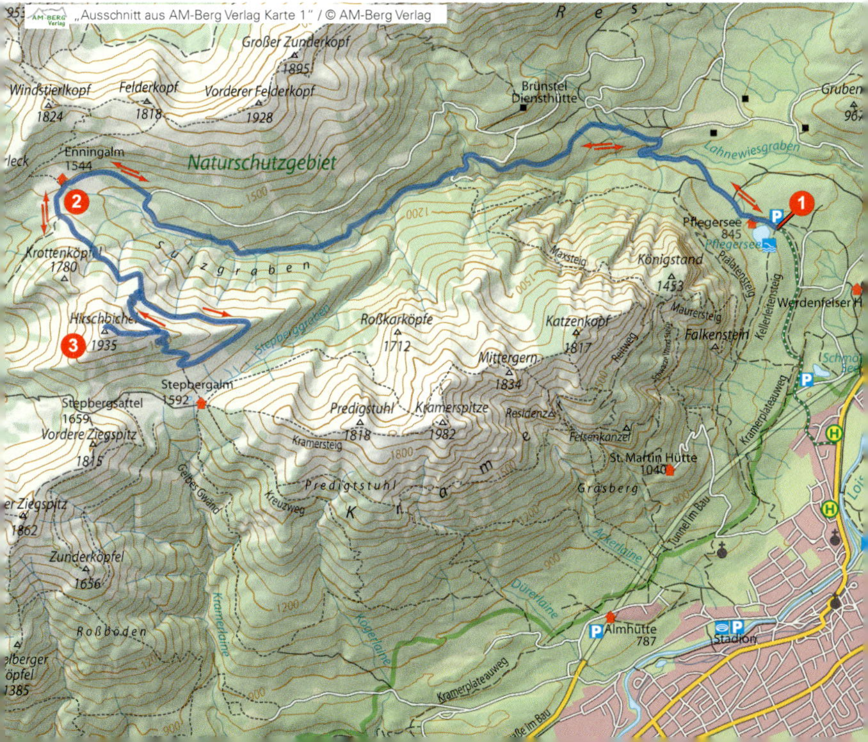

9 „Enningalm - Hirschbichel“ (1935 m)

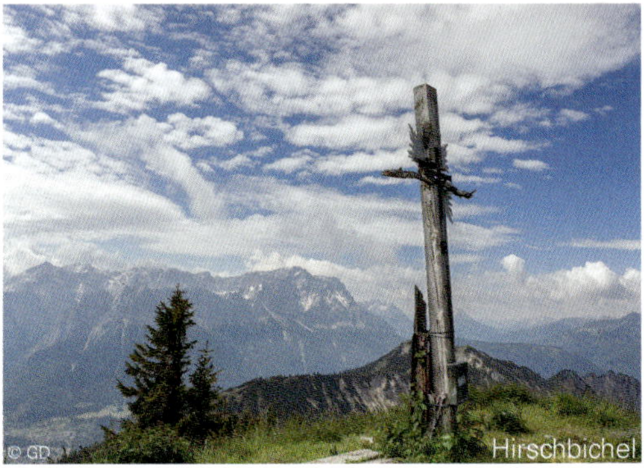
Hirschbichel

Wegbeschreibung:
Vom ❶ **Parkplatz** beim **Pflegersee,** am Berggasthof vorbei und geradeaus der Forststraße Richtung „Reschbergwiesen“ folgen. Der Weg führt zunächst flach, dann etwas bergab in den Lahnewiesgraben und steigt danach steil an. Bei der nächsten Abzweigung, am sogenannten „Garmischer Stich“ (Schild), nach links und dem Karrenweg Richtung „Brünstelkopf“, etwa 500 m, bis zu der nächsten Weggabelung, folgen. Jetzt geradeaus, auf dem zunächst steinigen Karrenweg, der später zum Pfad wird, wandern. Weiter oben erreicht man einen Forstweg. Auf diesem taleinwärts gehen (ca. 900 m), bis der Forstweg in einen Pfad mündet. Dieser schlängelt sich, oberhalb des Sulzgrabens, hinauf und mündet in eine breite Forststraße. Bei der nächsten Abzweigung hält man sich links, Richtung „Enningalm“.

Von der ❷ **Enningalm** geht es nun in südlicher Richtung weiter, bis zu einer Weggabelung bei einem Sattel. Der Weg teilt sich, rechts der Pfad „256“ führt hinunter zur Rotmoosalm. Hier nimmt man den linken Steig „261“, Richtung „Stepbergalm“ und steigt zunächst über Wiesen, später im Wald bergauf. Der Pfad schlängelt sich unterhalb des Hirschbichels zum Hirschbichelrücken. Der weitere Weg führt nun oberhalb des Stepberggrabens ent-

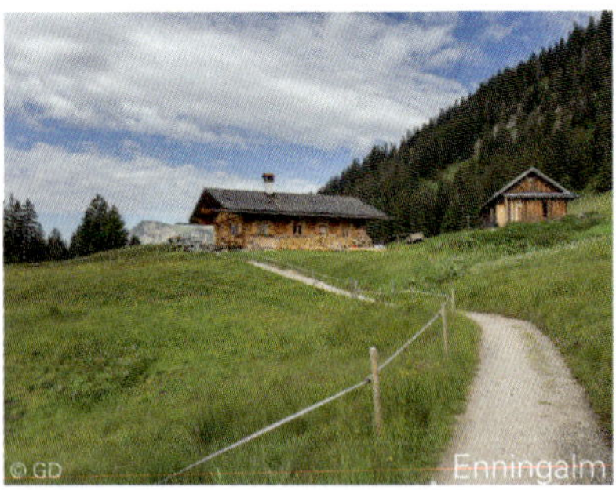
Enningalm

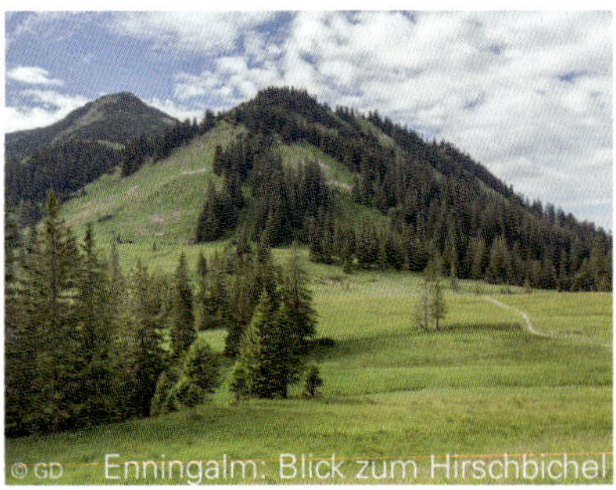
Enningalm: Blick zum Hirschbichel

lang. Ab hier hat man auch erste Ausblicke zur Zugspitze und etwas später auch hinunter zur Stepbergalm. Man folgt dem Steig bis zu den Abzweigen „Stepbergalm“ (ein kurzer Abstecher zur Alm ist möglich) und „Hirschbichel 1h“ und geht dann rechts Richtung „Hirschbichel 1h“. Dieser Steig geht anfangs durch den lichten Wald bergauf und später durch Latschen am Kamm entlang, direkt zum ❸ **Hirschbichel**.

Beim Abstieg, zunächst auf dem gleichen Steig etwa 500 m bergab wandern. Dann zweigt, etwas unscheinbar, nach links ein Steig ab. Diesem in nördlicher Richtung über die Wiesen (teilweise weglos) hinunter bis zum Aufstiegsweg folgen. Dort links und auf diesem Weg zurück bis zur Enningalm gehen. Ab dort auf dem bekannten Weg zurück zum Ausgangspunkt am Pflegersee gehen.

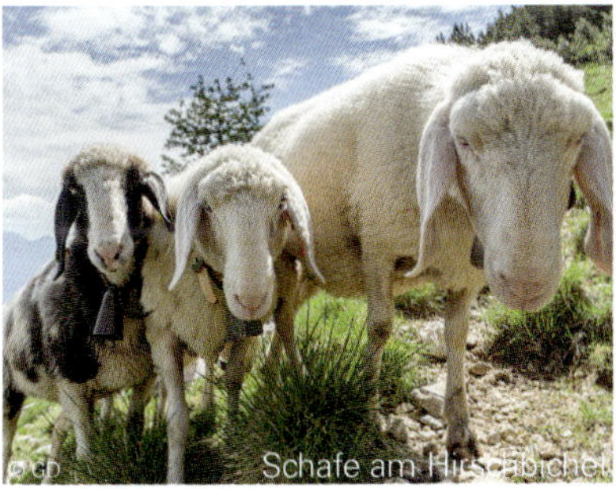
© GD Schafe am Hirschbichel

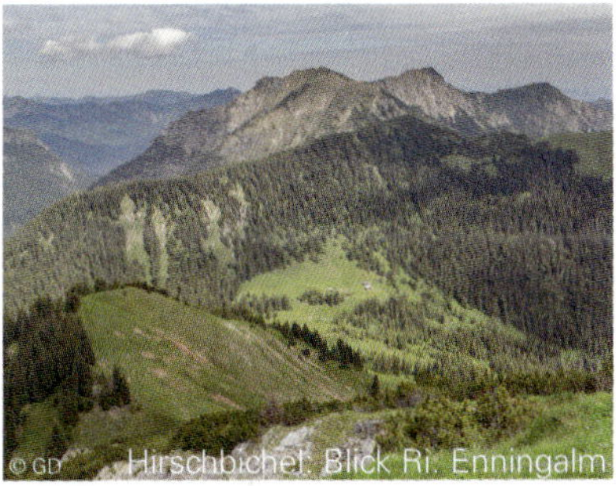
© GD Hirschbichel: Blick Ri. Enningalm

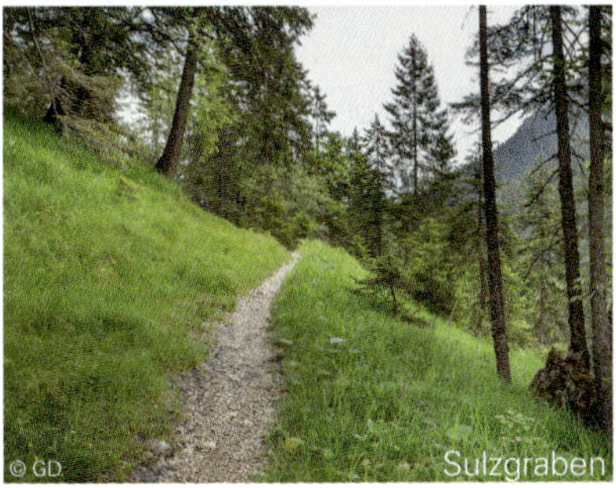
© GD Sulzgraben

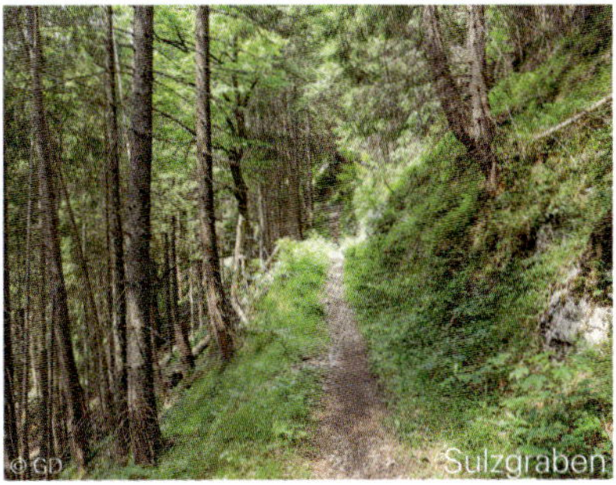
© GD Sulzgraben

10 „Zugspitze über Reintal (2-Tagestour)“ (2962 m)

In zwei Tagen durch das Reintal auf die Zugspitze

Der Anstieg durch das Reintal, mit fast 22 km, ist sehr lang und umfasst 2250 hm. Dies ist der längste, aber auch der einfachste Aufstieg auf Deutschlands höchsten Gipfel. Die Tour ist mit einer Übernachtung auf der Reintalangerhütte oder Knorrhütte, in zwei Tagen gut machbar.

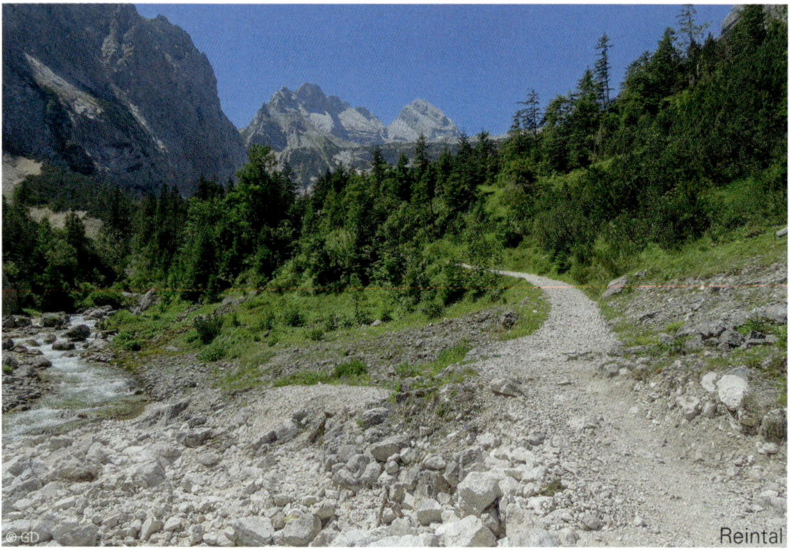

© GD

Reintal

Schwierigkeit: Bis zur Reintalangerhütte einfache Wanderung. Ab dort wird der Weg bis zum Gipfel anspruchsvoller und steiler. Ab dem Sonnalpin (Zugspitzplatt) sind Trittsicherheit und Schwindelfreiheit erforderlich. Im oberen Bereich ist der Weg drahtseilversichert. Vom Zugspitzplatt zum Gipfel fährt auch die Gletscherseilbahn (alternativ).

Startpunkt: GAP, Parkplatz Hausbergbahn, 728 m (Anfahrt Seite 19, ❻)

Strecke: ❶ Hausbergbahn 728 m, ❷ Skistadion 737 m, ❸ Bockhütte 1052 m, ❹ Reintalangerhütte 1369 m, ❺ Knorrhütte 2051 m, ❻ Sonnalpin 2600 m, ❼ Münchner Haus 2959 m

Interessantes: Abwechslungsreicher Weg mit zahlreichen Highlights.

Einkehr: Bock-, Reintalanger-, Knorrhütte, Sonnalpin, Münchner Hs.

10:10 Std. 23,5 km 2455 hm

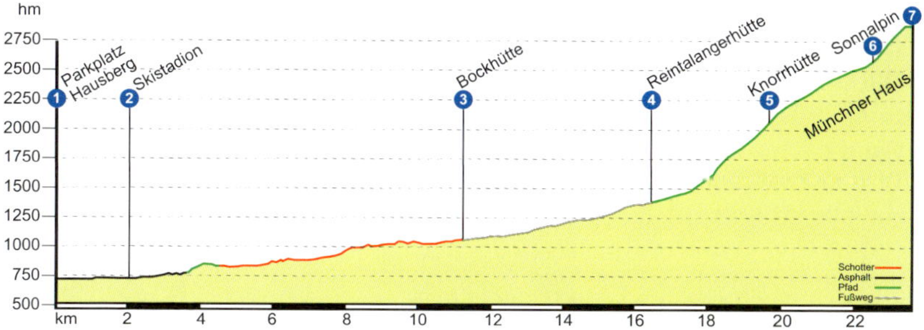

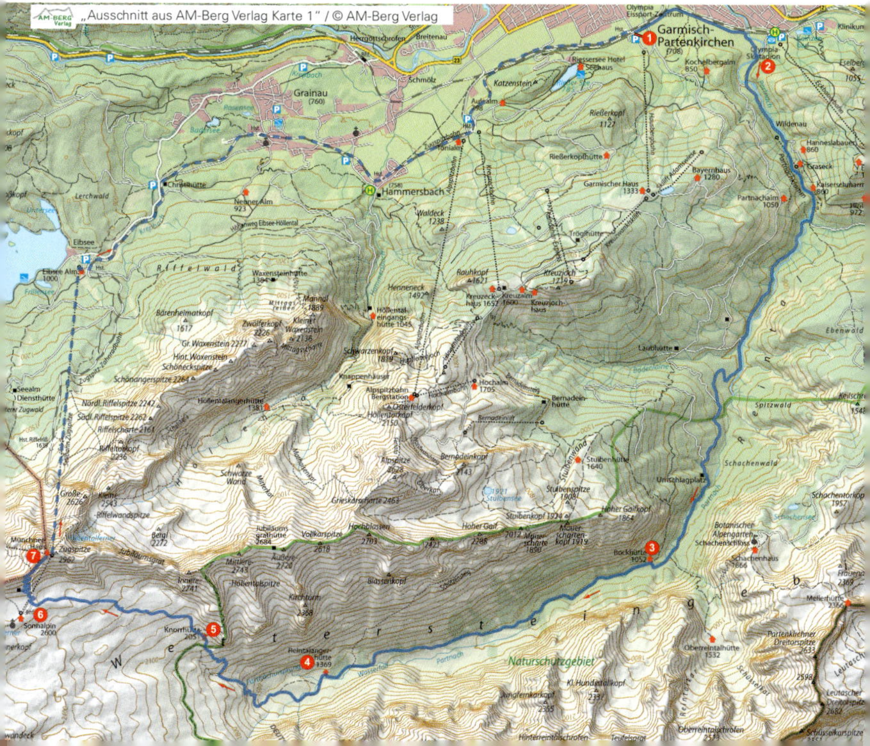

10 „Zugspitze über Reintal (2-Tagestour)" (2962 m)

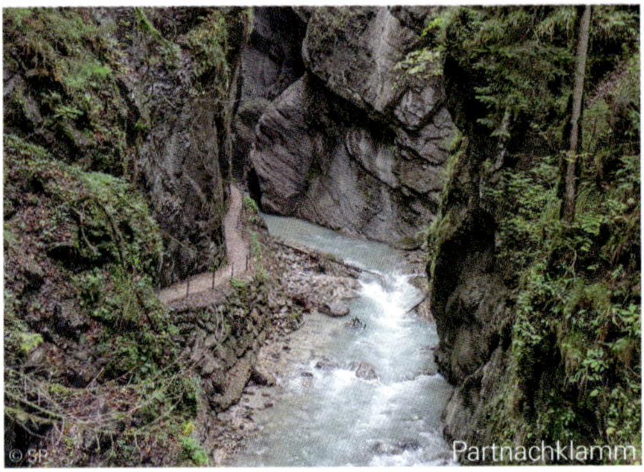

Partnachklamm

Tag 1
❶ Parkplatz Hausbergbahn
❷ Skistadion
❸ Bockhütte
❹ Reintalangerhütte

Wegbeschreibung:

Vom ❶ **Parkplatz** bei der **Hausbergbahn,** geht es nach rechts (Richtung Osten) und weiter, auf der Straße, neben der Bahnlinie entlang, bis zum ❷ **Skistadion.** Dort rechts Richtung „Partnachklamm" abbiegen und der Straße bis zum Eingang der Partnachklamm folgen. Hier bezahlt man den Eintritt für die Klamm und wandert dann auf dem schmalen Weg durch die beeindruckende Partnachklamm. Am Ausgang der Klamm über die Brücke des Ferchenbachs gehen und auf dem Forstweg nach rechts, Richtung „Reintalangerhütte" weiterlaufen. Diesem Forstweg stets geradeaus bis zum Umschlagplatz (Materialhütte), nach ca. 4,5 km, folgen. Auf einem Karrenweg geht es jetzt zunächst durch die Hinterklamm bergab zur Partnach und an dieser entlang bis zur ❸ **Bockhütte**.

Nach der Bockhütte auf dem ansteigenden Weg „801", durch das wunderschöne Reintal, immer an der Partnach entlang, bis zur ❹ **Reintalangerhütte** aufsteigen.

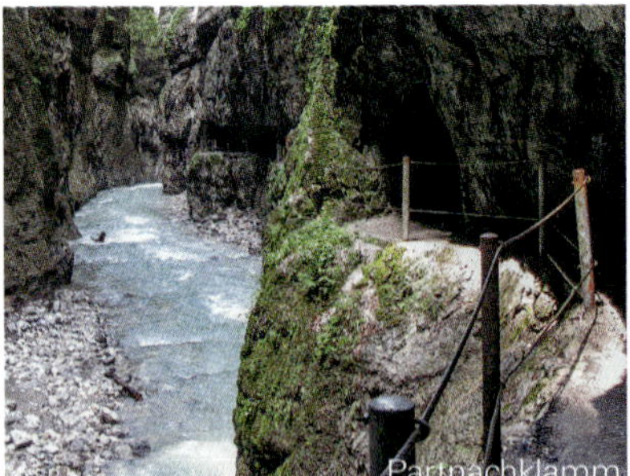

Partnachklamm

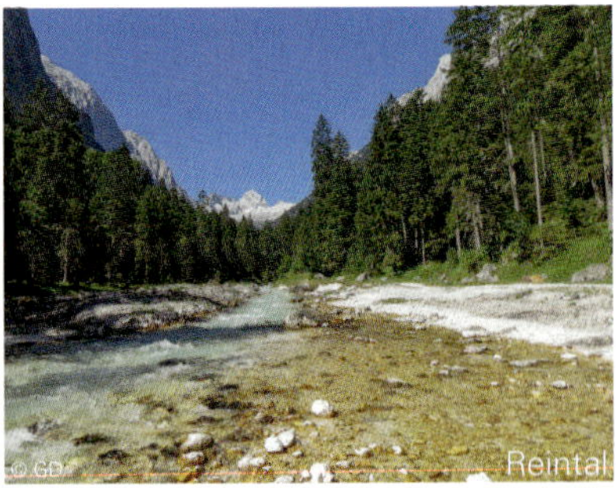

Reintal

Tag 1 5:31 Std. 16,3 km 955 hm

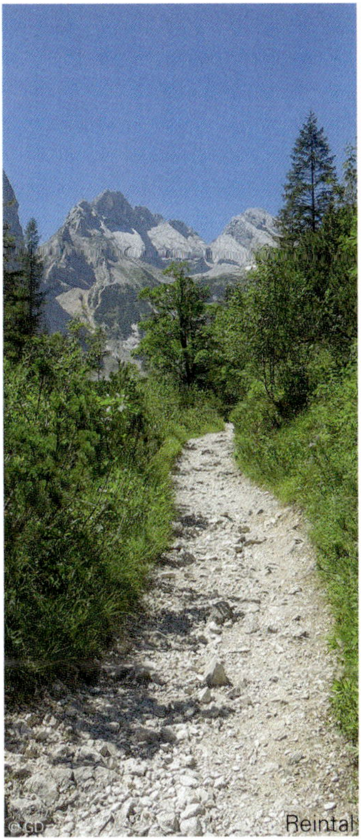

Reintal

© GD

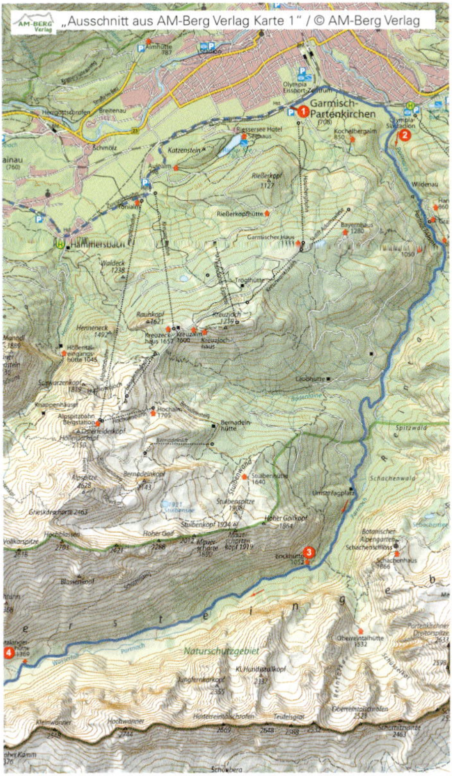

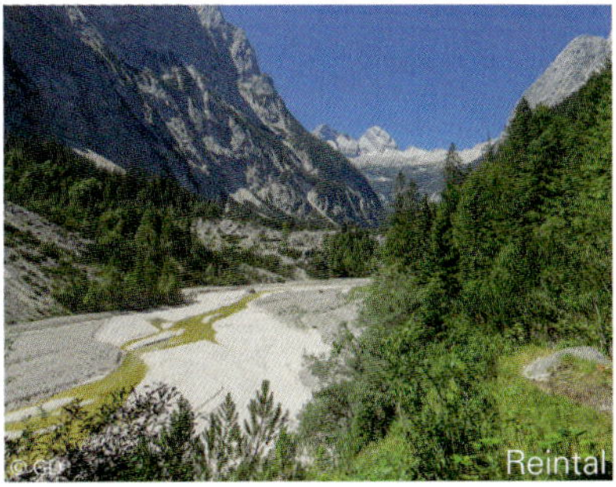

Reintal

© GD

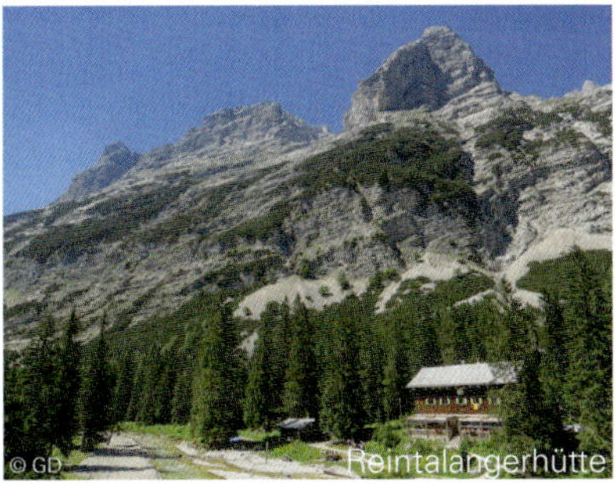

Reintalangerhütte

© GD

Tag 2
❹ **Reintalangerhütte**
❺ **Knorrhütte**
❻ **Sonnalpin**
❼ **Münchner Haus**

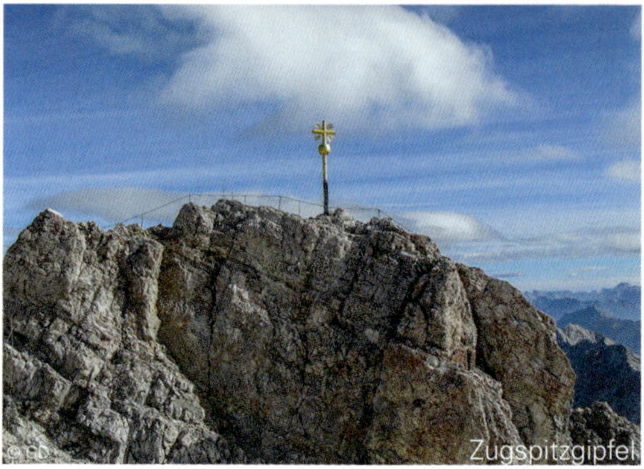

Zugspitzgipfel

Wegbeschreibung:
Von der ❹ **Reintalangerhütte** taleinwärts über die Partnachbrücke, dann links der Partnach und in das große Kar (Reintalanger) gehen. Am westlichen Ende des Reintalangers steigt der Weg „801“ steil an. Durch Latschen und schließlich über Geröll geht es hinauf zur ❺ **Knorrhütte.** Von hier folgt man weiter dem Weg „801“, der jetzt über die Geröllflächen des Zugspitzplatts führt. Kurz vor dem ❻ **Sonnalpin,** unterhalb der Gletscherbahn, zweigt rechts der Weg zur Zugspitze ab. Bei einigen großen Felsblöcken steht ein Hinweisschild „Zugspitze“. Der Weg führt über ein steiles Schotterfeld hinauf. Auf Höhe des Schneefernerhauses beginnt die Seilversicherung. Nun immer dem gesicherten Weg bis zum ❼ **Münchner Haus** folgen. Wer dann noch direkt zum Gipfelkreuz möchte, der kann, auf der anderen Seite der Aussichtsplattform, über einen seilversicherten Steig und über eine Leiter, in wenigen Minuten zum Gipfel aufsteigen. Achtung, meistens sind dort sehr viele Menschen und der Fels ist extrem glatt.
Der „Rückweg“ erfolgt mit der Seilbahn Zugspitze zum Eibsee. Dort dann in die Zahnradbahn umsteigen und bis zur Haltestelle am Hausberg fahren.

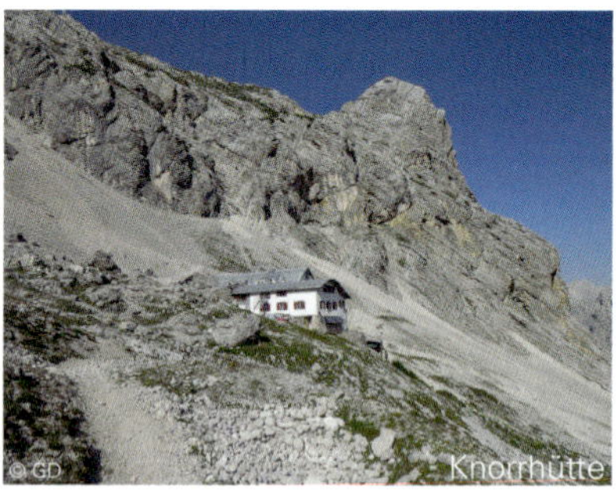

Knorrhütte

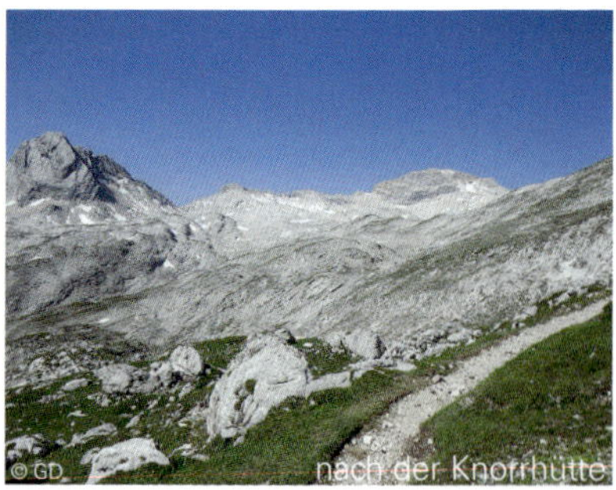

nach der Knorrhütte

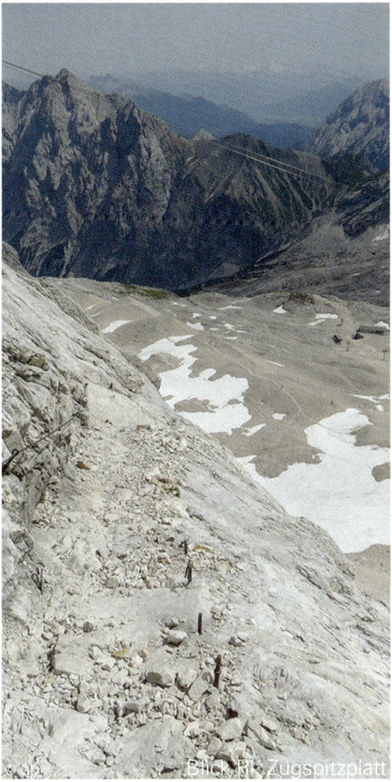

© GD Blick Ri. Zugspitzplatt

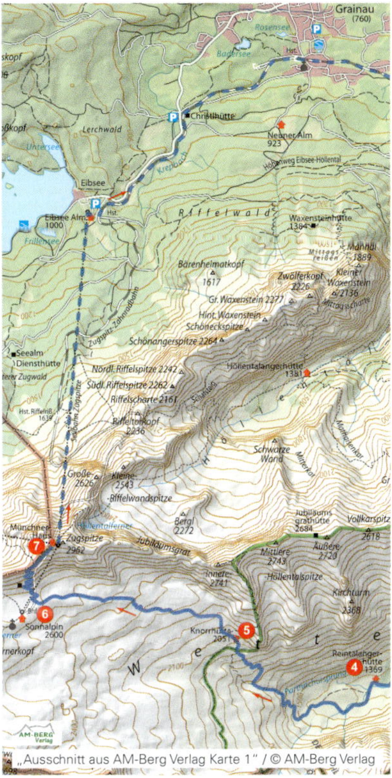

„Ausschnitt aus AM-Berg Verlag Karte 1" / © AM-Berg Verlag

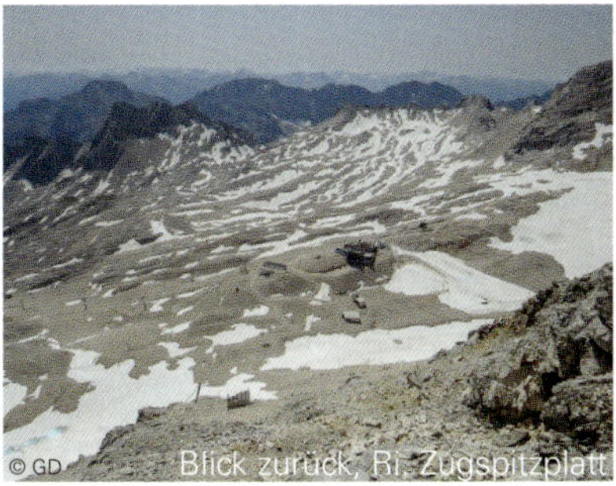

© GD Blick zurück, Ri. Zugspitzplatt

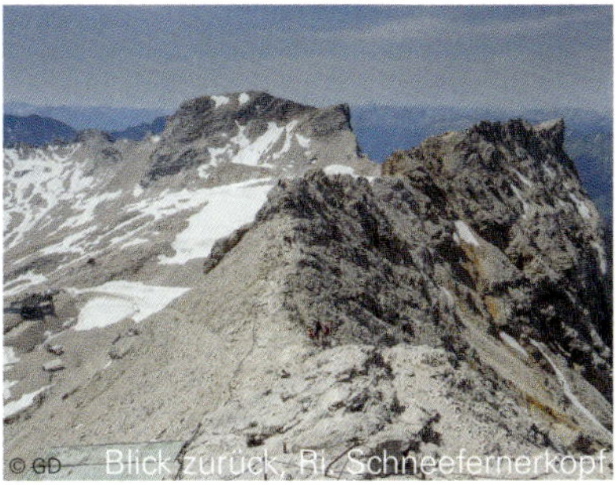

© GD Blick zurück, Ri. Schneefernerkopf

11 „St. Martin Hütte über Schwarze Wand" (1199 m)

Abenteuerliche Tour auf alten Steigen

An den Osthängen vom Kramer, zwischen der Kramerspitze und dem Königstand, gibt es zahlreiche kaum begangene Steige. Dieser fast vergessene, aber sehr interessante Steig, quert die steilen, felsdurchsetzten Hänge des Kramers zwischen der Schwarzen Wand und der St. Martin Hütte.

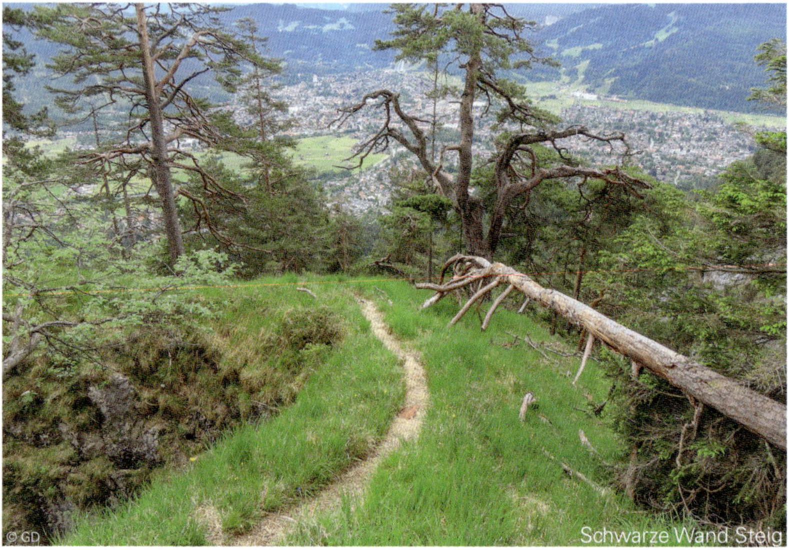
© GD
Schwarze Wand Steig

Schwierigkeit: Sehr steiler ausgesetzter Steig mit einer „Kletterpassage", an der noch eine alte Seilversicherung vorhanden ist. Trittsicherheit und Schwindelfreiheit sind unbedingt erforderlich. Die Tour sollte bei Nässe nicht begangen werden.

Startpunkt: GAP, Pflegerseestraße, 765 m (Anfahrt Seite 19, Nr. ❷)

Strecke: ❶ Parkplatz Pflegerseestraße 765 m, ❷ Abzweig Schwarze Wand Steig 1200 m, ❸ „Kriechband" 1165 m, ❹ St. Martin Hütte 1040 m

Interessantes: „Kriechband" durch eine steile Felswand.

Einkehr: St. Martin Hütte

2:54 Std. | 5,3 km | 539 hm

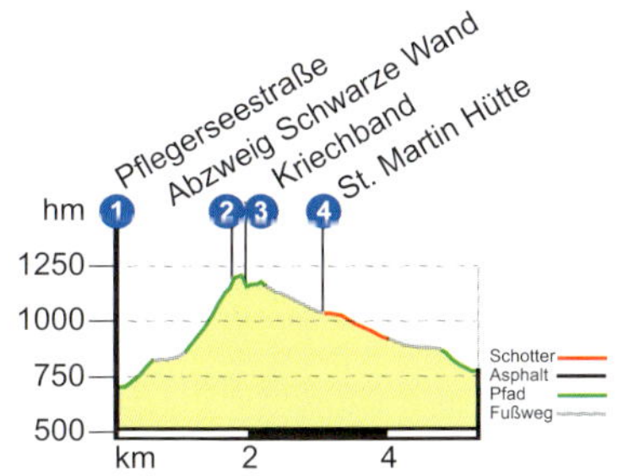

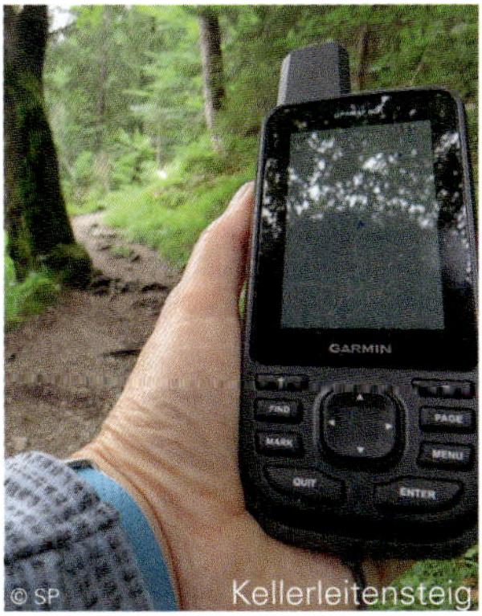

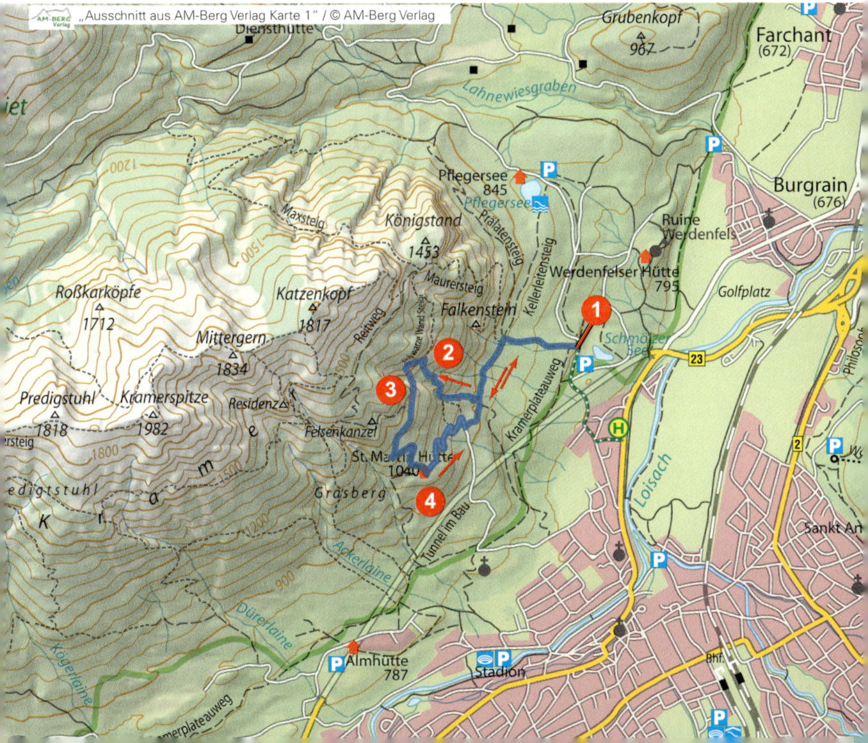

11 „St. Martin Hütte über Schwarze Wand“ (1199 m)

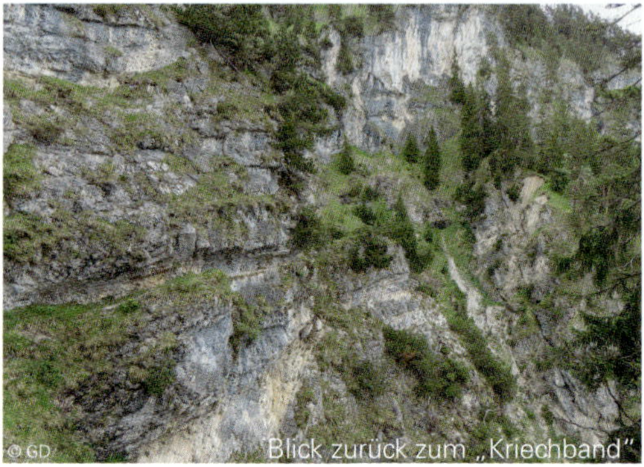
© GD Blick zurück zum „Kriechband“

Wegbeschreibung:

Vom ❶ **Parkplatz** an der **Pflegerseestraße** folgt man einem kaum sichtbaren Pfad in westlicher Richtung. Dieser führt, rechts von einem Strommasten, über die Wiese zum Waldrand hinauf. Im Wald geht man auf einem Karrenweg weiter, bis man etwas später zu einen Pfad kommt, der direkt auf den Kellerleitensteig trifft. Dort dann ca. 400 m nach links, bis zu einer Abzweigung, gehen. Bei dieser Abzweigung geht nach links der Steig Nr. 262 (Hinweisschild „Abzweigung zum Kramerplateauweg und nach Garmisch“), Richtung Garmisch hinunter. An dieser Stelle, bei einer Holzbank bzw. hinter dem Hinweisschild, zweigt der Schwarze Wand Steig nach rechts ab (❷ **Abzweig Schwarze Wand Steig**). Dieser führt zunächst links am Bachlauf der Kramerrunse steil bergauf, quert dann die Kramerrunse und führt schließlich, unterhalb der sogenannten Schwarzen Wand, hinauf zum Königstand. Man folgt dem Schwarzen Wand Steig bis auf eine Höhe von 1200 m. Etwa 20 m oberhalb des Schwarzen Wand Steiges kommt man an einem gelbgrauen Felsriegel (mit roten Markierungen) vorbei. Hier links dem Steig, entlang der Felswand, folgen. Es geht zunächst bergauf, dann bergab (alte Seilversicherungen) in eine Rinne. Danach wandert man an einer steilen Felswand (❸ **Kriechband**) mit einer Seilversi-

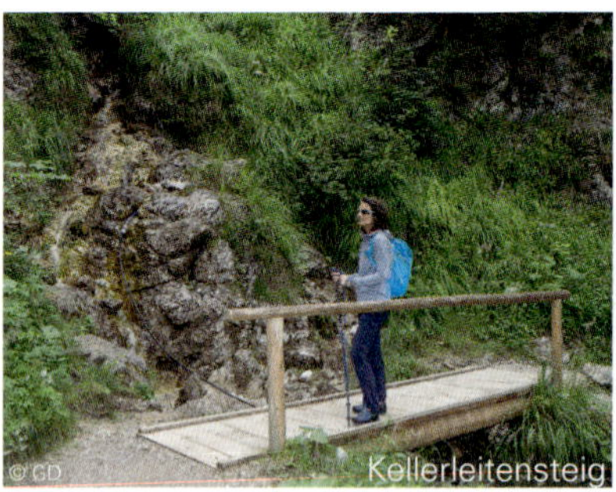
© GD Kellerleitensteig

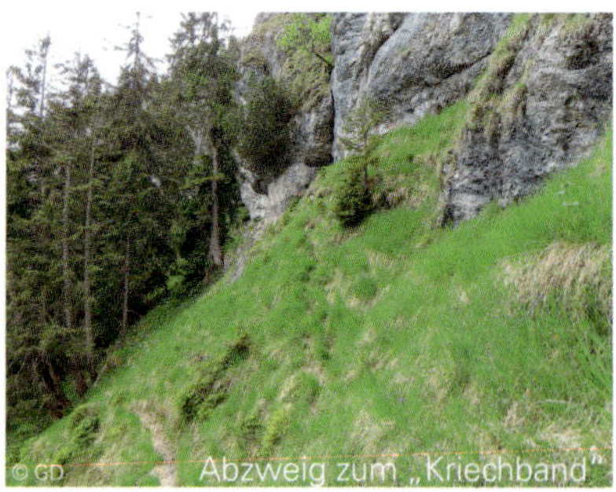
© GD Abzweig zum „Kriechband“

Wussten Sie schon ...

- ... dass bei St. Martin einst eine Ruhebank des Königs Maximilian II von Bayern stand. Der König lobte diese Stelle als die schönste im Werdenfelser Land. Auf den Königsstand ritt man nicht nur zur Gamsjagd, sondern auch um die sensationelle Aussicht zu genießen.

cherung entlang. Der Steig führt ein kurzes Stück sehr knapp, unterhalb der Felswand entlang. Nach dieser Passage quert der Steig den Hang und kommt nach 150 m auf den Weg, der von der St. Martin Hütte zum Königstand geht. Auf diesem Weg nun zur St. Martin Hütte absteigen.

Von der ❹ **St. Martin Hütte** wandert man anfangs auf dem Forstweg bergab, bis zu einem Abzweig. Dort nach links zum Kellerleitensteig und über diesen zurück zum Ausgangspunkt gehen.

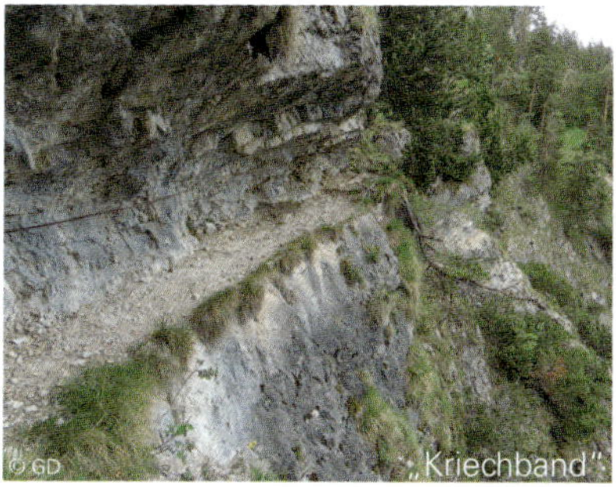
© GD „Kriechband"

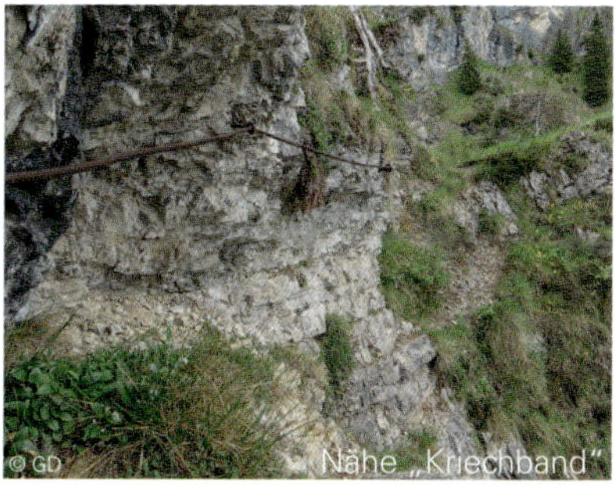
© GD Nähe „Kriechband"

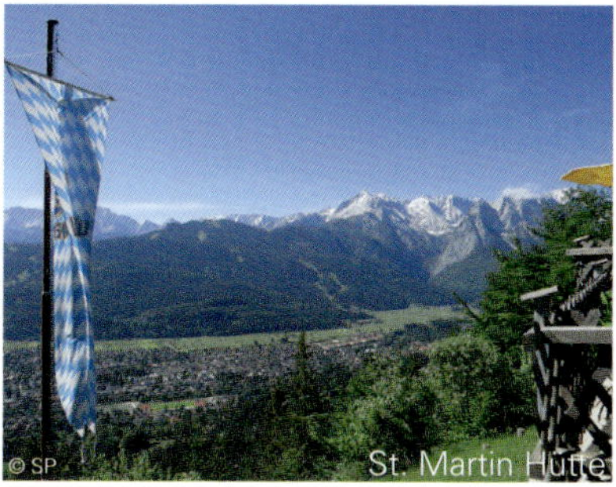
© SP St. Martin Hütte

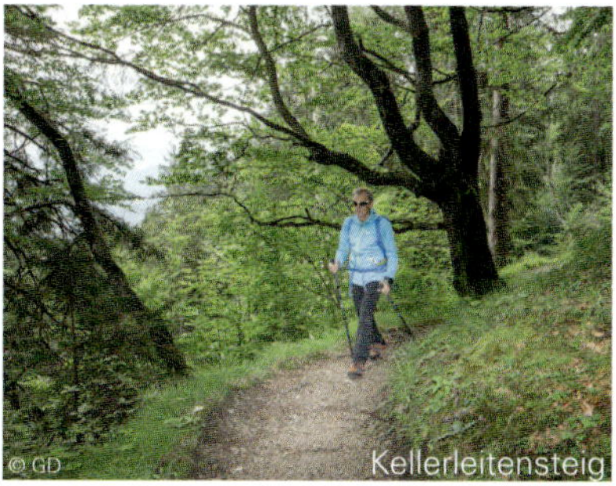
© GD Kellerleitensteig

12 „Königstand über Maxsteig" (1453 m)

Einsame Tour durch eine „wilde" Landschaft zum Königstand

Vom Pflegersee aus betrachtet wirkt der Königstand mit seiner gewaltigen Nordostwand, der Seleswand, wie ein richtiger Gipfel. Dabei handelt es sich „nur" um die Nordost-Ecke der Kramerspitze. Der Aufstieg über den schmalen Maxsteig ist fast schon abenteuerlich und wenig begangen.

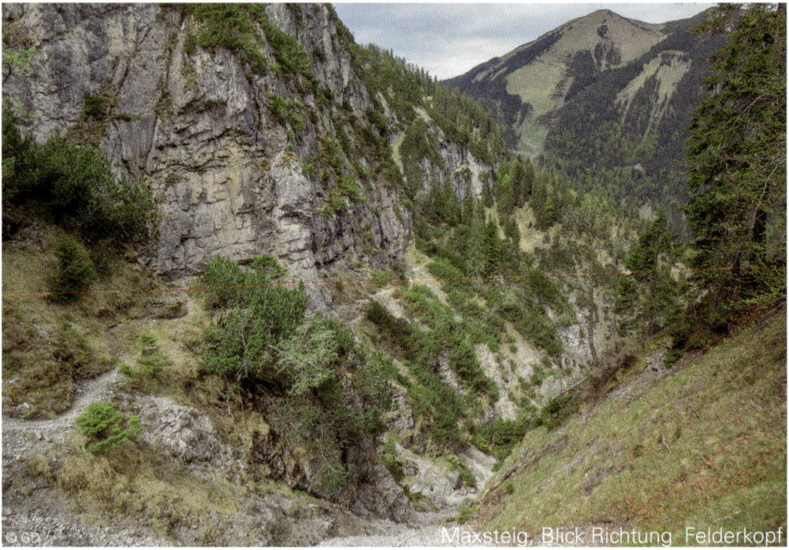

© GD

Maxsteig, Blick Richtung Felderkopf

Schwierigkeit: Der Maxsteig sowie der Schwarze Wand Steig sind schmale, steile und an einigen Stellen ausgesetzte, wenig begangene Steige. Trittsicherheit und Schwindelfreiheit sowie ein gutes Orientierungsvermögen sind unbedingt notwendig. Die Tour sollte bei Nässe nicht begangen werden.

Startpunkt: GAP, Pflegersee, 845 m (Anfahrt Seite 18, Nr. ❶)

Strecke: ❶ Parkplatz Pflegersee 845 m, ❷ Abzweig Maxsteig 1086 m, ❸ Königstand 1453 m

Interessantes: Der abenteuerliche Aufstieg über den Maxsteig zum Königstand.

Einkehr: Berggasthof Pflegersee

4:00 Std. 8,1 km 720 hm

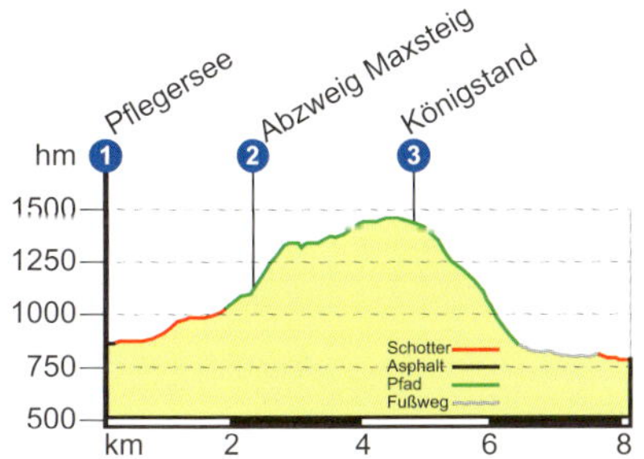

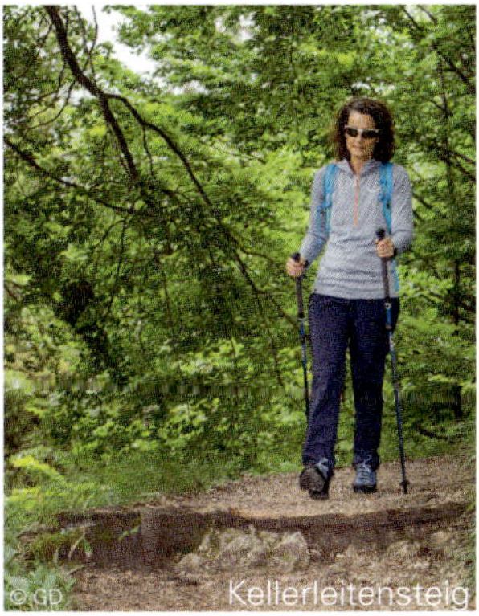

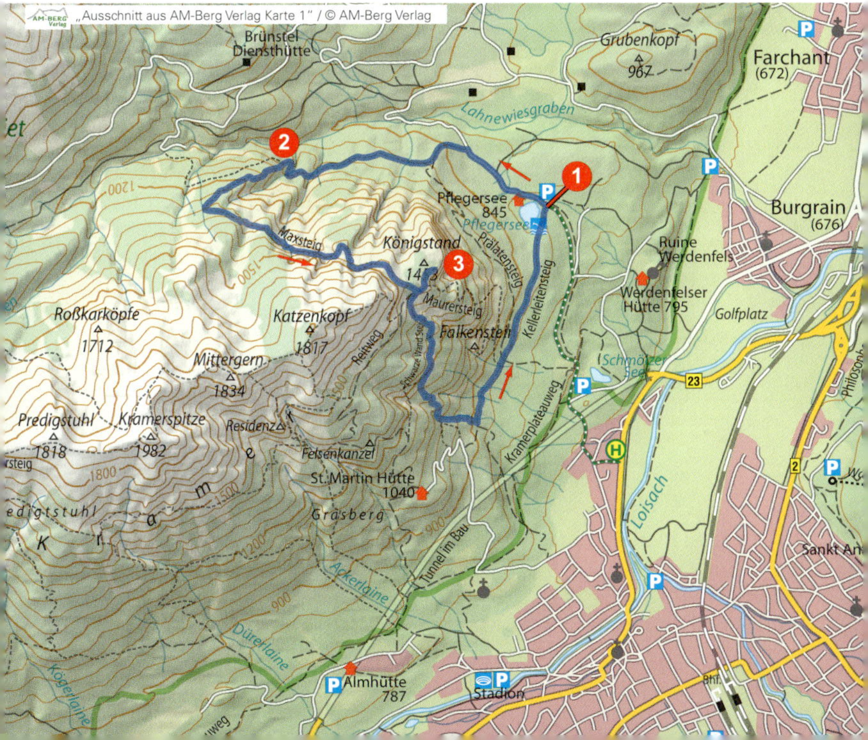

12 „Königstand über Maxsteig“ (1453 m)

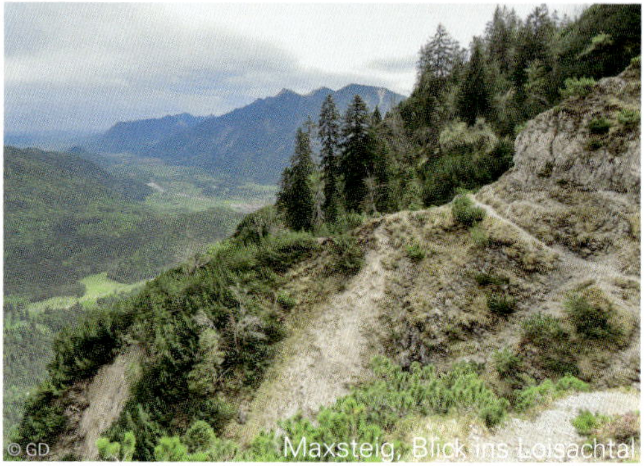
© GD Maxsteig, Blick ins Loisachtal

Wegbeschreibung:

Vom ❶ **Parkplatz** beim **Pflegersee** folgt man dem Forstweg ca. 800 m Richtung „Enningalm“, bis zum ersten Linksabzweig. Dort dem Forstweg links bergauf folgen. Der Forstweg mündet dann in einen Karrenweg, der im späteren Verlauf zu einem Steig wird. Der Steig führt durch einen Graben mit Wasser nach oben (auf etwa 1086 m), bis zu einem Baum mit einem roten Buchstaben „K“. Dort teilt sich der Weg. Nun den linken Steig, den Maxsteig nehmen (❷ **Abzweig Maxsteig)**. Der Steig geradeaus führt zum Lahnewiesgraben und weiter zur Enningalm.

Der Maxsteig führt, in zahlreichen Serpentinen, steil hinauf zum Königstand. Auf einer Höhe von etwa 1300 m kommt man an einem Wasserfall vorbei, danach geht es an steilen Felswänden entlang. Kurz vor dem Königstand führt der Steig durch abschüssiges, steiles Gelände. Hier gibt es eine alte, defekte Seilversicherung, die nicht mehr verwendet werden kann. Dem Weg weiter hinauf, bis zum ❸ **Königstand** folgen.
Hier oben, auf der relativ flachen Almwiese, mit Kiefern und Latschen, gibt es viele schöne Plätze zum Rasten. Sogar eine Bank läd zum Verweilen ein und der Blick hinunter nach Garmisch-Partenkirchen ist gigantisch.

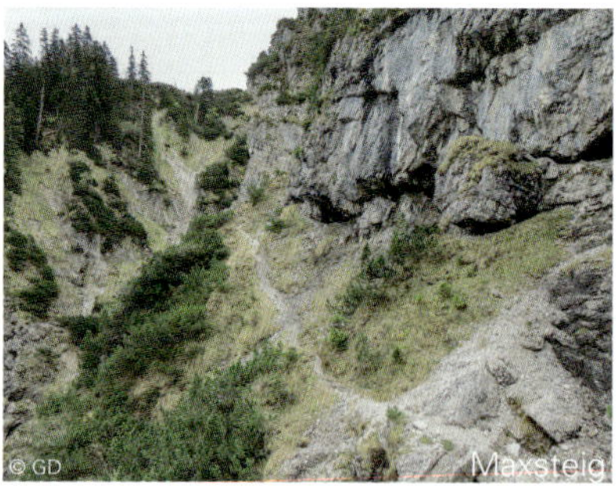
© GD Maxsteig

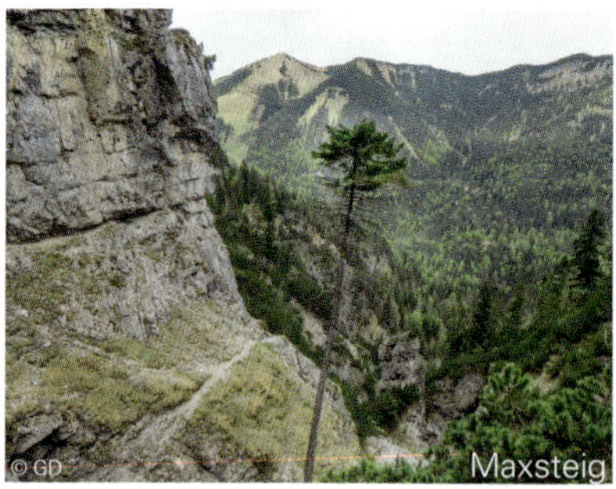
© GD Maxsteig

Wussten Sie schon ...

- ... dass der Königstand nach König Maximilian II. benannt wurde, da dieser dort oben zur Jagd ging.

Der Abstieg vom Königstand erfolgt über den Schwarze Wand Steig. Achtung, der Einstieg ist leicht zu übersehen. Er beginnt genau gegenüber der Stelle, an der man vom Maxsteig auf den Königstand gekommen ist. Der Schwarze Wand Steig zweigt vom Normalweg (Reitweg, 255a), etwas südlich vom Königstand, noch vor der Felswand ab. Am Anfang geht es schräg nach links hinunter, über ein Wiesengelände (kaum Wegspuren) und dann über einen deutlich sichtbaren Pfad in Serpentinen bergab. Man folgt dem Schwarze Wand Steig, an der sogenannten „Schwarzen Wand" vorbei, nach unten. Hier gibt es zahlreiche Holzkreuze und Gedenktafeln. Der weitere Weg führt zu einem Wassergaben und schließlich hinunter zum Kellerleitensteig. Auf dem Kellerleitensteig hält man sich links und geht auf diesem bis zum Ausgangspunkt, am Pflegersee, zurück.

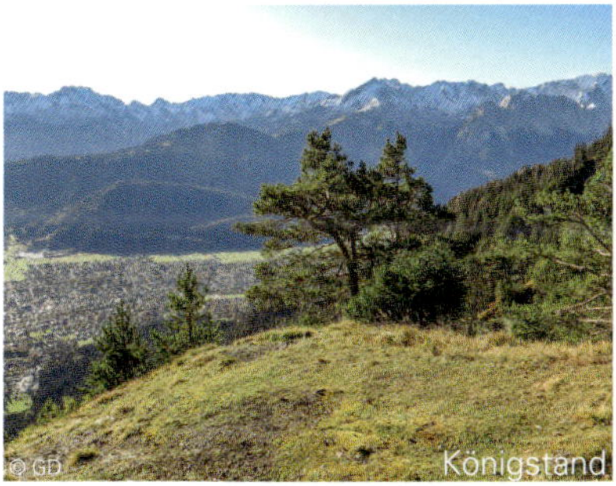

Königstand

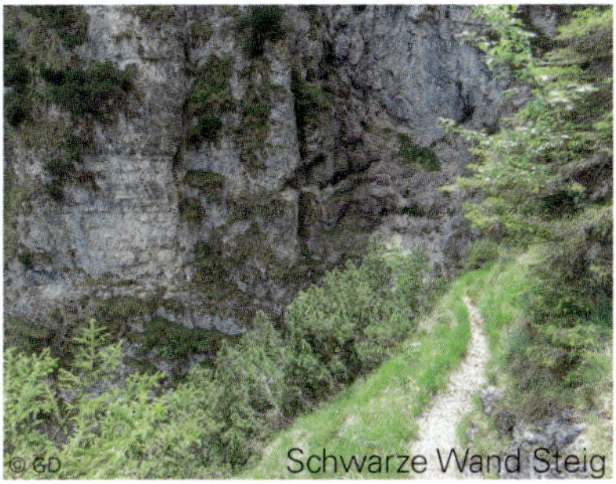

Schwarze Wand Steig

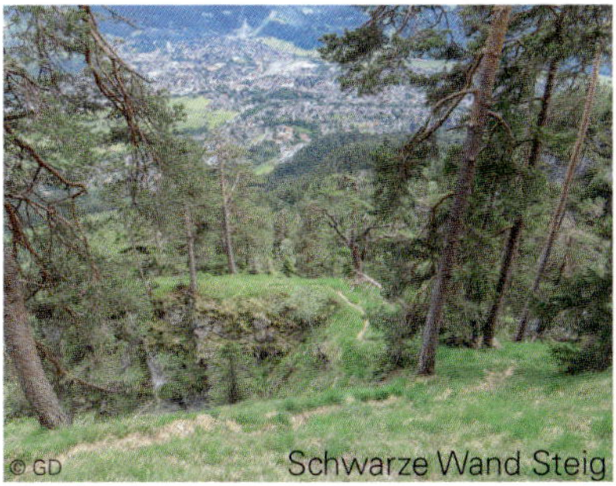

Schwarze Wand Steig

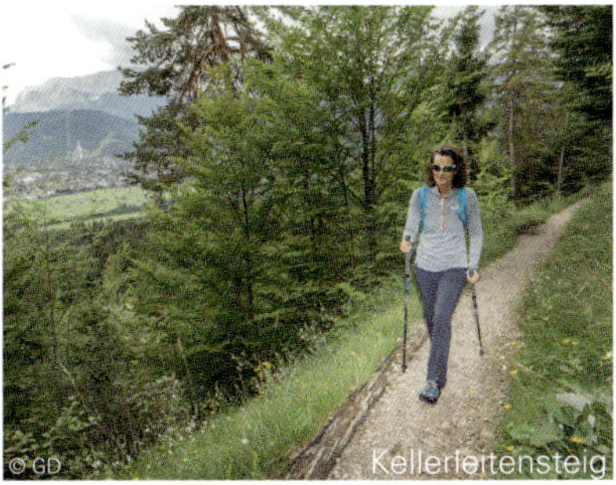

Kellerleitensteig

13 „Königstand über Maurersteig" (1468 m)

Über den Maurersteig zum Königstand und zurück über den Reitweg
Die Rundtour, hinauf zum Königstand, bietet sensationelle Ausblicke. Auf dem Königstand gibt es herrliche Plätze, die zu einer ausgiebigen Rast einladen. Der Abstieg verläuft auf einem ehemaligen königlichen Reitweg.

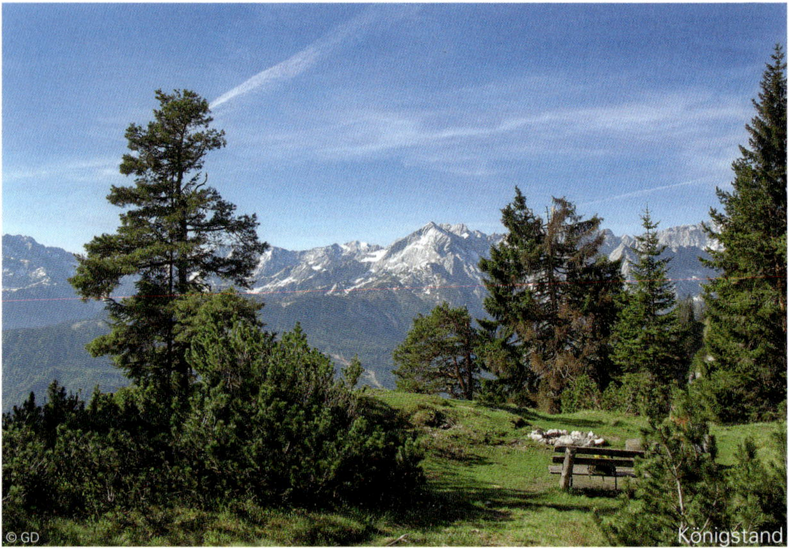
© GD
Königstand

Schwierigkeit: Der Aufstieg über den Maurersteig, ein schmaler, unmarkierter, teilweise sehr ausgesetzter Pfad, erfordert Trittsicherheit sowie Schwindelfreiheit und sollte bei Nässe nicht begangen werden. An einer ausgesetzten Stelle ist auch ein Seil gespannt. Der Abstieg verläuft auf dem breiten und bequemen ehemaligen Reitweg.

Startpunkt: GAP, Bayernhalle, 760 m (Anfahrt Seite 19, ❹)

Strecke: ❶ Bayernhalle 760 m, ❷ Königstand 1453 m, ❸ St. Martin Hütte 1040 m

Interessantes: Auf dem steilen Maurersteig sollten Kinder am Besten angeseilt werden.

Einkehr: St. Martin Hütte

4:10 Std. 10,0 km 873 hm

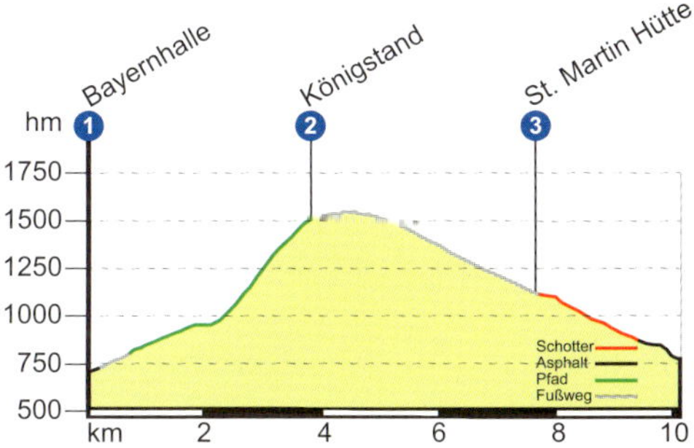

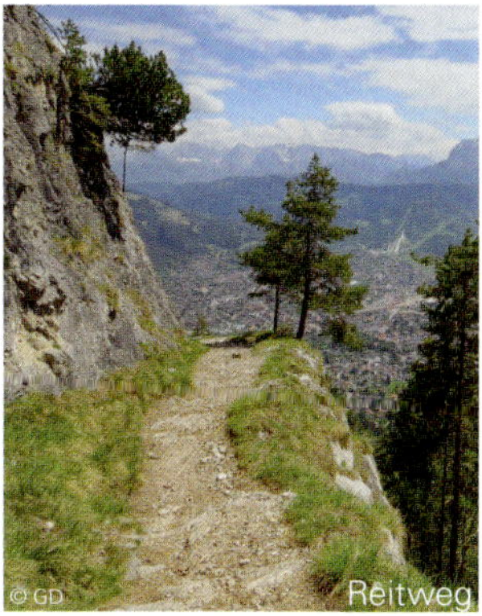

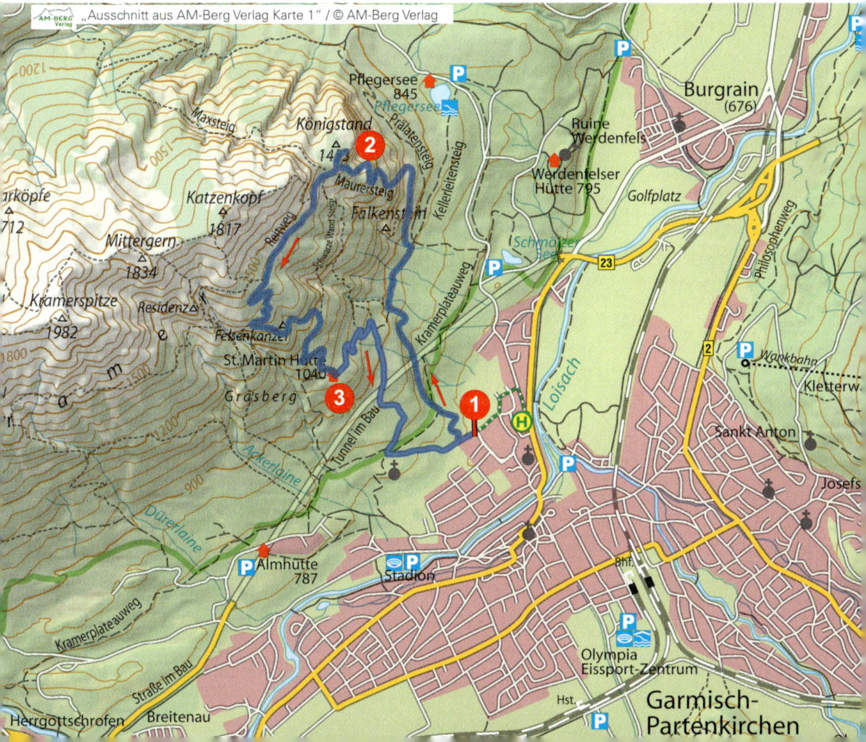

13 „Königstand über Maurersteig“ (1468 m)

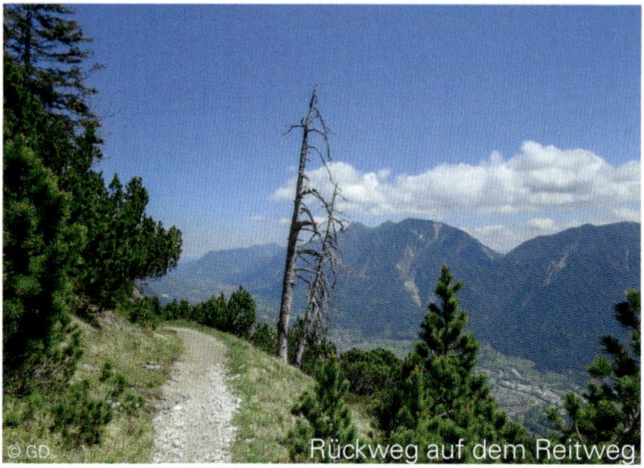
Rückweg auf dem Reitweg

Wegbeschreibung:

Von der ❶ **Bayernhalle** führt eine schmale, steile Asphaltstraße Richtung „Berggasthaus St. Martin“ hinauf. Nach etwa 200 m zweigt rechts ein Fußweg Richtung „Kramerplateauweg“ ab. Auf diesem Weg, in einigen Kehren bergauf, bis zur nächsten Wegkreuzung gehen. Hier den Kramerplateauweg überqueren und dem Kellerleitensteig (Pfad) nach rechts bergauf folgen. Der Kellerleitensteig verläuft, unterhalb der steilen Felsabbrüche des Königstands, zum Pflegersee hinüber. Danach führt der Pfad über einige Stufen bergauf. Kurz nach einem Wasserfall mit Rastbank kommt ein Abzweig. Dort rechts Richtung „Pflegersee 30min.“ weitergehen. Um dann von hier über den Maurersteig auf den Königstand zu gelangen, muss man, direkt nach der folgenden Brücke, bei einem Wasserfall, links auf den unscheinbaren Steig bergauf abbiegen. Der Abzweig zum Maurersteig kann sehr leicht übersehen werden. Er führt, in zahllosen Kehren, steil nach oben. Der Steig, durch die steilen Ostabbrüche des Königsstands, hat an manchen Stellen so viel Steigung, dass man die Hände zur Hilfe nehmen muss, um hinauf zu kommen. An einer besonders steilen und ausgesetzten Stelle ist ein Drahtseil angebracht, an dem man sich festhalten kann. Im oberen Bereich wird das Gelände deutlich flacher und

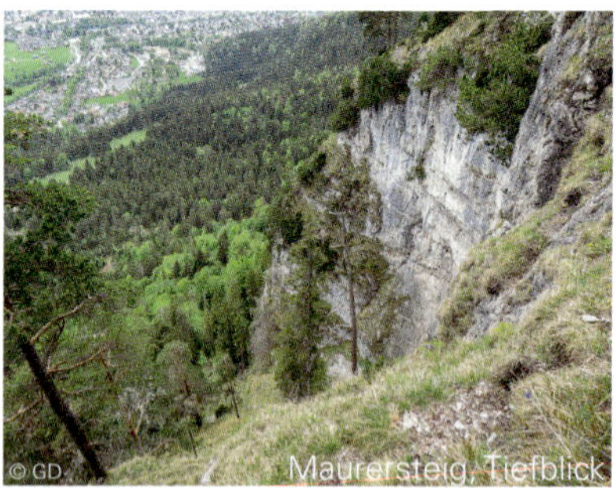
Maurersteig, Tiefblick

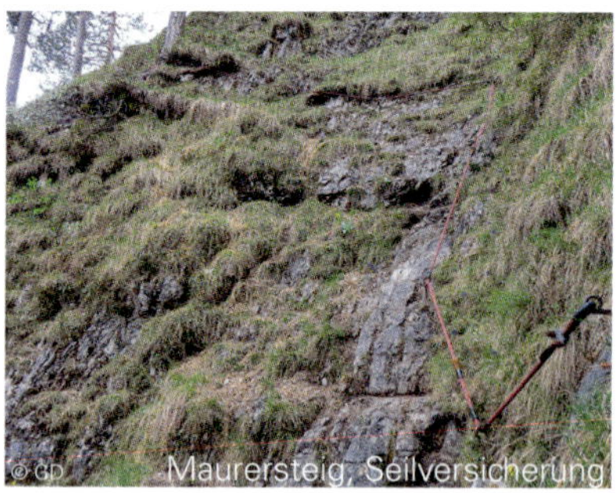
Maurersteig, Seilversicherung

Wusstern Sie schon ...?

- ... dass König Maximilian II. von Bayern hier Mitte des 19. Jahrhunderts einen Jagdstand sowie einen Reitweg vom Tal herauf errichten ließ.

ist einfacher zu begehen. Hier wird auch der Bergwald lichter und man hat traumhafte Ausblicke nach Garmisch-Partenkirchen und in das Wettersteingebirge. Oben am ❷ **Königstand,** ist das Gelände relativ flach und landschaftlich wunderschön. Wiesen, Kiefern und Latschen, für eine ausgiebige Pause gerade recht. Und für ganz anspruchsvolle Wanderer gibt es eine Bank. Direkt an der Abbruchkante hat man einen gigantischen Tiefblick nach Garmisch-Partenkirchen hinunter. Unterhalb der Felsen quert, nach Süden, der ehemalige königliche Reitweg. Auf diesem Weg geht es hinunter. Bei der Abzweigung den linken Weg abwärts nehmen. Der bequeme Fußweg führt durch lichte Wälder, an der Felsenkanzel vorbei, hinunter zum ❸ **Berggasthof St. Martin.** Von dort geht man auf dem Forstweg bergab bis zum Kramerplateauweg. Hier auf der Asphaltstraße nach links, hinunter Richtung „Brauereihausstraße“ und bis zum Ausgangspunkt zurückgehen.

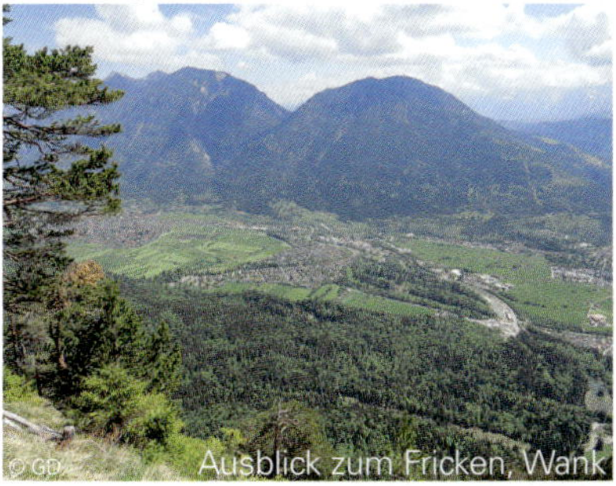

© GD Ausblick zum Fricken, Wank

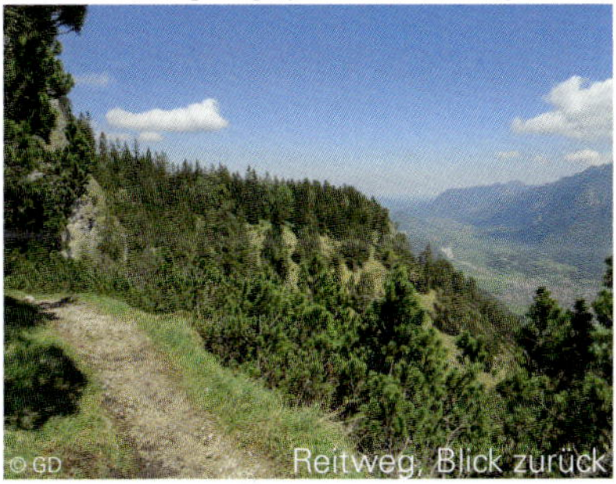

© GD Reitweg, Blick zurück

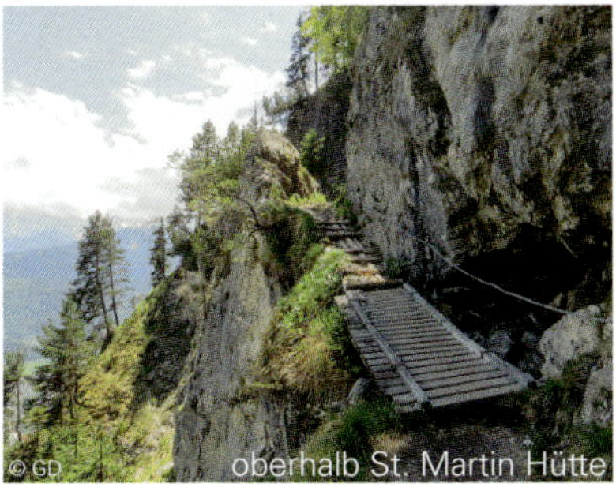

© GD oberhalb St. Martin Hütte

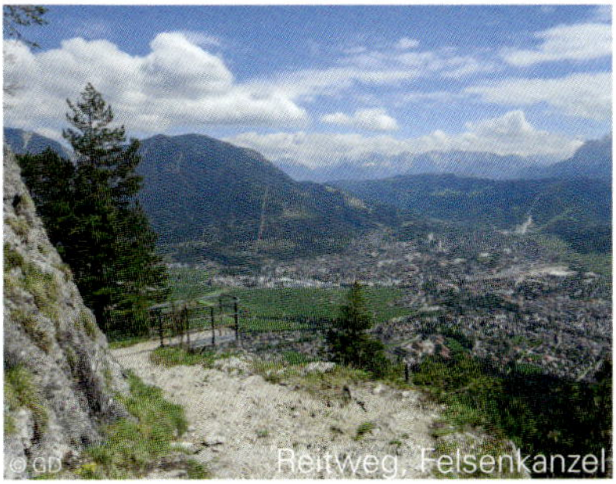

© GD Reitweg, Felsenkanzel

14 „Alpspitze über Ferrata" (2628 m)

Abwechslungsreiche, leichte Klettersteigtour auf die Alpspitze

Die pyramidenförmige Alpspitze, mit einer Höhe von 2628 m, ist einer der markantesten Gipfel im Wettersteingebirge. Durch die Nordwand der Alpspitze führt die Alpspitz-Ferrata, die zu den leichteren Klettersteigen gehört und ein absoluter Klassiker im Wettersteingebirge ist.

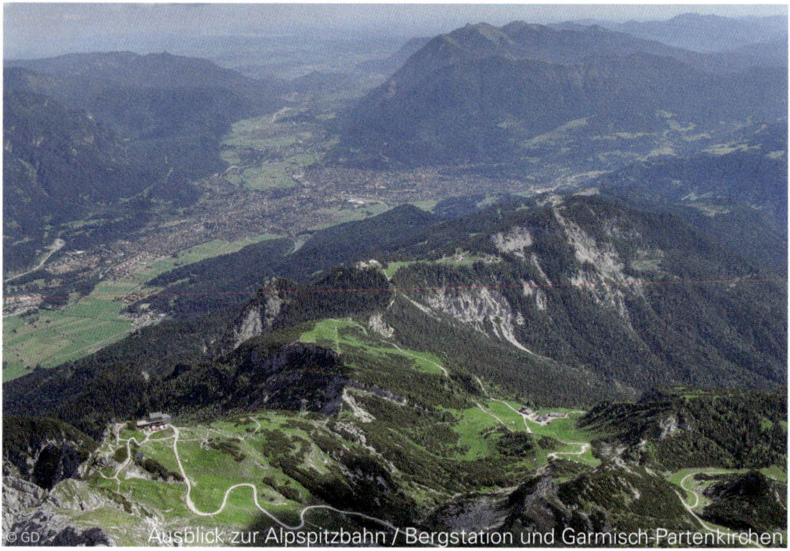

© GD Ausblick zur Alpspitzbahn / Bergstation und Garmisch-Partenkirchen

Schwierigkeit: Die Alpspitz-Ferrata ist ein leichter Klettersteig, der mit dem Schwierigkeitsgrad B (überwiegend A) bewertet ist. Der Abstieg von der Alpspitze erfolgt über den ebenfalls versicherten Ostgrat (A) und den Nordwandsteig (A). Trittsicherheit und Schwindelfreiheit sind unbedingt notwendig.

Startpunkt: GAP, Talstation Alpspitzbahn, 760 m (Anfahrt Seite 20, Nr. 7)

Strecke: 1 Talstation Alpspitzbahn 760 m, 2 Bergstation Alpspitzbahn 2033 m, 3 Einstieg Ferrata 2100 m, 4 Alpspitze 2628 m

Interessantes: Traumhafte Ausblicke.

Einkehr: Bergstation Alpspitzbahn

3:18 Std. 5,1 km 643 hm

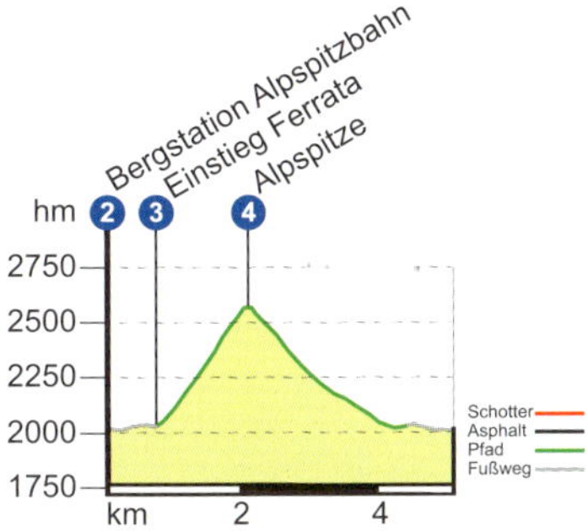

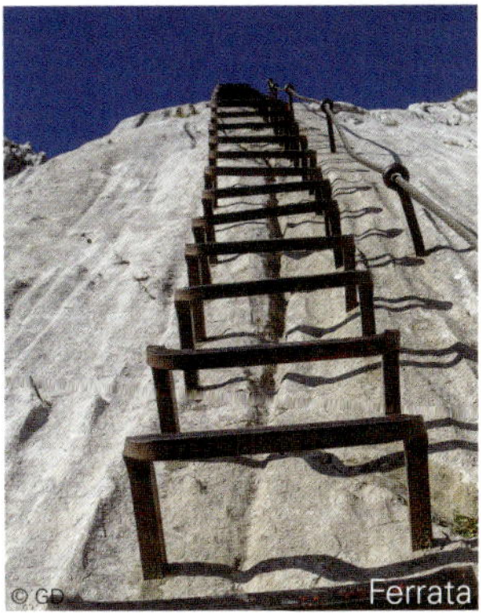

Ferrata

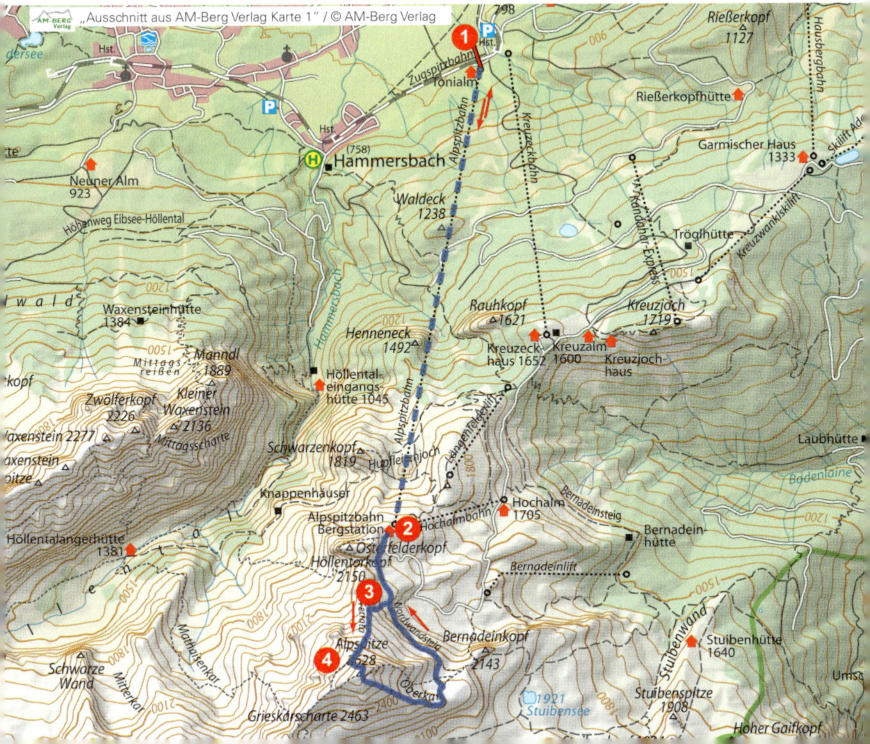

„Ausschnitt aus AM-Berg Verlag Karte 1“ / © AM-Berg Verlag

14 „Alpspitze über Ferrata“ (2628 m)

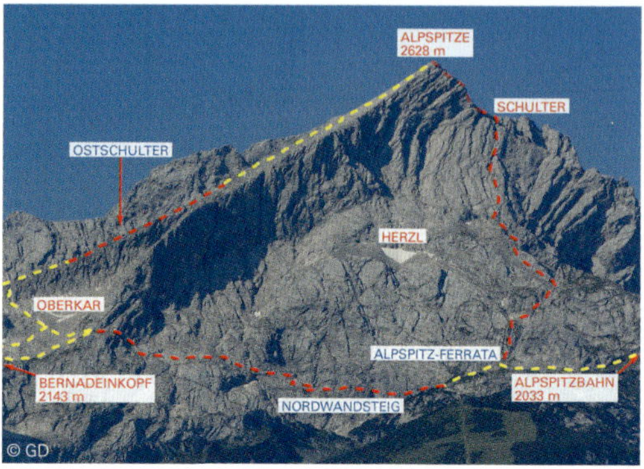

Wegbeschreibung:

Von der ❶ **Talstation** mit der Alpspitzbahn zur ❷ **Bergstation** fahren und von hier zunächst auf dem breiten gut ausgebauten Weg Richtung „Nordwandsteig“ gehen. Etwa 200 m nach dem freistehenden Felsturm (erste kurze Klettersteigstelle) zweigt der Weg zum Klettersteig ab. Hier rechts bergauf zum ❸ **Einstieg** der Alpspitz-**Ferrata**. Der bestens abgesicherte Klettersteig führt durch die Nordwand, hinauf zur „Schulter“ und von dort direkt zum Gipfel der ❹ **Alpspitze.**

Der Abstieg hinunter zu dem Ostgrat (Ostschulter), den man nach etwa 200 hm Abstieg erreicht, führt zunächst durch sehr geröllhaltiges Gelände. Über den Ostgrat, der stellenweise mit Drahtseilen, aber auch über weite Strecken nicht versichert ist, und über Schrofengelände (I) hinunter zum Oberkar absteigen. Nun das Oberkar, bis zum Abzweig Richtung „Bernadeinkopf“, durchqueren. Danach geradeaus weiter Richtung „Nordwandsteig“ gehen. Eine kurze Leiter und Trittstufen führen zum Nordwandsteig, der im Schwierigkeitsgrad (A) durch die Nordwand der Alpspitze verläuft. Man folgt dem Nordwandsteig, der am Ende noch durch einen Tunnel führt, bis zum Abzweig Richtung „Ferrata“. Dort auf dem Wanderweg, vor-

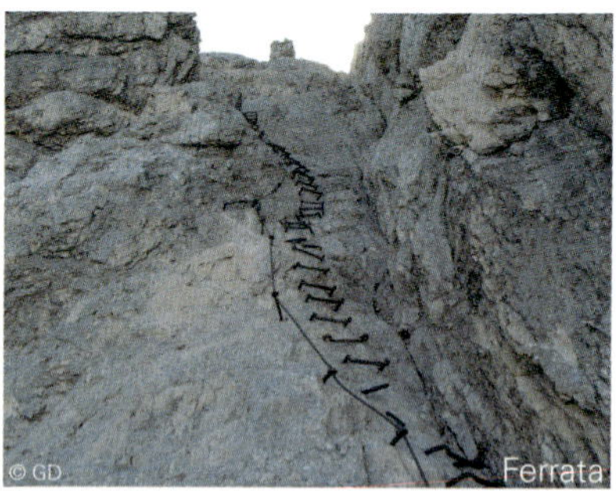

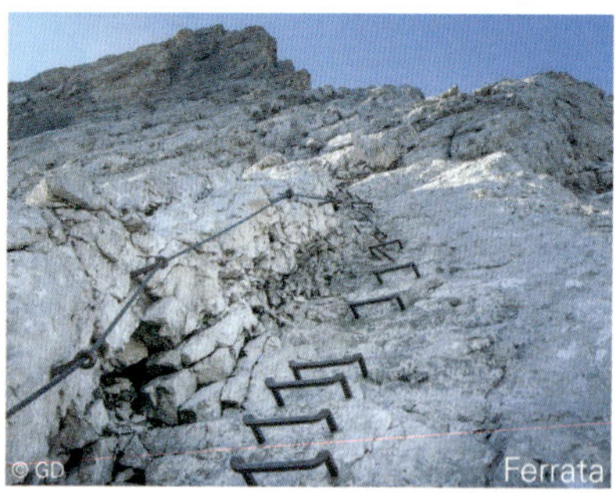

Wussten Sie schon ...

- ... dass der Klettersteig, über die Ferrata durch die Nordwand zur Alpspitze, schon 1978 angelegt wurde.

bei an einem Felsturm mit einer kurzen klettersteigähnlich gesicherten Stelle, bis zur Bergstation der Alpspitzbahn zurückgehen.

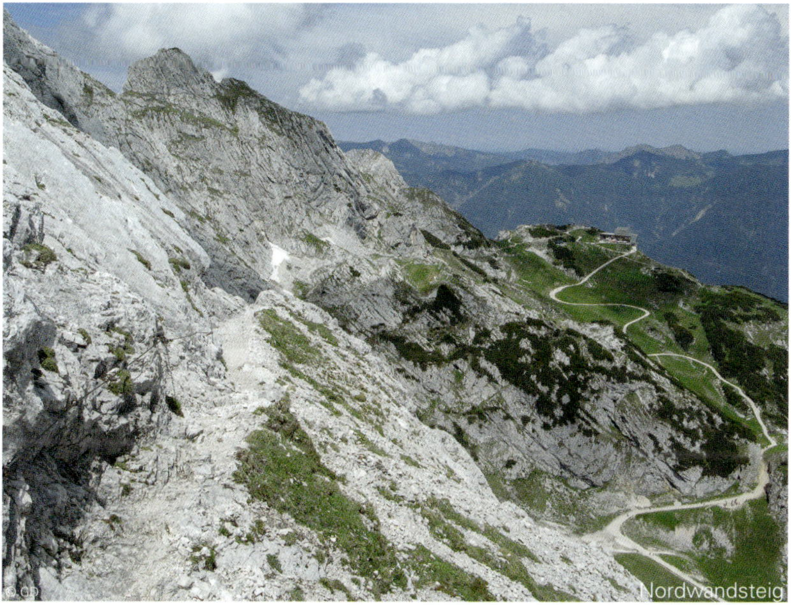

Nordwandsteig

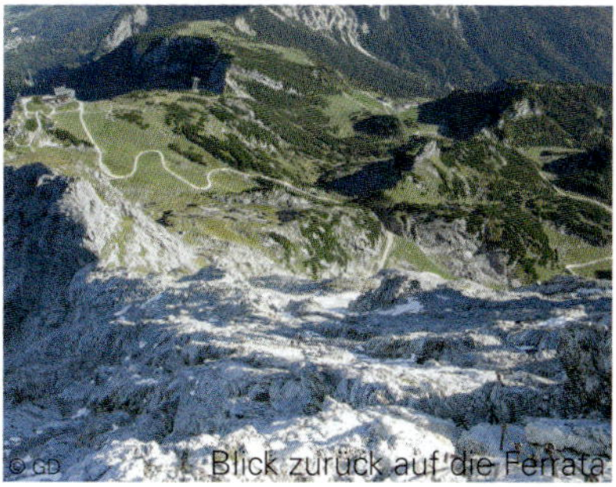

Blick zurück auf die Ferrata

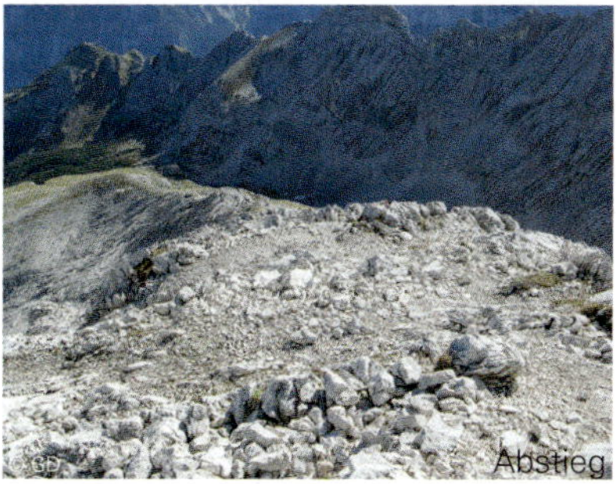

Abstieg

15 „Alpspitze über Ostschulter" (2628 m)

Sehr abwechslungsreiche Tour auf leichten Klettersteigen

Die Alpspitze zählt mit ihren zahlreichen Wegen und Aufstiegsmöglichkeiten zu den beliebtesten Bergzielen in Garmisch-Partenkirchen. Die Schöngänge, der Ostgrat sowie der Nordwandsteig sind leichte und sehr beliebte Klettersteige an der Alpspitze.

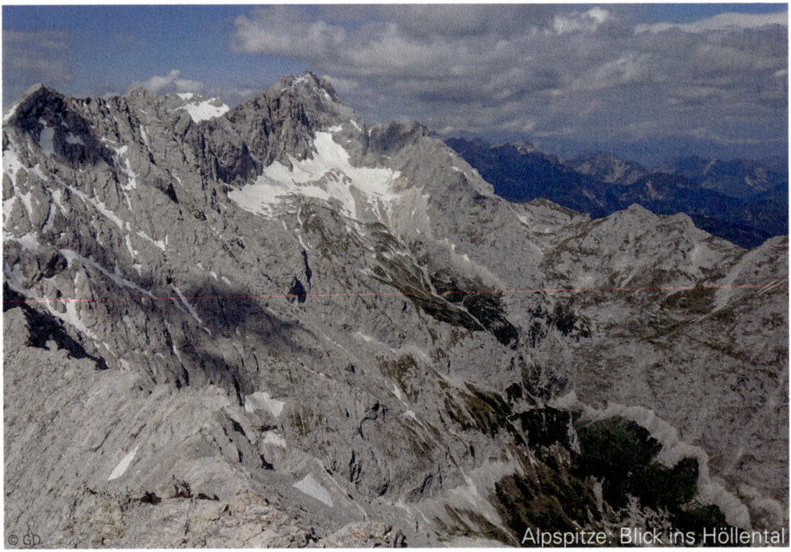

© GD

Alpspitze: Blick ins Höllental

Schwierigkeit: Bei der Kombination der Schöngänge, dem Ostgrat und dem Nordwandsteig ist man auf überwiegend leichten Klettersteigen, mit dem Schwierigkeitsgrad (A/B), unterwegs. Trittsicherheit und Schwindelfreiheit sind unbedingt notwendig.

Startpunkt: GAP, Talstation Kreuzeckbahn, 760 m (Anfahrt Seite 20, Nr. 7)

Strecke: 1 Talstation Kreuzeckbahn 760 m, 2 Bergstation Kreuzeckbahn 1650 m, 3 Hochalm 1705 m, 4 Alpspitze 2628 m, 5 Bergstation Alpspitzbahn 2033 m

Interessantes: Aussichtsplattform „AlpspiX" an der Bergstation der Alpspitzbahn.

Einkehr: Kreuzeckhaus, Hochalm, Bergstation Alpspitzbahn

5:38 Std. 7,1 km 1140 hm

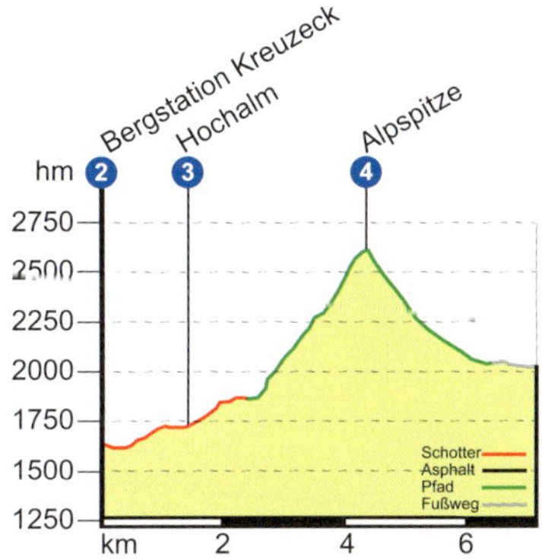

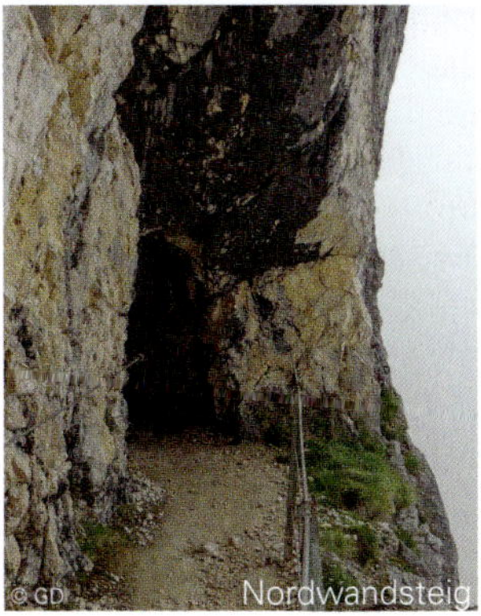

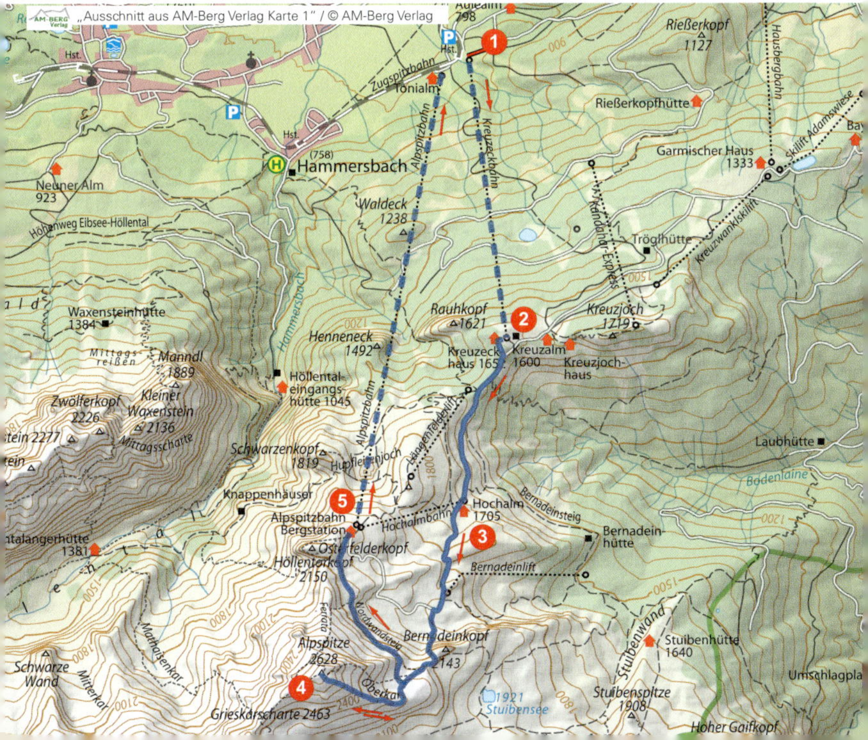

15 „Alpspitze über Ostschulter“ (2628 m)

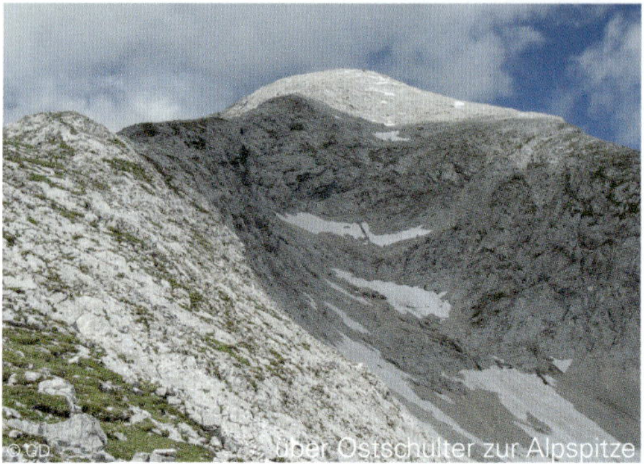
© GD über Ostschulter zur Alpspitze

Wegbeschreibung:
Von der ❶ **Talstation** mit der Kreuzeckbahn zur ❷ **Bergstation** fahren und hier dem breiten Forstweg, unter dem Skilift hindurch, folgen. Die nächsten zwei Abzweige ignorieren und immer geradeaus Richtung „Hochalm“ gehen. In der Senke, kurz vor dem Längenfelder Sessellift, hat man bei einer Bank einen ersten wunderschönen Ausblick nach Süden, auf die steilen Flanken des Wettersteingebirges mit den Dreitorspitzen und auf den Schachen. Dem Weg, der jetzt steiler bergauf führt, bis zur ❸ **Hochalm** folgen. Nach der Hochalm wird der Weg kurz wieder steiler und führt an der Bergwachthütte vorbei, bis zu einer Senke unterhalb des Bernadeinkopfes. Bei dem Hinweisschild „Schöngänge“ den Forstweg nach links verlassen und über das Geröll bis zum Einstieg der Schöngänge aufsteigen. Nun dem Klettersteig im Schwierigkeitsgrad (A/B) bis zu einer Einsattelung zwischen dem Bernadeinkopf und dem Oberkar folgen. Man steigt weiter, über Geröll durch das Oberkar, in südlicher Richtung zum Ostgrat hinauf. Über den zunächst breiten Rücken des Ostgrates erreicht man einen etwas ausgesetzteren Bereich des Grates. Dieser Abschnitt ist größtenteils wie ein Klettersteig, mit Drahtseilen gesichert, weite Strecken sind aber nicht versichert und führen über Schrofengelände (I). Nach der Kletter-

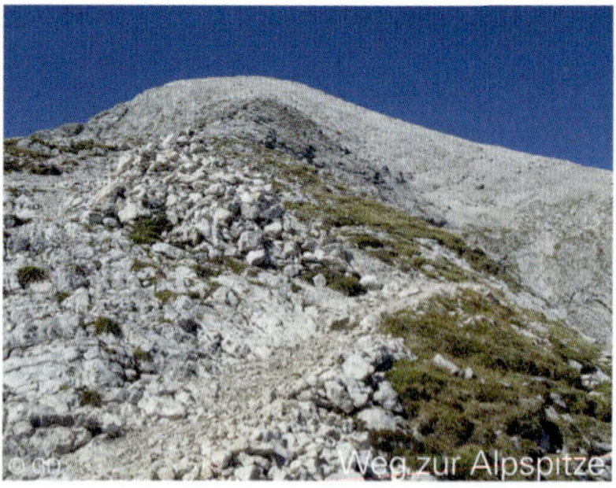
© GD Weg zur Alpspitze

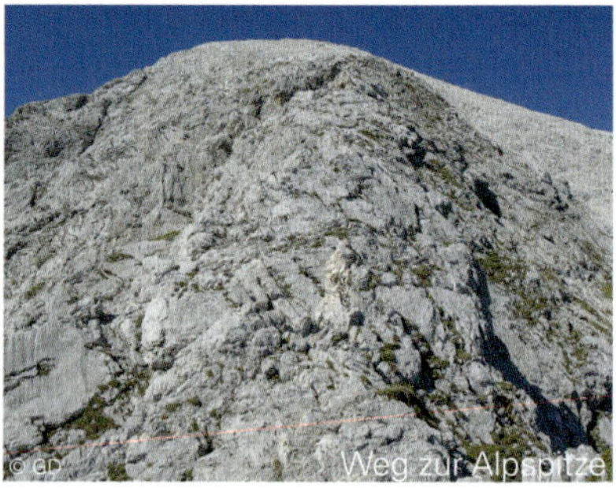
© GD Weg zur Alpspitze

steigpassage im Schwierigkeitsgrad (A), geht es wieder über ein Geröllfeld hinauf zum Gipfel der ❹ **Alpspitze**.

Der Abstieg von der Alpspitze bis ins Oberkar erfolgt auf gleicher Strecke. Dann das Oberkar, bis zum Abzweig zum Bernadeinkopf, durchqueren und dort geradeaus Richtung „Nordwandsteig" gehen. Eine kurze Leiter und Trittstufen führen zum Nordwandsteig, der im Schwierigkeitsgrad (A) durch die Nordwand der Alpspitze verläuft. Man folgt dem Nordwandsteig, der am Ende durch einen Tunnel führt, bis zum Abzweig Richtung „Ferrata". Auf dem Wanderweg, vorbei an einem Felsturm mit einer kurzen klettersteigähnlich gesicherten Stelle, bis zur ❺ **Bergstation** der **Alpspitzbahn**.

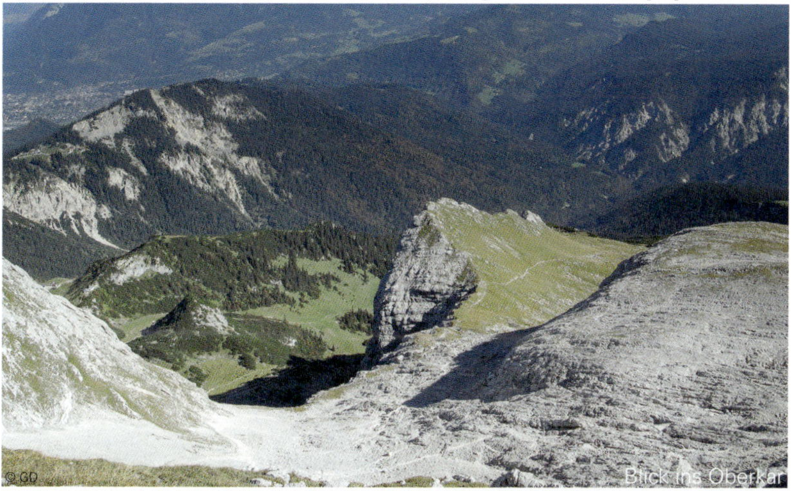

© GD Blick ins Oberkar

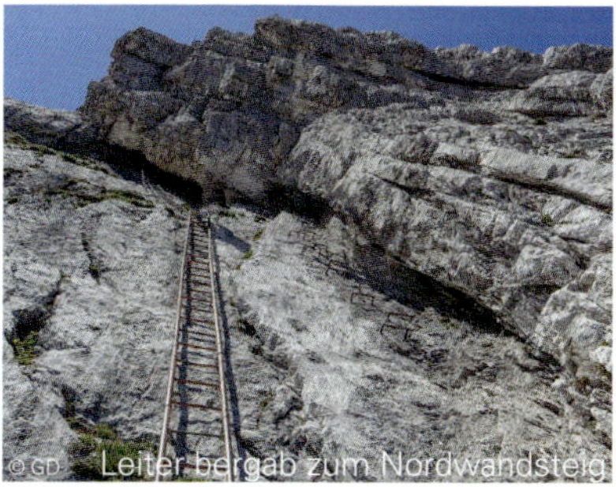

© GD Leiter bergab zum Nordwandsteig

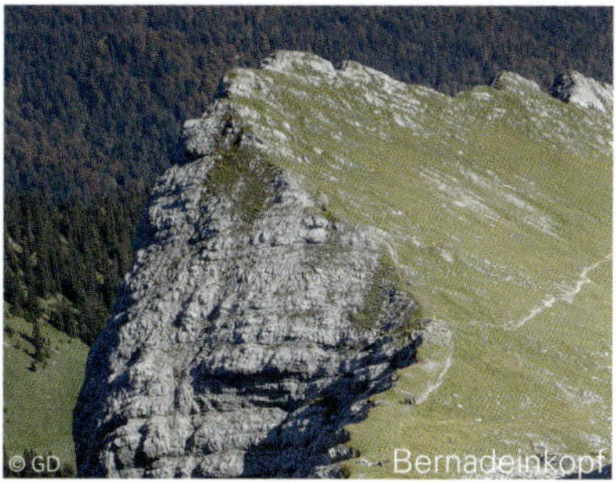

© GD Bernadeinkopf

16 „Kramerspitze über Maurersteig - Katzenkopf" (1982 m)

Abwechslungsreiche Tour über den Königstand zur Kramerspitze

Schon von Weitem lässt sich erahnen, dass die markante, flache „Schulter" des Königstands ein ganz besonderer Aussichtspunkt sein muss. Bei dieser Tour geht es über den Königstand und den Katzenkopf hinauf zur Kramerspitze, mit genialen Ausblicken auf die umliegenden Gebirgsgruppen.

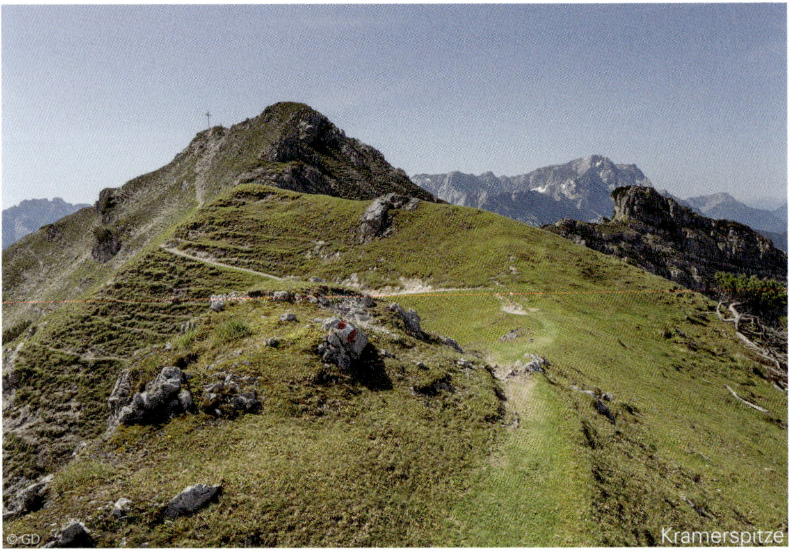

Schwierigkeit: Lange, anstrengende Tour, auf teilweise schmalen, steilen und ausgesetzten Steigen. Trittsicherheit, Schwindelfreiheit sowie gutes Orientierungsvermögen sind erforderlich. Die Tour sollte bei Nässe nicht begangen werden.

Startpunkt: GAP, Pflegerseestraße, 765 m (Anfahrt Seite 19, Nr. ❷)

Strecke: ❶ Pflegerseestraße 765 m, ❷ Königstand 1453 m, ❸ Katzenkopf 1817 m, ❹ Kramerspitze 1982 m, ❺ Felsenkanzel 1240 m, ❻ St. Martin Hütte 1040 m

Interessantes: Kleine Aussichtsplattform „Felsenkanzel" auf dem Abstieg zur St. Martin Hütte.

Einkehr: St. Martin Hütte, Berggasthof Pflegersee

7:30 Std. 12,5 km 1425 hm

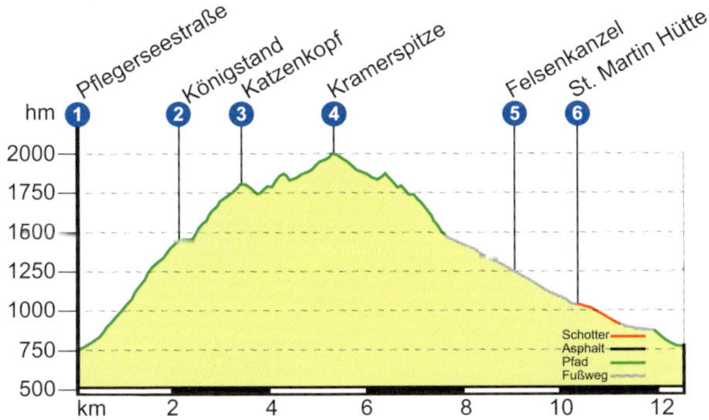

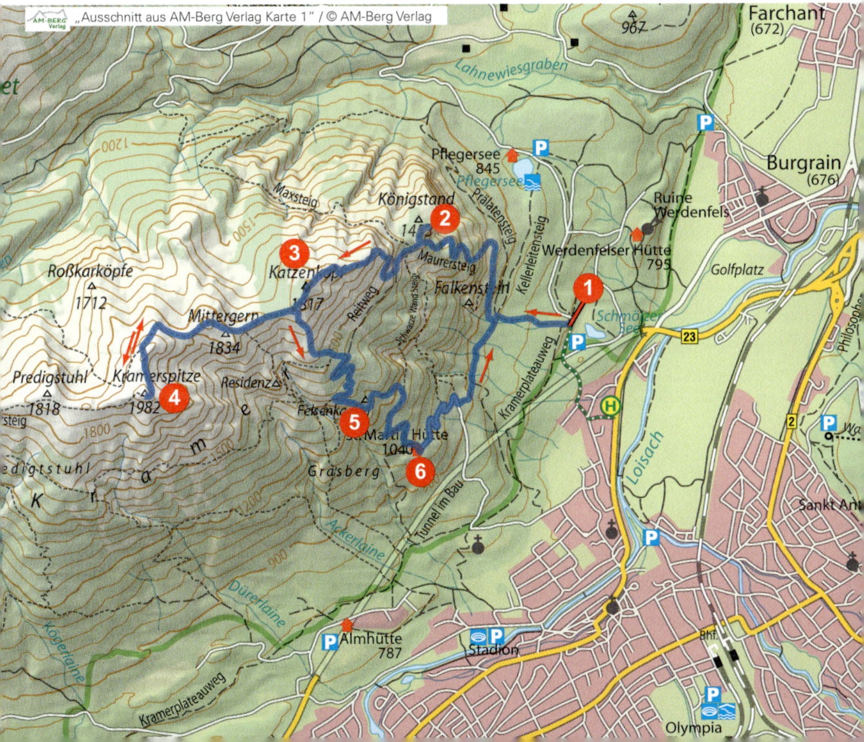

16 „Kramerspitze über Maurersteig - Katzenkopf" (1982 m)

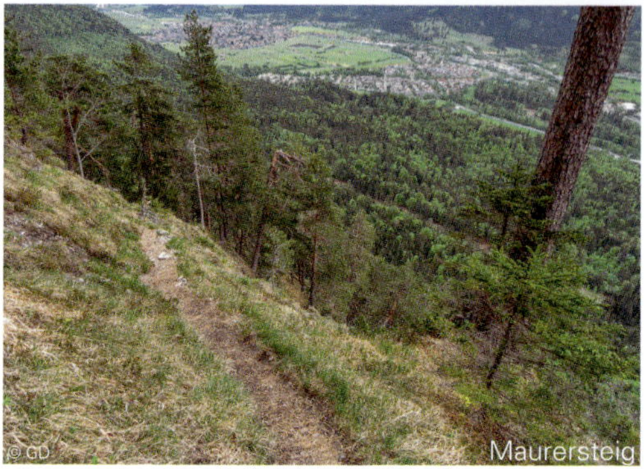

Maurersteig

Wegbeschreibung:

Vom ❶ **Parkplatz** an der **Pflegerseestraße** folgt man einem kaum sichtbaren Pfad in westlicher Richtung. Dieser führt rechts von einem Strommasten, über die Wiese zum Waldrand hinauf. Im Wald geht man auf einem Karrenweg weiter, bis man etwas später zu einem Pfad kommt, der dann direkt auf den Kellerleitensteig trifft. Auf dem Kellerleitensteig 50 m nach links gehen und, vor der Brücke rechts, bergauf auf den Maurersteig abzweigen. Achtung, dieser Abzweig kann sehr leicht übersehen werden. Auf dem Maurersteig bergauf weitergehen und den Abzweig (nach 10 m) nach rechts (auf den Prälatensteig) ignorieren. Der Maurersteig führt in vielen Serpentinen durch die Osthänge des Königstands steil nach oben. An manchen Stellen geht es sehr steil (fast senkrecht) hinauf, sodass man die Hände zu Hilfe nehmen muss, um hinauf zu kommen. An einer besonders steilen und ausgesetzten Stelle ist ein Drahtseil angebracht, an dem man sich festhalten kann. Im oberen Bereich wird das Gelände deutlich flacher und ist einfacher zu begehen. Hier wird auch der Bergwald lichter und man hat traumhafte Ausblicke nach Garmisch-Partenkirchen und in das Wettersteingebirge. Oben am ❷ **Königstand,** ist das Gelände relativ flach und landschaftlich wunderschön. Wiesen, Kiefern und Latschen, für eine aus-

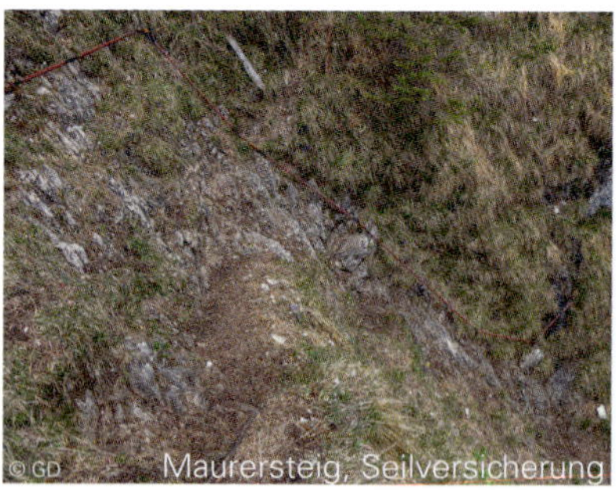

Maurersteig, Seilversicherung

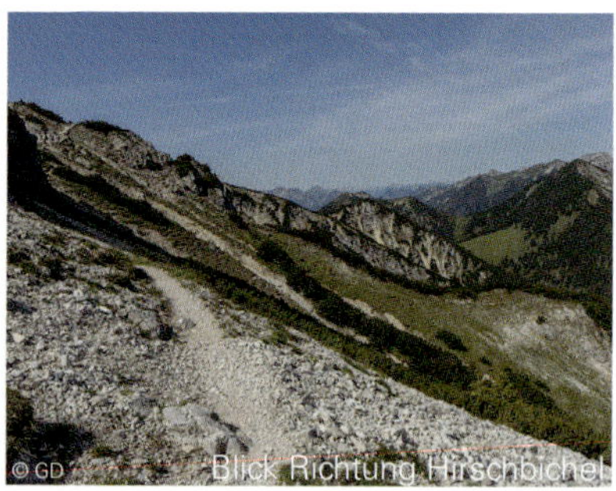

Blick Richtung Hirschbichel

Wusstes Sie schon ...

- ... dass an den Südhängen vom Königstand Buntreitgras Kiefernwälder wachsen, die zu den Karbonat-Trockenkiefernwäldern gehören.

giebige Pause gerade recht. Direkt an der Abbruchkante hat man einen gigantischen Tiefblick nach Garmisch-Partenkirchen hinunter.

Vom Königstand folgt man dem ehemaligen königlichen Reitweg etwa 200 m Richtung Süden, bis zu einer Felswand. Hier rechts auf den Steig zum Katzenkopf abzweigen. Dor Steig führt durch freigeschnittene Latschen direkt hinauf zum ❸ **Katzenkopf**. Danach geht es ein kurzes Stück bergab in einen Sattel. Hier kommt von der St. Martin Hütte der „Kramer Normalweg" herauf. Nun auf dem ausgeschilderten und markierten Weg über einen Latschenkopf etwas bergab und dann über die Nordseite bis zur ❹ **Kramerspitze** weitergehen. Besonders im Frühjahr und Herbst kann hier Schnee liegen oder es kann vereist sein, sodass die Passage etwas kritisch werden kann. Vom Gipfel der Kramerspitze geht es wieder zurück, bis in den Sattel unterhalb vom Katzenkopf. Dort über den „Kramer Normalweg", der zur St. Martin Hütte hinunterführt absteigen. Nach der Abzweigung zum Königstand wird der Weg breiter und ist gut ausgebaut. Der ehemalige Reitweg wurde ursprünglich für Maximilian II. angelegt, damit dieser zur Jagd auf den Königstand gelangen konnte. Weiter unten, kurz vor der St. Martin Hütte, bei der sogenannten Schwarzen Wand, befindet sich die ❺ **Felsenkanzel**, eine stählerne Aussichtsplattform.

Von der ❻ **St. Martin Hütte** folgt man dem Forstweg bergab bis zur Abzweigung nach links, zum Kellerleitensteig. Diesem nun Richtung Pflegersee bis zum Abzweig des Maurersteiges folgen und von dort auf dem bekannten Weg zurück zum Ausgangspunkt gehen.

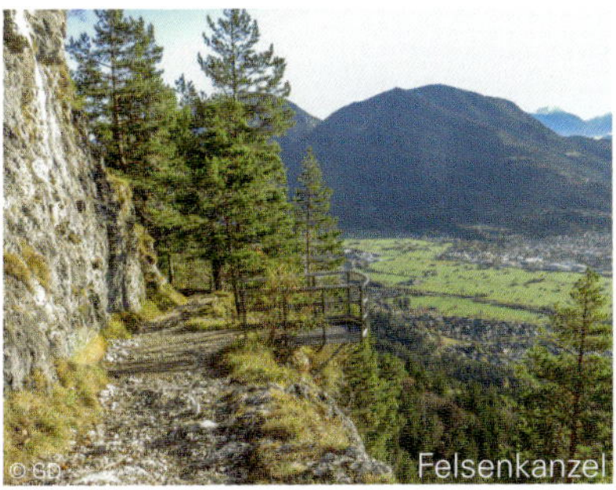

Felsenkanzel

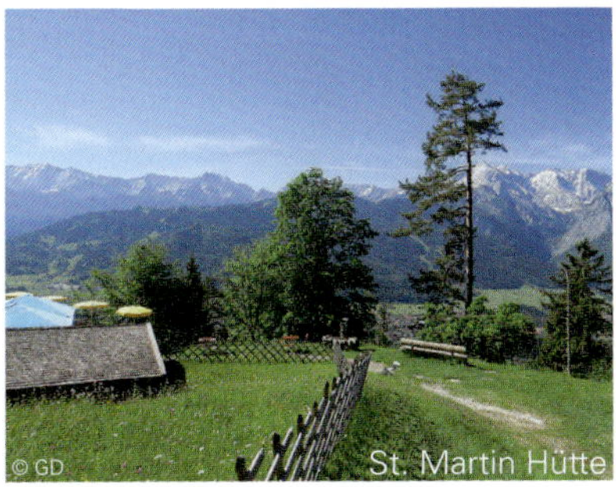

St. Martin Hütte

17 „Hoher Fricken über Kuhfluchtfälle" (1940 m)

Von Farchant zum Hohen Fricken und über die Esterbergalm zurück

Die lange alpine Tour auf den Hohen Fricken bietet tolle Ausblicke auf das Karwendel, Wettersteingebirge und die Ammergauer Alpen. Im Norden kann man bis ins Alpenvorland blicken. Der Abstieg führt über den Ochsenberg. Ein Abstecher zur Esterbergalm ist möglich.

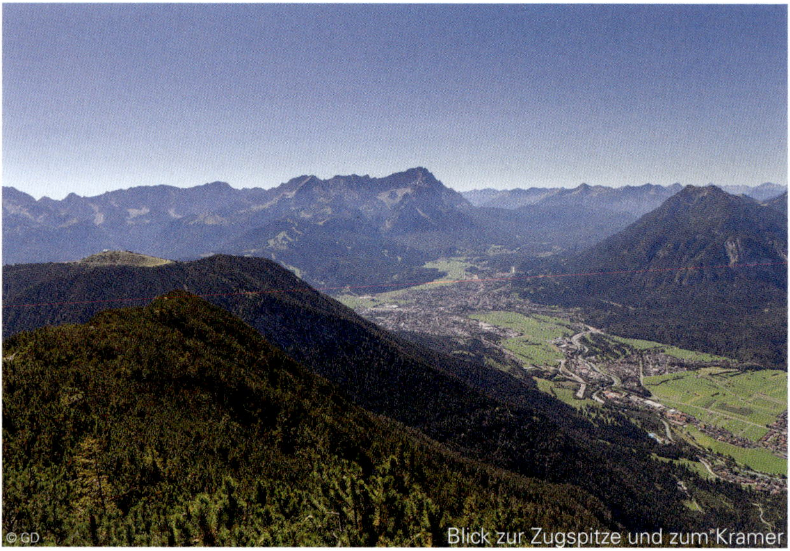

© GD

Blick zur Zugspitze und zum Kramer

Schwierigkeit: Lange, anstrengende Rundtour, die auf überwiegend steilen und schmalen Wegen verläuft. Im Gipfelbereich ist stellenweise Trittsicherheit notwendig. Der An- und Abstieg verläuft größtenteils südseitig. Bei Hitze heizen sich die Südflanken extrem auf. Ein früher Aufbruch ist ratsam. Der Weg ist nur für Geübte zu empfehlen.

Startpunkt: Farchant, Parkplatz Kuhflucht, 670 m (Anfahrt Seite 19, ❸)

Strecke: ❶ Parkplatz 670 m, ❷ Kuhfluchtwasserfälle 711 m, ❸ Hoher Fricken 1940 m, ❹ Forststraße Esterbergalm 1287 m

Interessantes: Aussichtsreiche, abwechslungsreiche hochalpine Tour.

Einkehr: Evtl. Esterbergalm, evtl. Pizzeria Da Nico in Farchant

5:52 Std. 12,0 km 1311 hm

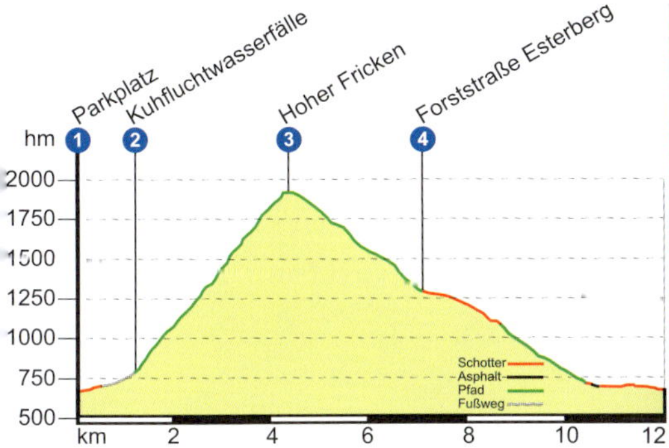

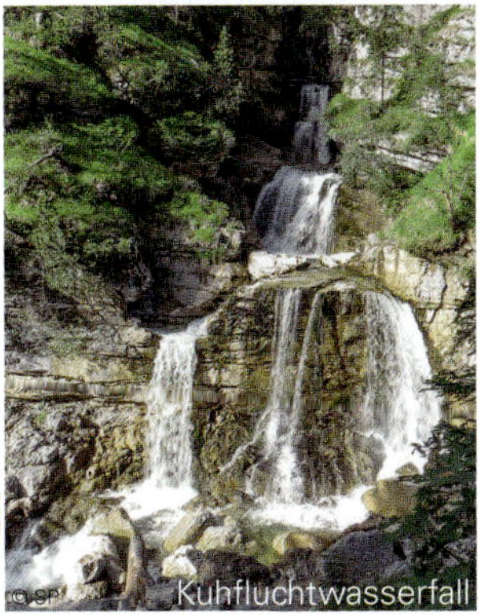

Kuhfluchtwasserfall

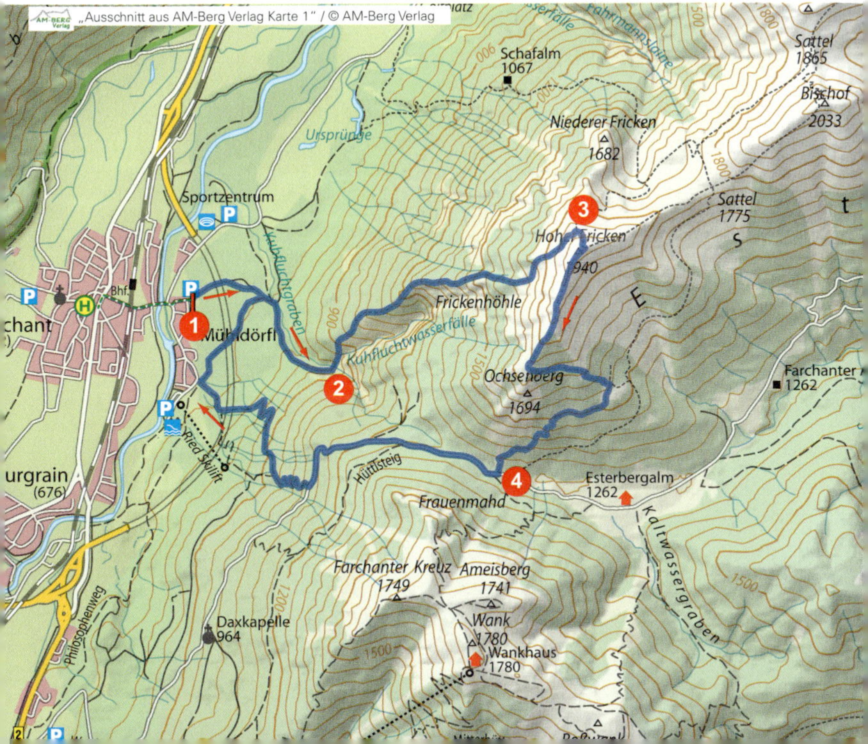

17 „Hoher Fricken über Kuhfluchtfälle“ (1940 m)

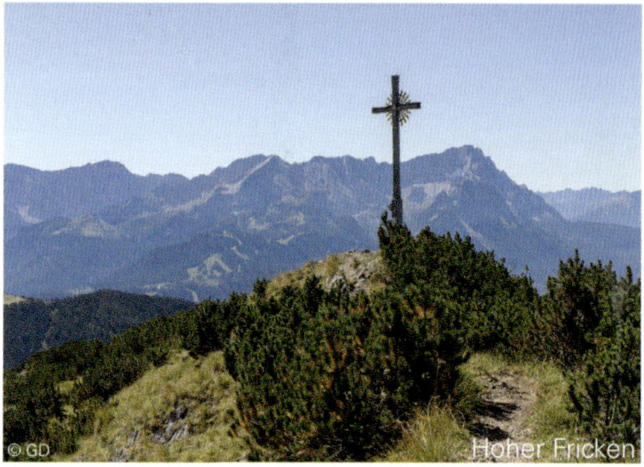

Hoher Fricken

Wegbeschreibung:

Vom ❶ **Parkplatz** folgt man dem Wanderweg durch den lichten Föhrenwald Richtung „Kuhfluchtwasserfälle“. Nach wenigen Minuten erreicht man den Kuhfluchtgraben und geht geradeaus Richtung „Hoher Fricken“ weiter. Hier, nach der Wegkreuzung, befinden sich verschiedene Stationen, die zum Ausprobieren einladen, wie z.B. ein Natur Kneipp Becken oder ein Barfußweg. Nun führt ein mäßig steiler Weg, der rechts vom Wildbach verläuft, bis zu einer Brücke. Von dort aus lassen sich die ❷ **Kuhfluchtwasserfälle** bestaunen. Nach der Brücke wird der Weg zum Pfad, der äußerst steil, mit vielen Stufen und in zahlreichen Serpentinen nach oben führt. Wenige Minuten später zweigt rechts eine Sackgasse ab. Ein kurzer Abstecher an dieser Stelle ist lohnend, da man am Ende des Weges direkt auf die Wasserfälle und Gumpen blicken kann. Zurück am Hauptweg, steigt man durch lichte Wälder weiter steil hinauf. Oben geht der Weg an den Steilabbrüchen des Kuhfluchtfalls vorbei. Ab hier bieten sich Traumausblicke zum Wettersteingebirge, nach Farchant und hinüber zu der Stelle, an der das Wasser aus der Felswand schießt. Der mit roten Punkten markierte Weg führt an einer alten Holzhütte vorbei. Kurz darauf ist die Waldgrenze erreicht. Der Weg schlängelt sich durch Latschen und Wiesen, hinauf bis zum ❸ **Hohen**

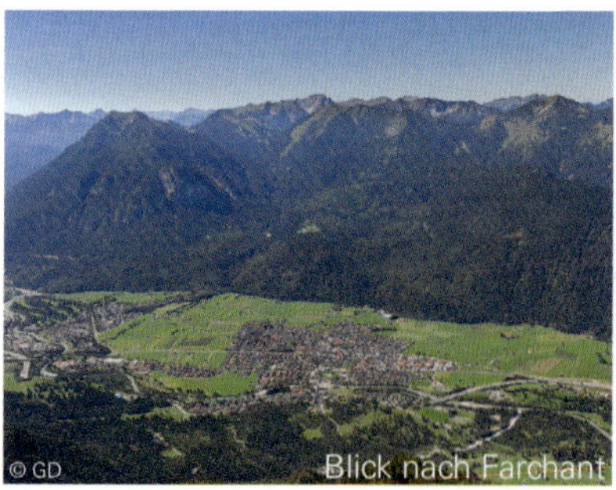

Blick nach Farchant

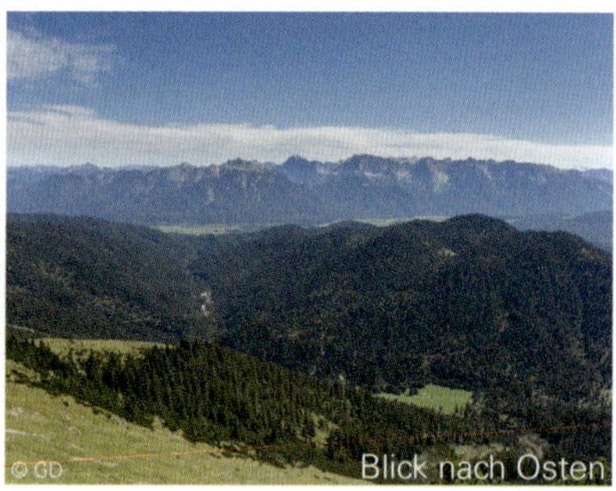

Blick nach Osten

Wusstest Sie schon ...?

- ... dass der Hohe Fricken eine hervorragende Aussichtsloge mit Blick auf das Wettersteingebirge ist.
- ... dass auf halber Höhe des Aufstiegs, über den Kuhfluchtfällen, die Frickenhöhle liegt. Die Frickenhöhle ist etwa 2800 m lang und hat einen Höhenunterschied von etwa 60 m. Der See kurz hinter dem Eingang kann nur mit entsprechender Ausrüstung durchtaucht oder umklettert werden.

Fricken. Vom Gipfel hat man einen herrlichen Rundblick. Der Abstieg verläuft in südlicher Richtung, entlang des Kammes. Über einige Felsstufen geht es sehr steil hinunter zum Ochsenberg. Nun führt ein breiter Weg, in vielen Serpentinen, talwärts bis zur ❹ **Forststraße der Esterbergalm.** Wer einen Abstecher zur nahe gelegenen Esterbergalm machen möchte, biegt hier nach links ab, sonst der Forststraße nach rechts bergab folgen. Nach einigen Kehren auf einen Steig nach rechts Richtung „Farchant" abbiegen. Der Weg schlängelt sich nun in vielen Kurven bis zum Skilift Farchant hinunter. Dort rechts auf dem Karrenweg weitergehen, bis eine Straße erreicht wird. (Rechts oben ist der Entlüftungsturm vom Farchanter Tunnel zu sehen) An der Straße nach links, an der nächsten Weggabelung rechts und auf dem Walderlebnispfad Richtung „Oberau" gehen. Diesem Weg bis vor den Kuhfluchtgraben folgen. Dort links und zum Ausgangspunkt zurückgehen.

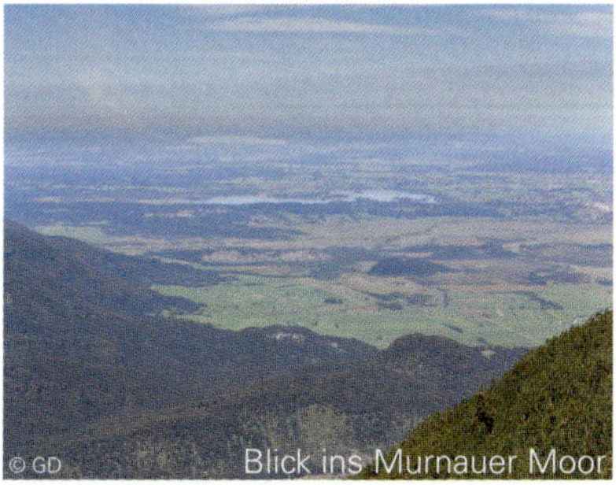

© GD Blick ins Murnauer Moor

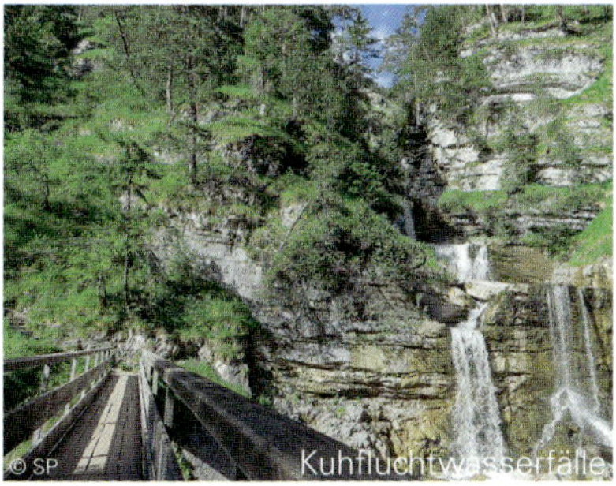

© SP Kuhfluchtwasserfälle

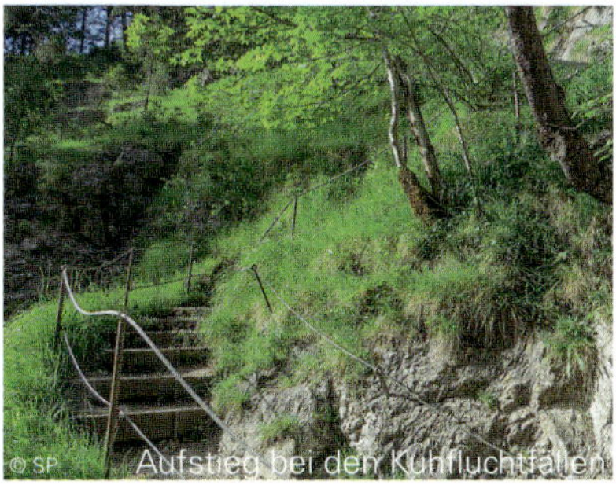

© SP Aufstieg bei den Kuhfluchtfällen

18 „Kramerspitze über St. Martin Hütte“ (1982 m)

Über St. Martin zur Kramerspitze und zurück über die Stepbergalm

Die alpine Rundtour, hinauf zur Kramerspitze, bietet sensationelle Ausblicke in das Karwendel im Osten, das Wettersteingebirge im Süden und in die Außerferner Berge im Westen. Der Abstieg führt über die Stepbergalm, hinunter zum Kramerplateauweg.

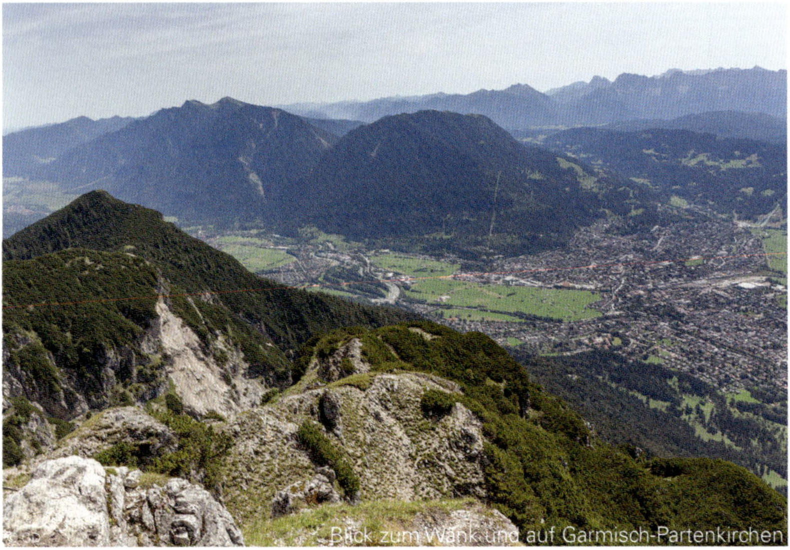

Blick zum Wank und auf Garmisch-Partenkirchen

Schwierigkeit: Lange, anstrengende Rundtour auf gut markierten Wegen und Steigen. Im Gipfelbereich ist stellenweise Trittsicherheit erforderlich. Der An- und Abstieg verläuft größtenteils südseitig. Bei Hitze heizen sich die Südflanken auf, deshalb ist ein früher Aufbruch ratsam.

Startpunkt: GAP, Bayernhalle, 760 m (Anfahrt Seite 19, ❹)

Strecke: ❶ Bayernhalle 760 m, ❷ St. Martin Hütte 1040 m, ❸ Felsenkanzel 1240 m, ❹ Kramerspitze 1982 m, ❺ Stepbergalm 1592 m, ❻ Kramerplateauweg 820 m

Interessantes: Aussichtsreiche und abwechslungsreiche hochalpine Tour. Einer der besten Panoramapunkte über Garmisch-P.

Einkehr: St. Martin Hütte, Stepbergalm, Almhütte

6:55 Std. | 16,6 km | 1456 hm

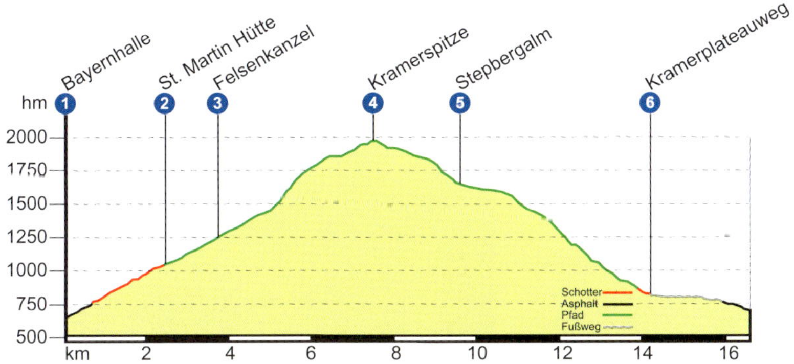

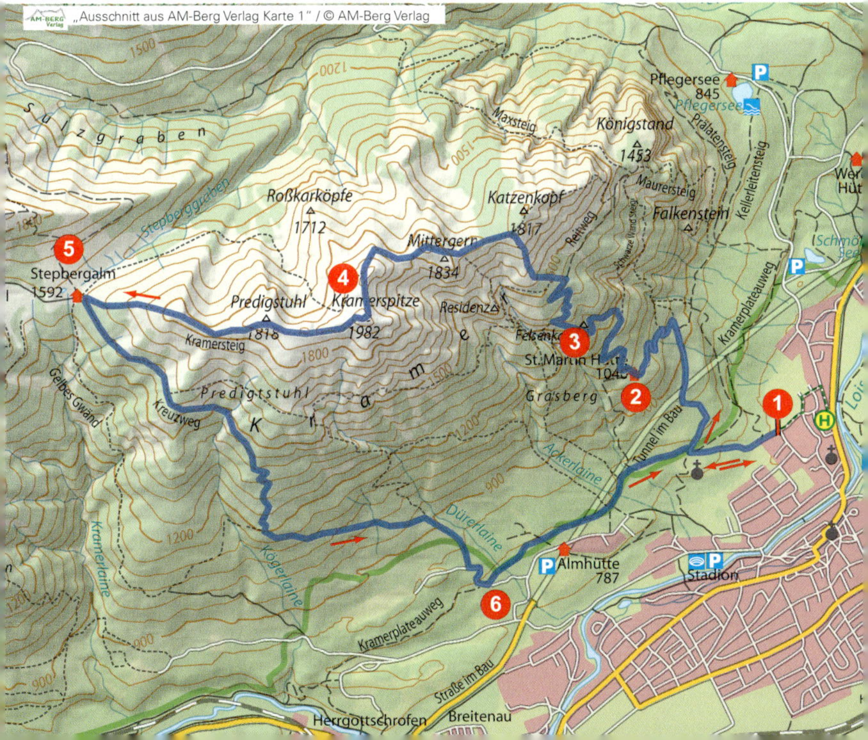

18 „Kramerspitze über St. Martin Hütte“ (1982 m)

Wegbeschreibung:

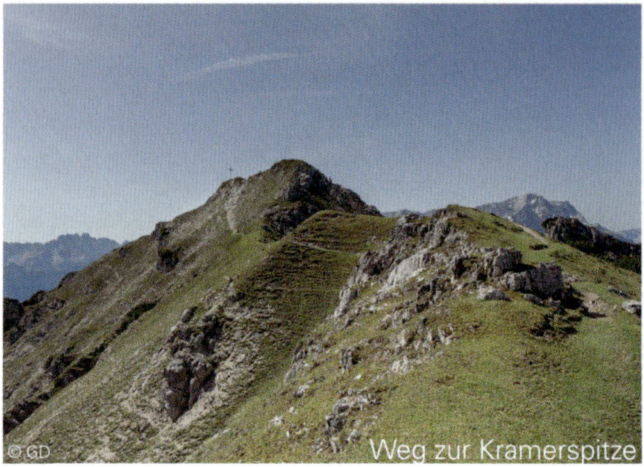
© GD Weg zur Kramerspitze

Von der ❶ **Bayernhalle** dem steilen Asphaltweg zum Kramerplateauweg folgen. Dort, bei einem markanten geschnitzten Wegweiser, rechts Richtung „St. Martin Hütte“ weitergehen. Der Forststraße, die in mehreren Kehren durch einen Hochwald führt, hinauf zur ❷ **St. Martin Hütte** folgen. Die urige Hütte bietet sich für eine erste Rast an. Grandiose Ausblicke inklusive. Hinter der Hütte beginnt ein etwas schmälerer angelegter Weg, der in mehreren Kehren leicht bergauf bis zum Königstand führt. Etwa 200 hm über der St. Martin Hütte befindet sich auf 1240 m die ❸ **Felsenkanzel.** Das ist ein Eisensteg, der hinaus ins Freie ragt (über dem Abgrund schwebt), also ein „AlpspiX“ (wie er beim Osterfelderkopf im Alpspitzgebiet gebaut wurde) nur im Kleinformat. Die Felsenkanzel wurde bereits um 1900 errichtet und bietet einen herrlichen Rundblick. Bei der Felsenkanzel führt der Weg eng am Felsen vorbei und geht in einigen Kehren Richtung „Kramerspitze“ hinauf. Bei einer Weggabelung verlässt man den „Reitweg“ nach links, Richtung „Kramerspitze 255“, und folgt einem Steig. Der weitere Anstieg hinauf zur Kammhöhe verläuft auf einem schmalen, teilweise sehr steilen Weg, der durch dichte Latschen führt. Auf Kammhöhe geht es über einen Latschenkopf etwas bergab, dann über die

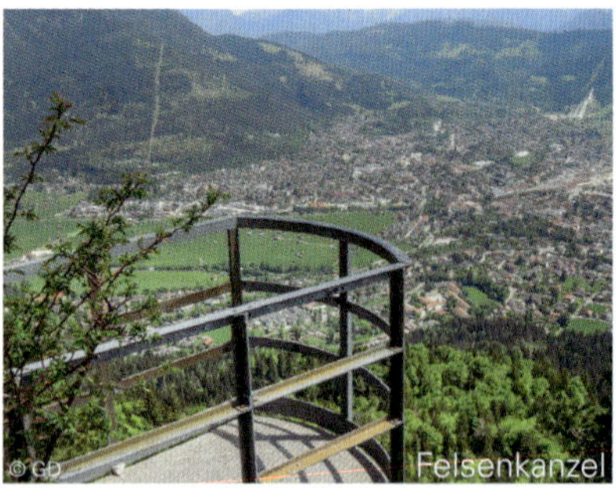
© GD Felsenkanzel

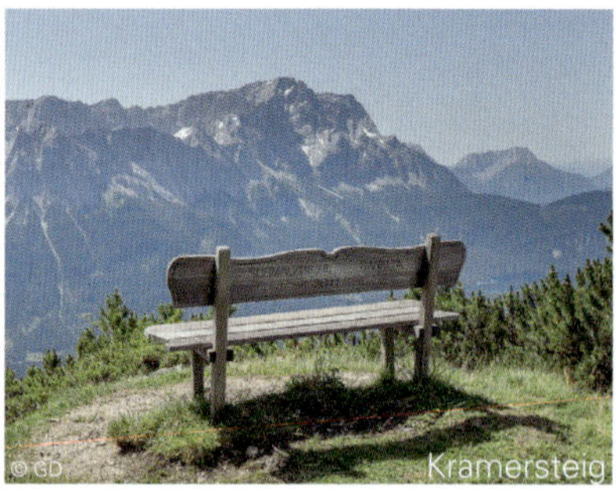
© GD Kramersteig

Wusssten Sie schon ...?

- ... dass der Weg hinauf zur St. Martin Hütte im Winter als Rodelbahn genutzt wird.
- ... dass vor über 150 Jahren ein Reitweg für den bayerischen König Max II. hinauf zum Königstand angelegt wurde, damit dieser mit dem Pferd zur Gamsjagd gelangen konnte.
- ... dass die Stepbergalm uralt ist und schon 1408 urkundlich erwähnt wurde.

Nordseite hinauf zum Gipfel. Besonders im Frühjahr und Herbst kann hier Schnee liegen oder es kann vereist sein, sodass die Passage etwas kritisch werden kann. Vom Gipfel der ❹ **Kramerspitze** führt ein zunächst drahtseilgesicherter, Weg über Felsplatten (schwierigstes Stück), in westlicher Richtung, zu einem Latschenkamm. Über diesen Höhenrücken und über Wiesen, hinunter zur Stepbergalm wandern. Von der ❺ **Stepbergalm** geht es auf dem „Kreuzweg" zurück. Links, dem zuerst flach verlaufenden Pfad, Richtung „Garmisch, Kreuzweg" folgen. In mehreren Kehren windet sich der Weg, der teilweise mit Stufen befestigt ist, durch die Felsabbrüche des Kramers. Unten, im Hochwald, erreicht man einen Forstweg. Hier links und bis zur nächsten Weggabelung gehen.

Nun links auf den ❻ **Kramerplateauweg** gehen und über diesen zurück zum geschnitzten Wegweiser wandern. Hier rechts auf der Straße bergab zur Bayernhalle zurückgehen.

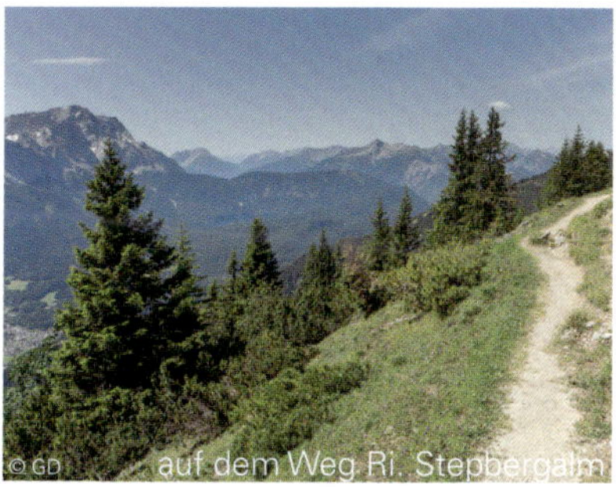

© GD auf dem Weg Ri. Stepbergalm

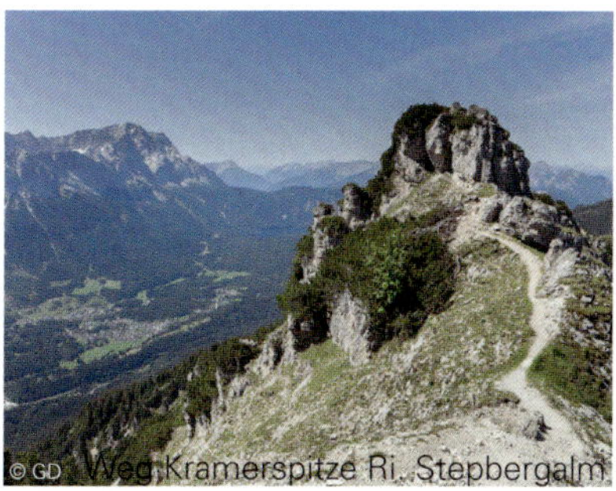

© GD Weg Kramerspitze Ri. Stepbergalm

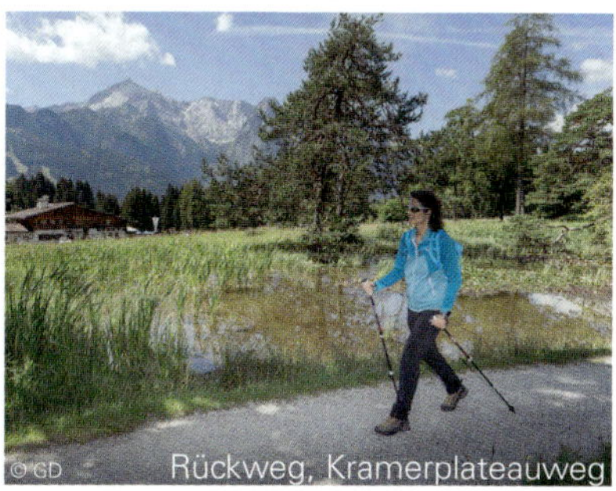

© GD Rückweg, Kramerplateauweg

19 „Schellschlicht über Sunkensattel“ (2053 m)

Beeindruckendes Gipfelziel mit grandioser Aussicht

Die Schellschlicht ist einer der schönsten und aussichtsreichsten Gipfelziele der Ammergauer Alpen. Mit dem Aufstieg über den Sunkensattel und dem Abstieg über die Schellalm, eine wunderschöne und sehr lohnende sowie anspruchsvolle Runde. Ausblicke zur Zugspitze und zum Plansee.

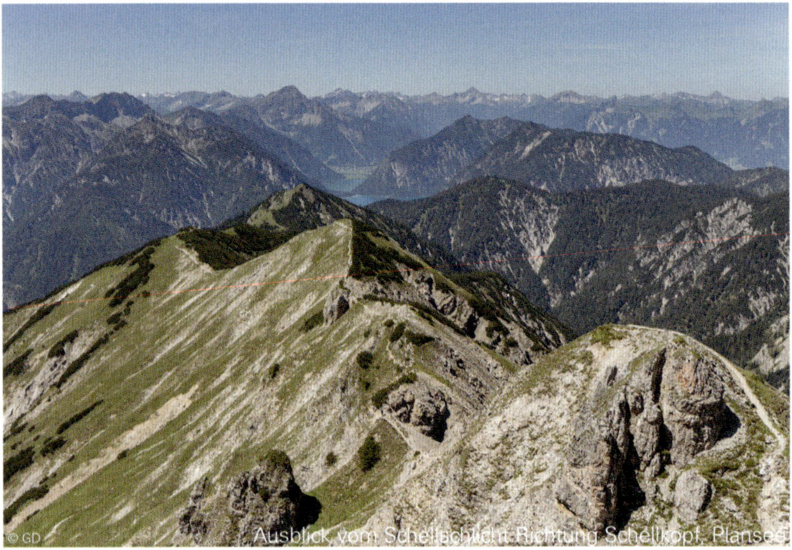

© GD Ausblick vom Schellschlicht Richtung Schellkopf, Plansee

Schwierigkeit: Teilweise extrem steile schmale Pfade, die durch eine wilde Landschaft führen. Beim Aufstieg geht es durch Bachläufe, über steile Hänge sowie im Gipfelbereich durch loses Geröll und Schrofengelände. Nach dem Hohen Brand folgt eine kurze seilversicherte Passage. Trittsicherheit und Schwindelfreiheit sind notwendig. Bei Nässe sollte man die Tour nicht begehen.

Startpunkt: GAP-Griesen, 816 m (Anfahrt Seite 23, Nr. ⓭)

Strecke: ❶ Griesen 816 m, ❷ Baum mit roten Pfeilen 966 m, ❸ Sunkensattel 1672 m, ❹ Schellschlicht 2053 m, ❺ Hoher Brand 1764 m, ❻ Schellalm 1479 m

Interessantes: Atemberaubende wilde Natur, mit traumhaften Ausblicken.

Einkehr: Keine

7:52 Std. 13,4 km 1489 hm

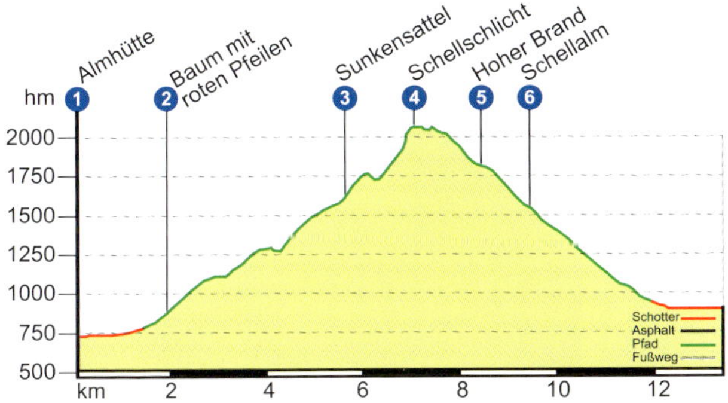

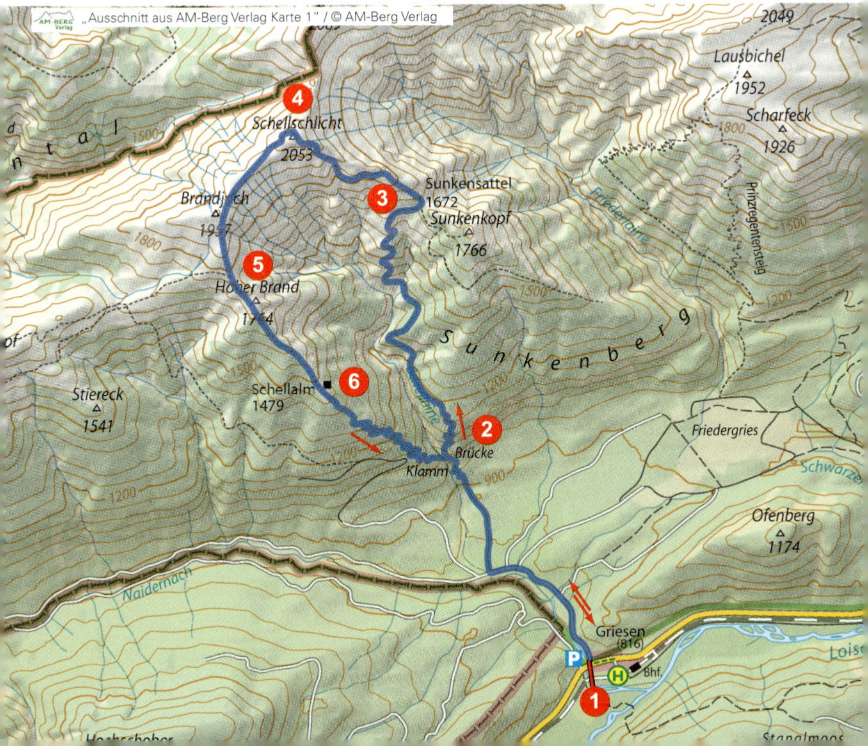

19 „Schellschlicht über Sunkensattel“ (2053 m)

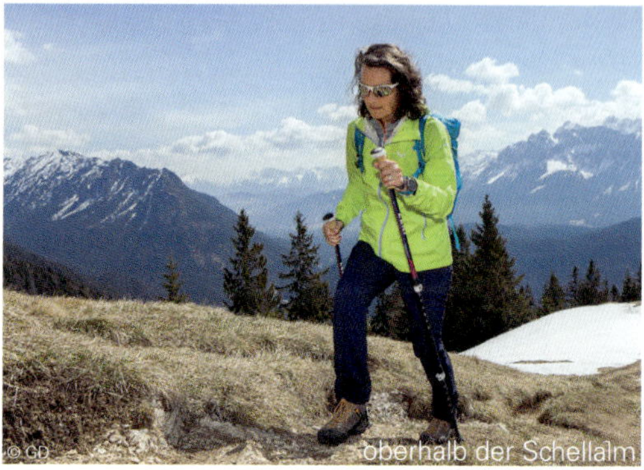

oberhalb der Schellalm

Wegbeschreibung:
Vom Parkplatz in ❶ **Griesen** folgt man etwa 1 km der Forststraße, die entlang der Naidernach, bis zum Plansee führt. Die ersten zwei Abzweigungen nach rechts ignorieren. Bei der dritten, etwas unscheinbaren Abzweigung, an der bei einem Baum zwei kleine rot/weiße Hinweisschilder „251, 252“ angebracht sind, rechts abbiegen. Nun dem Karrenweg, der in einen Pfad mündet, folgen. Nach ca. 800 m, bei der Weggabelung (❷ **Baum mit roten Pfeilen**), rechts dem etwas unscheinbarem Pfad „252“ folgen (Der linke Weg „251“ geht zur Schellalm). Der Steig „252“ führt steil durch den Wald hinauf, quert einen Bachlauf (Seilversicherung), mehrere teilweise sehr steile Hänge und erreicht nach einer Latschenzone, den ❸ **Sunkensattel**. Von hier, auf dem Bergrücken durch die Latschen weiter bergauf wandern, bis der Weg nach links zunächst etwas bergab führt. Dann geht es auf einem teilweise markierten Weg durch bröseliges, steiles Schrofengelände zum Gipfel. Oben angekommen, hat man von der ❹ **Schellschlicht** einen atemberaubenden Ausblick. Der weitere Weg verläuft nördlich vom Gipfel über eine kurze Felsstufe, die in einfacher Kletterei abgeklettert werden kann. Nun dem Weg in westlicher Richtung am Kamm entlang folgen. Etwas oberhalb des ❺ **Hohen Brands** geht es durch Latschen in südlicher

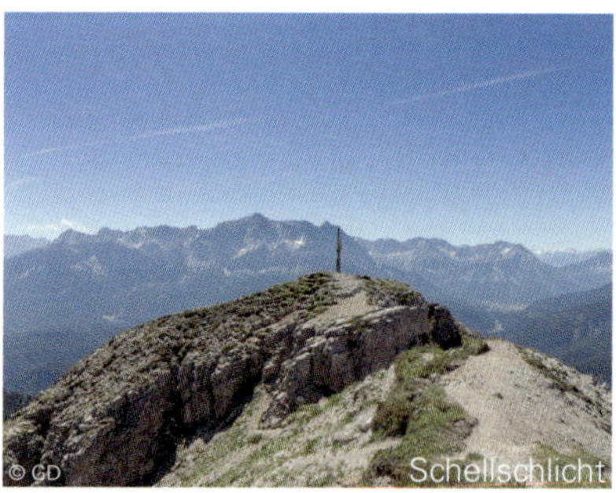

Schellschlicht

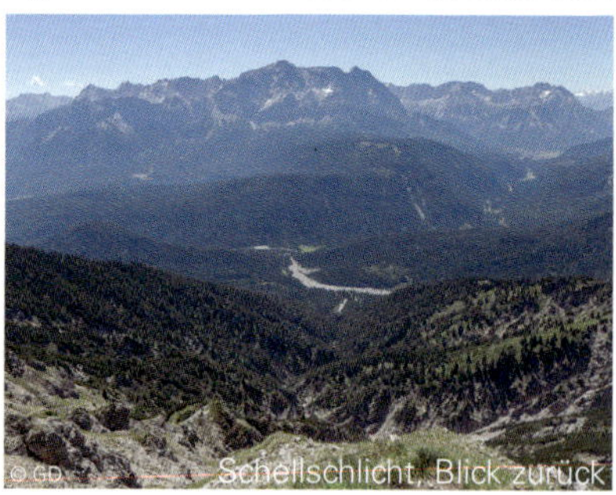

Schellschlicht, Blick zurück

Richtung hinunter. Unterhalb vom Hohen Brand führt der Weg durch eine kurze Felsstufe, die mit einem Stahlseil und einigen Trittstufen versichert ist. Danach folgt man dem Weg bergab zur ❻ **Schellalm**. Jetzt auf dem Pfad weiter hinunter, bis zur Eisernen Brücke (Schellaine) absteigen. Wenige Meter nach der Brücke erreicht man den Weg der Aufstiegsroute. Nun auf der gleichen Strecke zurück zum Ausgangspunkt wandern.

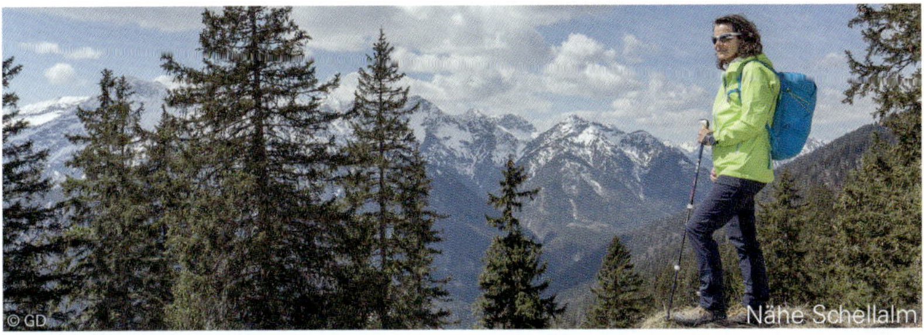

© GD Nähe Schellalm

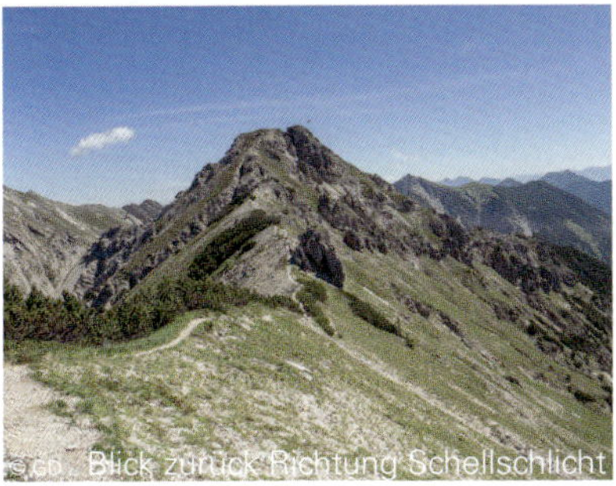

© GD Blick zurück Richtung Schellschlicht

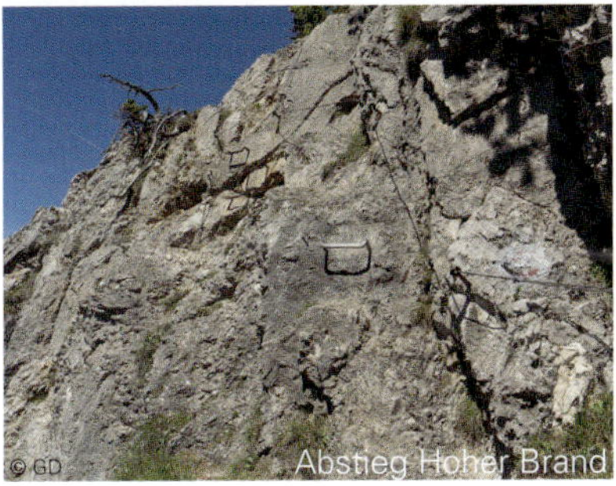

© GD Abstieg Hoher Brand

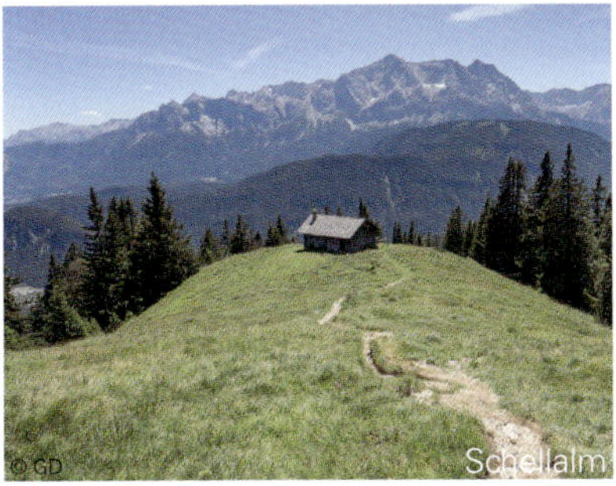

© GD Schellalm

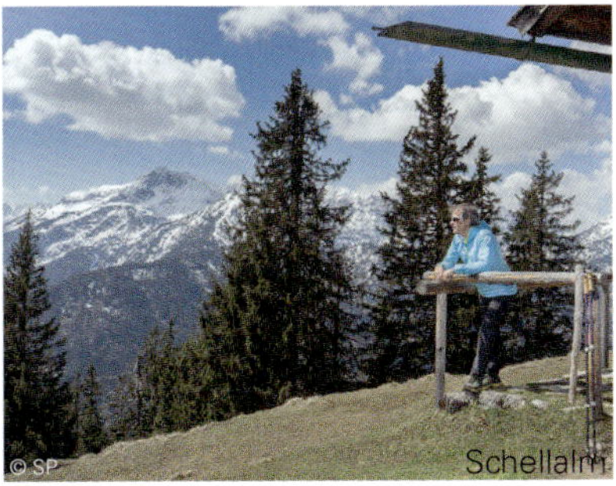

© SP Schellalm

20 „Friederspitz - Frieder über Prinzregentensteig“ (2050 m)

Landschaftlich eindrucksvolle Runde auf zwei schöne Aussichtsberge

Der Friederspitz und der Frieder sind zwei sensationelle Berge mit bester Aussicht auf die Zugspitze sowie den Eibsee. Schon Prinzregent Luitpold erkannte, dass der Frieder ein besonderer Gipfel ist und kam über den nach ihm benannten Steig zu den weitläufigen Wiesenhängen zur Pirsch herauf.

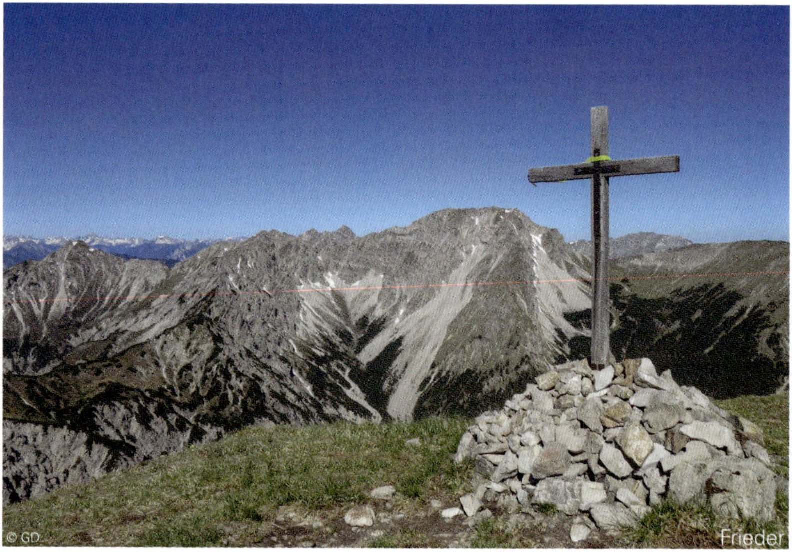

Frieder

Schwierigkeit: Anspruchsvolle und sehr lange Tour auf überwiegend schmalen Pfaden. Der Aufstieg über den Prinzregentensteig erfordert Trittsicherheit, da er durch sehr steile, grasige Wald- und Wiesenhänge führt. Die Tour sollte bei Nässe nicht begangen werden.

Startpunkt: GAP, Ochsenhütte, 800 m (Anfahrt Seite 23, Nr. ⓬)

Strecke: ❶ Parkplatz Ochsenhütte 800 m, ❷ Friedergries 950 m, ❸ Friederspitz 2049 m, ❹ Frieder 2050 m, ❺ Friederalm 1650 m, ❻ Forststraße 1202 m

Interessantes: Zwei Gipfel auf einer Tour. Im Gipfelbereich traumhafte Blumenwiesen.

Einkehr: Keine

8:16 Std. | 16,8 km | 1482 hm

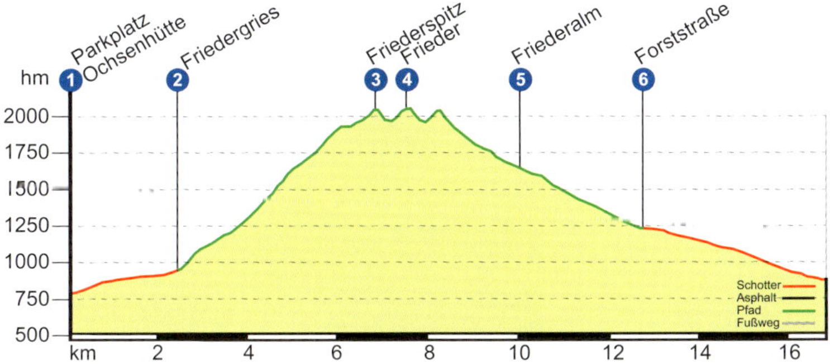

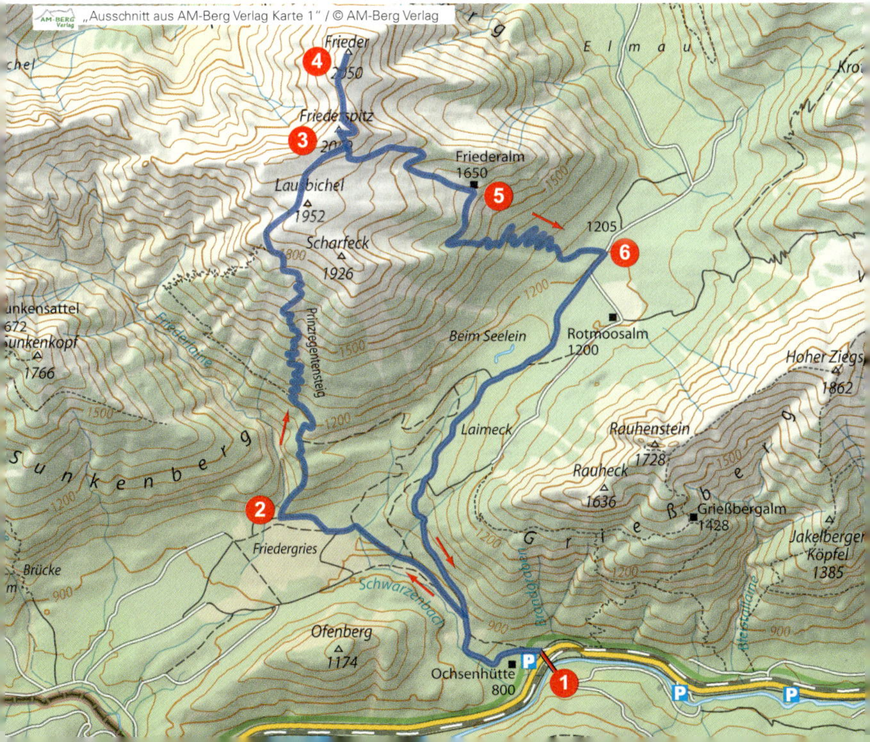

20 „Friederspitz - Frieder über Prinzregentensteig“ (2050 m)

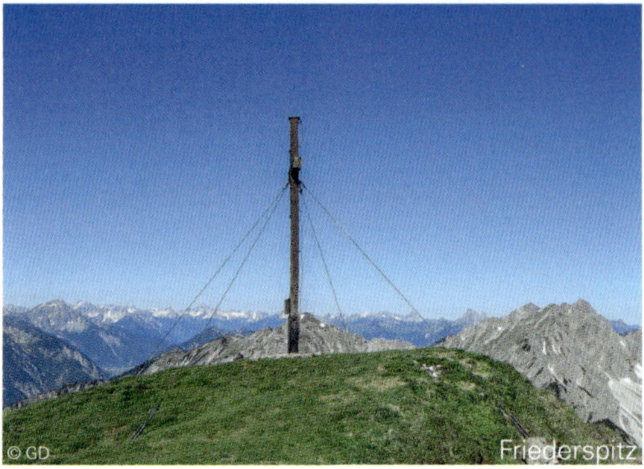
© GD Friederspitz

Wegbeschreibung:

Vom ❶ **Parkplatz** bei der **Ochsenhütte** folgt man der Forststraße, die nach Linderhof führt. Nach etwa 800 m links auf den Forstweg Richtung „Frieder“ abbiegen und auf diesem Weg direkt ins Friedergries, bis zu einer Weggabelung weitergehen. Hier hält man sich rechts und wandert auf dem nun schmäler werdenden Weg bis zum nördlichen Ende des ❷ **Friedergries**. Vor dem Bach der Friederlaine, bei den großen Felsblöcken, beginnt der Prinzregentensteig. Man folgt dem schmalen Bergpfad, bis etwa auf eine Höhe von 1200 m. Hier gabelt sich der Pfad, in der Querung der markanten großen Lawinenbahn. Nun auf dem rechten Pfad weiterwandern. Er führt in zahlreichen Serpentinen, am linken (westlichen) Rand der Lawinenbahn, hinauf bis zu einem markanten Steinhaufen. An dieser Stelle kommt auch der andere Weg, der bei der Lawinenbahn geradeaus verläuft herauf. Vom Steinhaufen geht es zunächst durch eine kurze Latschenzone, dann über Wiesen hinauf zum Höhenrücken des Lausbichel. Von hier ist der Gipfel des Friederspitz bereits zu sehen. Nach der Querung, durch das weitläufige und faszinierenden Hochplateau des Lausbichel, trifft der Prinzregentensteig auf den Weg „257“, der von der Friederalm heraufführt. Auf diesem Weg nun in nördlicher Richtung direkt zum Gipfel aufsteigen.

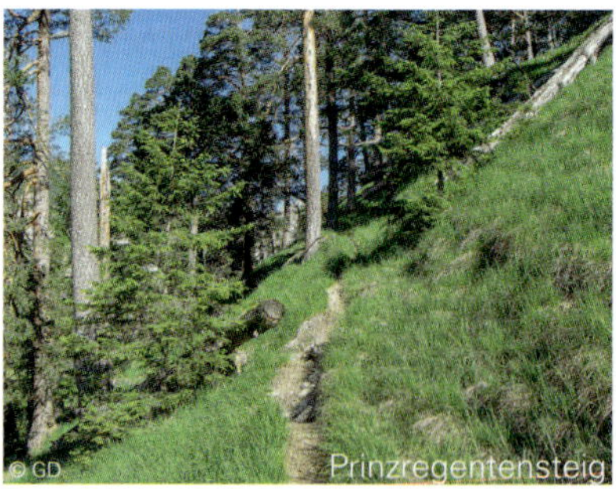
© GD Prinzregentensteig

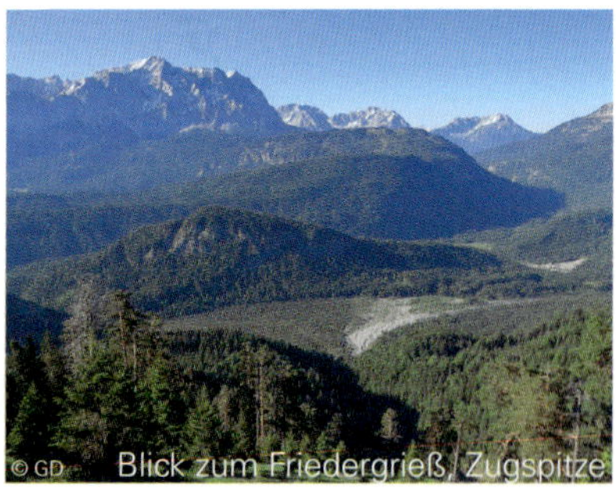
© GD Blick zum Friedergrieß/Zugspitze

Wussten Sie schon ...

- ... dass das Friedergries eine fast 80 Hektar große Geröllwüste ist, die seit 1978 als Naturwaldreservat geschützt ist. Durchzogen wird die karge Schotterlandschaft von der Friederlaine, einem naturbelassenem Wildbach, der aus den kleinen Bächen und Quellen zwischen Schellschlicht und Frieder gespeist wird. Die kleinen Zuflüsse, die in die Friederlaine münden transportieren Unmengen an Schutt und Geröll, das sich im Friedergries ablagert. Besonders bizarr sind die im Schotter stehenden überwiegend abgestorbenen Bäume. Eine fast mystische Landschaft.

Wer vom Gipfel des ❸ **Friederspitz** noch zum Frieder gehen möchte, der steigt wenige Meter östlich vom Gipfel bis zu einer Scharte ab und auf der anderen Seite bis zum ❹ **Frieder** wieder auf. Der Abstecher zum Frieder dauert etwa 20 min. und der Rückweg zum Friederspitz verläuft auf dem gleichen Weg.

Der Abstieg vom Friederspitz führt zunächst, bis zur Weggabelung des Prinzregentensteigs, auf dem gleichen Weg hinunter. Dann geht es geradeaus, auf dem Weg „257", weiter bergab bis zur ❺ **Friederalm**.

Von dort, in vielen Serpentinen, weiter bis zur ❻ **Forststraße**, die nach Linderhof führt, absteigen. Hier nach rechts und auf der Forststraße zurück zur Ochsenhütte gehen. Leider gibt es keine schöne Alternative zur Forststraße, um von dort zum Ausgangspunkt zurückzugehen.

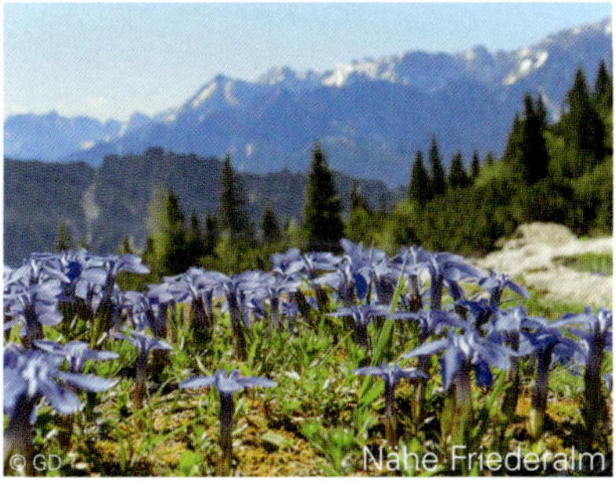

© GD Nähe Friederalm

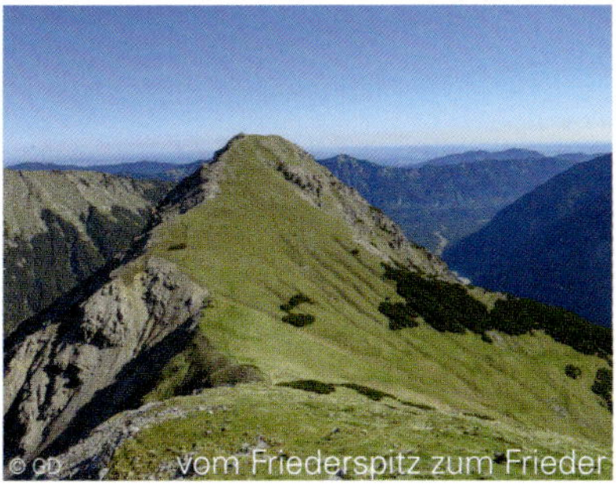

© GD vom Friederspitz zum Frieder

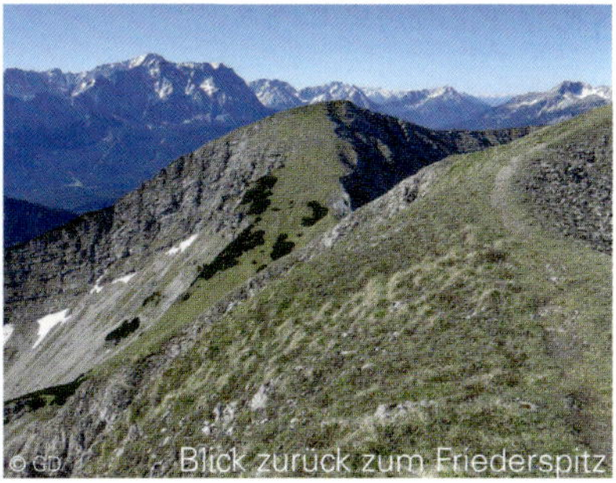

© GD Blick zurück zum Friederspitz

21 „Kramerspitze über Residenz - Mittergern“ (1982 m)

Lange anspruchsvolle, erlebnisreiche Rundtour zur Kramerspitze

Die Kramerspitze kann über viele verschiedene Wege bestiegen werden. Diese ausgedehnte Runde führt über kaum begangene wilde Wege und Steige und bietet wunderschöne Aussichten auf das Wettersteingebirge und auf Garmisch-Partenkirchen.

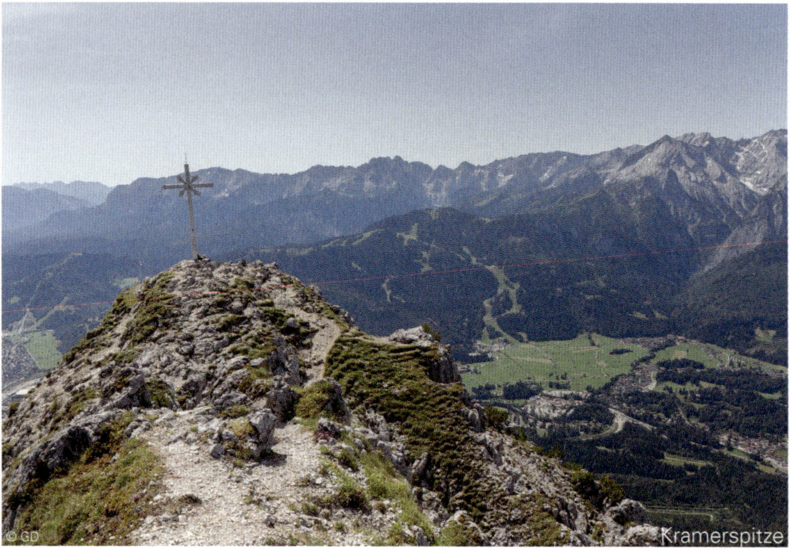

Kramerspitze

Schwierigkeit: Lange anstrengende Tour auf teilweise schmalen und steilen Steigen. Gutes Orientierungsvermögen sowie Trittsicherheit sind notwendig.

Startpunkt: GAP, Almhütte, 787 m (Anfahrt Seite 20, Nr. ❽)

Strecke: ❶ Almhütte 787 m, ❷ Abzweig Kreuzweg 925 m, ❸ Residenz 1468 m, ❹ Mittergern 1834 m, ❺ Kramerspitze 1982 m, ❻ Stepbergalm 1592 m

Interessantes: Wer gerne abseits der „Hauptwege“ unterwegs ist, für den könnte diese Tour genau das Richtige sein.

Einkehr: Stepbergalm

8:32 Std. 16,6 km 1551 hm

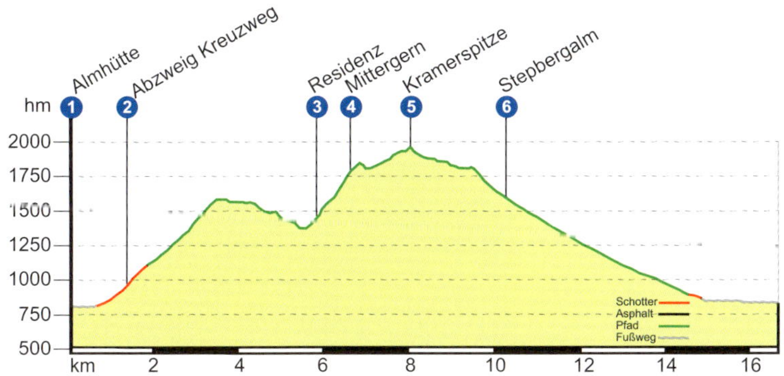

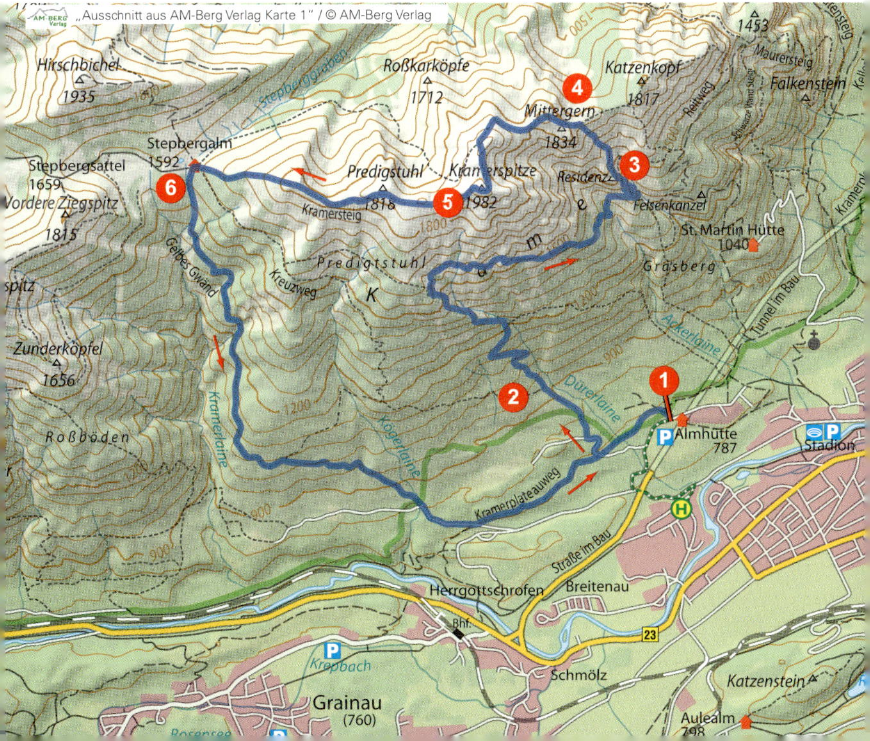

21 „Kramerspitze über Residenz - Mittergern“ (1982 m)

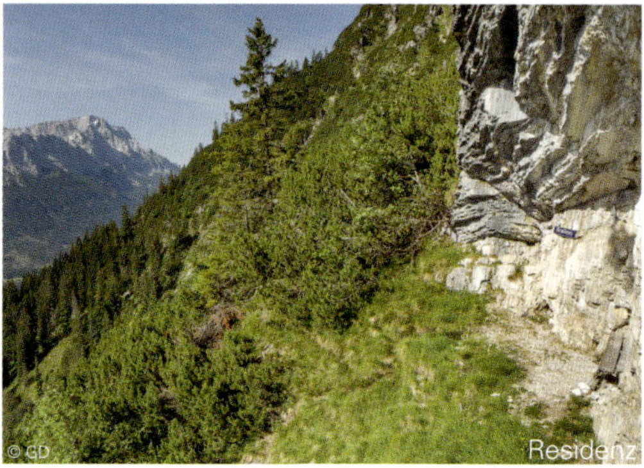

© GD Residenz

Wegbeschreibung:

Vom ❶ **Parkplatz** bei der **Almhütte**, zum Kneippbecken, am Kramerplateauweg gehen. Hier links, dem Kramerplateauweg bis zu einer Forststraße folgen und dort rechts abbiegen. Auf der Forststraße bergauf wandern und nach der zweiten Kehre, Richtung „Stepbergalm über Kreuzweg“ weitergehen. ❷ **Abzweig Kreuzweg**: Nun rechts, Richtung „Stepbergalm“, auf den steilen Karrenweg abzweigen und etwa 400 m hinaufsteigen. Bei einer Weggabelung dem rechten Steig, der direkt an der Dürerlaine entlangführt, bergauf folgen. Dieser Steig ist nicht markiert und teilweise schwierig zu finden. Auf einer Höhe von 1394 m gabelt sich der Steig, man hält sich rechts und geht weiter steil hinauf bis zu einem Weidegatter, das sich auf einer Höhe von 1580 m befindet. Danach teilt sich der Steig wieder und man nimmt den rechten Weg (links geht es zur Stepbergalm). Der folgende Wegabschnitt quert zunächst die Südflanke der Kramerspitze und führt dann etwa 200 hm bergab. Dabei werden zahlreiche Bachläufe und Rinnen durchquert. Der Weg geht an Felswänden vorbei und bietet einen traumhaften Ausblick auf das Wettersteingebirge. Auf einer Höhe von 1380 m steigt der Weg wieder an. Nach einer kurzen, extrem steilen Passage erreicht man eine kleine Felswand mit einer Holz-

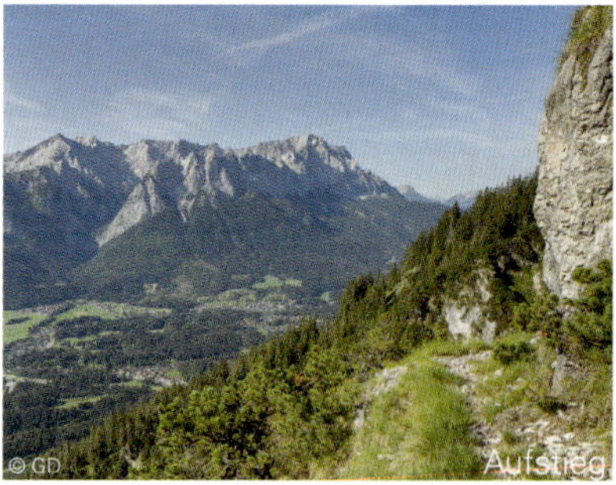

© GD Aufstieg

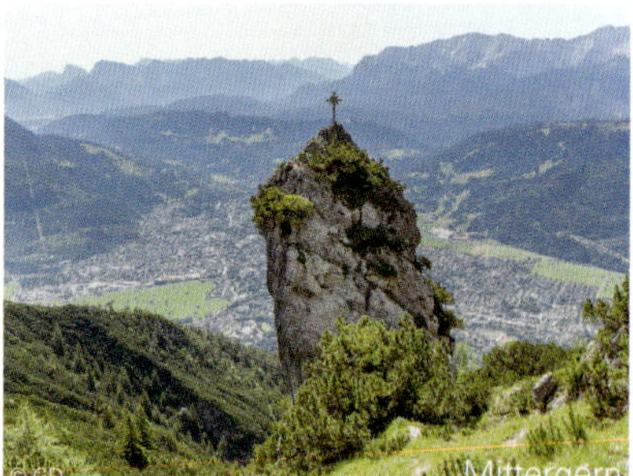

© GD Mittergern

bank und einem Schild (3) **„Residenz"**. Hier trifft man auch auf den Weg, der vom Kramerplateauweg abzweigt und entlang der Ackerlaine bergauf zur „Residenz" führt. An dieser Stelle wäre ein Abstieg zum Kramerplateauweg möglich.

Von der „Residenz" nun weiter, dem extrem steilen, kaum sichtbaren Pfad, direkt nach oben folgen. Nach 50 hm erreicht man einen alten Holzunterstand. Direkt hinter diesem Holzunterstand führt der Steig extrem steil durch die Latschen, hinauf zum (4) **Mittergern**. Links der Felsnadel des Mittergern, erreicht man den „Kramer Normalweg", welcher von der St. Martin Hütte heraufführt. Nun auf dem ausgeschilderten und markierten Weg über einen Latschenkopf etwas bergab, dann über die Nordseite weiter bis zur (5) **Kramerspitze** aufsteigen. Besonders im Frühjahr und Herbst kann hier Schnee liegen oder es kann vereist sein, sodass die Passage etwas kritisch werden kann. Vom Gipfel der Kramerspitze führt ein drahtseilgesicherter Weg in westlicher Richtung, über Felsplatten, bergab. Nach der Querung unterhalb des Predigstuhls geht es über einen Höhenrücken und über Wiesen zur (6) **Stepbergalm** hinunter.

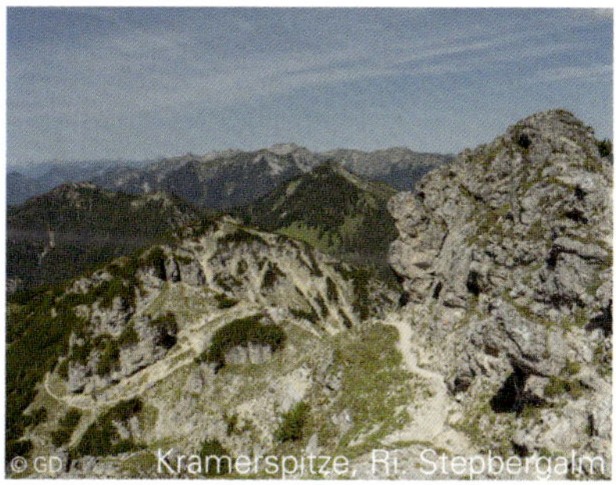
© GD Kramerspitze, Ri. Stepbergalm

Von der Stepbergalm folgt man dem ausgeschilderten Weg über das Gelbe Gwänd, bergab zum Kramerplateauweg und wandert auf diesem zurück zum Ausgangspunkt.

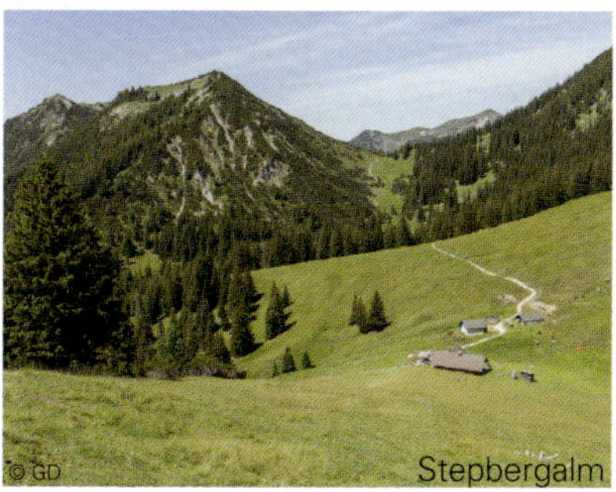
© GD Stepbergalm

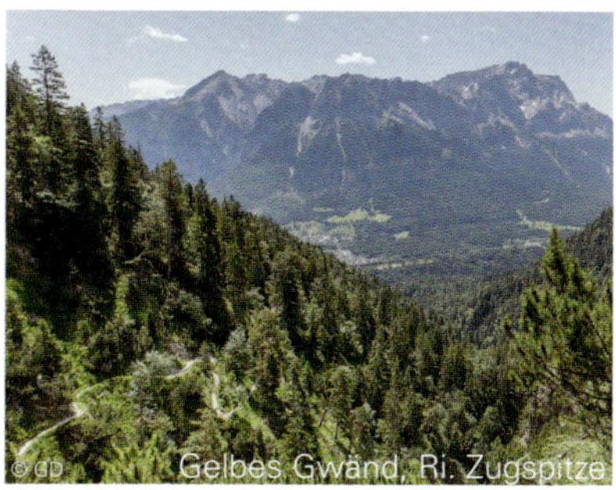
© GD Gelbes Gwänd, Ri. Zugspitze

22 „Bischof über Schafalm - Niederer Fricken“ (2033 m)

Großartige Bergwanderung mit zwei sensationellen Aussichtsgipfeln

Bischof und Hoher Fricken sind neben dem Krottenkopf die höchsten und markantesten Berge des Estergebirges und bieten einen großartigen Blick über das Loisachtal. Die Herkunft des Namen „Bischof“ ist nicht eindeutig geklärt. Vermutlich heißt der Berg so, weil er die Form einer Bischofshaube hat.

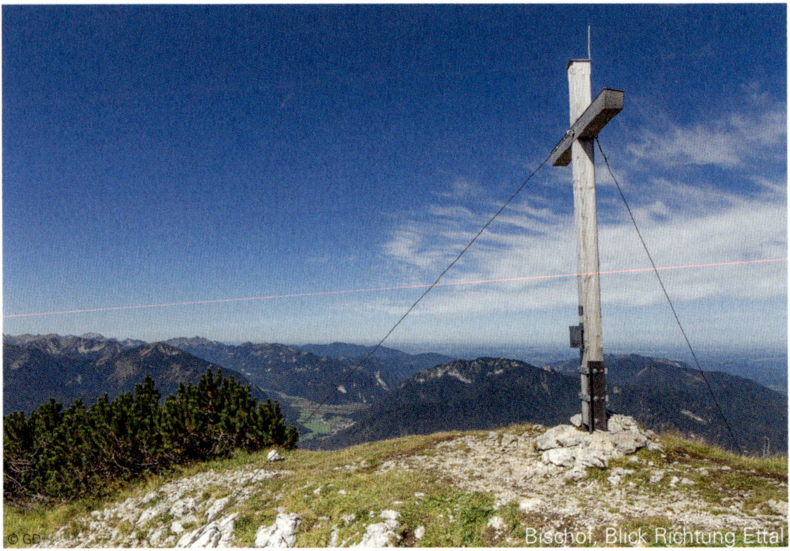
© GD
Bischof, Blick Richtung Ettal

Schwierigkeit: Anspruchsvolle sehr lange Tour auf überwiegend schmalen Pfaden. Die Tour sollte bei Nässe nicht begangen werden. Zwischen dem Niederen Fricken und dem Sattel ist der Weg lange feucht. Vom Sattel zum Bischof geht es durch felsiges steiles Gelände und kurz vor dem Gipfel ist der Weg mit Latschen fast zugewachsen. Gute Kondition, Trittsicherheit und Orientierungssinn sind erforderlich.

Startpunkt: Farchant, Föhrenheide, 670 m (Anfahrt Seite 21, Nr. 9)

Strecke: 1 Föhrenheide 670 m, 2 Schafalm 1067 m, 3 Bischof 2033 m, 4 Forststraße 1287 m, 5 Abzweig Farchant 1067 m

Interessantes: Zwei aussichtsreiche Gipfel und eine schöne Gratwanderung.

Einkehr: Keine

8:44 Std. 16,6 km 1600 hm

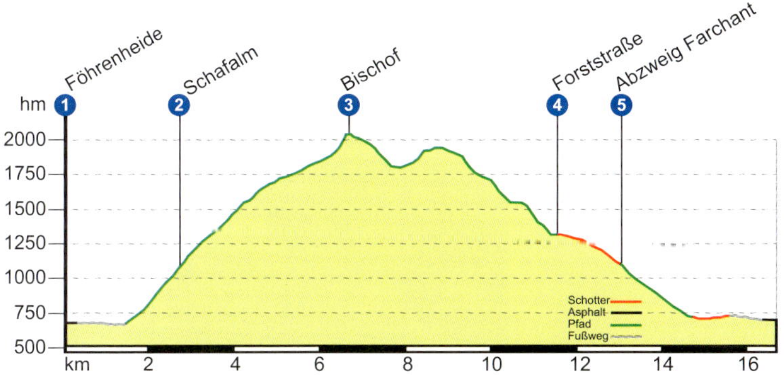

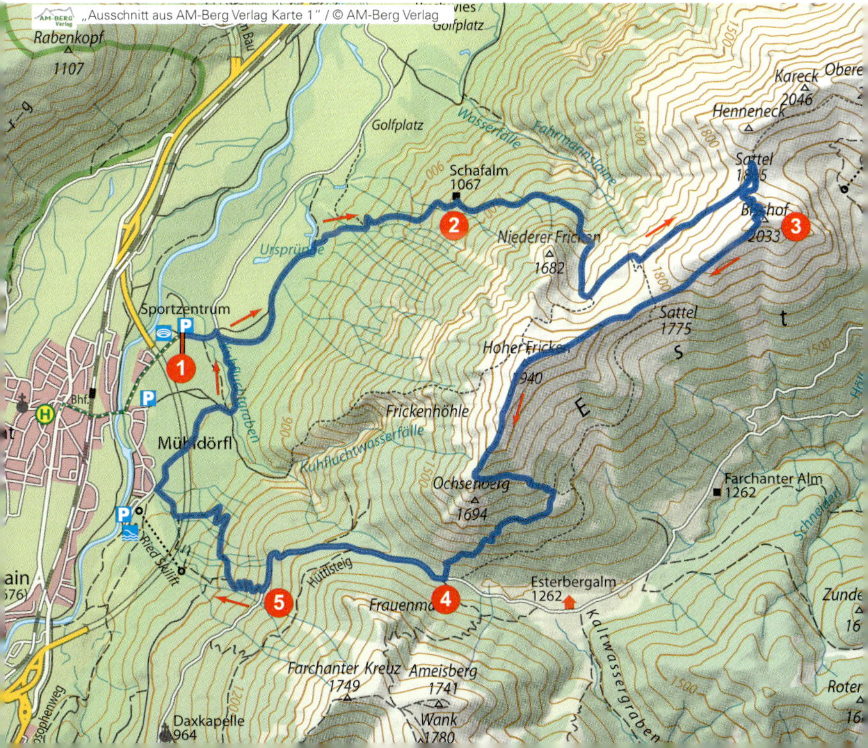

22 „Bischof über Schafalm - Niederer Fricken“ (2033 m)

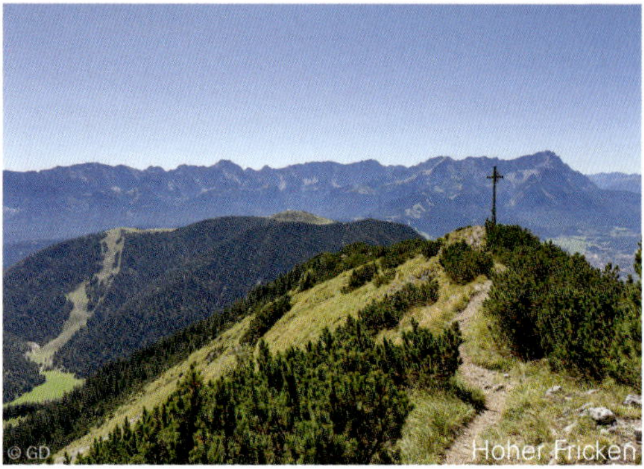

Hoher Fricken

Wegbeschreibung:

Vom ❶ **Parkplatz** folgt man der Straße Richtung „Oberau“. Nach der Brücke rechts auf den Fußweg Richtung „Kuhflucht Rundweg“ abzweigen und bei der nächsten Weggabelung, nach wenigen Metern, links Richtung „Rundweg Ursprünge“ gehen. Der Weg schlängelt sich leicht bergab, am Waldrand der Föhrenheide entlang, bis zu einem kleinen See, die Ursprünge. Das sind Quellen und kleine Seen, direkt am Waldrand. Hier hält man sich rechts, Richtung „Bischof“, und folgt dem Steig bergauf bis zur ❷ **Schafalm**.

Nach der kleinen unbewirtschafteten Hütte dem Steig weiter, steil bergauf ins Frickenkar, bis zu einer weiteren Weggabelung folgen. Jetzt den linken Weg nehmen. Dieser Weg quert, unterhalb des Gratverlaufs, der sich vom Bischof zum Hohen Fricken erstreckt, in nordöstlicher Richtung zu einem Sattel zwischen Henneneck und Bischof. Von diesem Sattel (hier steht das Willi Berchtold Kreuz) nun auf dem schmalen Pfad in südlicher Richtung, durch Felsen und Latschen hindurch, hinauf zum Gipfel des ❸ **Bischofs** wandern. Von dort dem Gratverlauf zum Hoher Fricken folgen. Der Weg führt zunächst bergab in eine Scharte. In dieser Scharte gibt es eine Wegkreuzung, nördlich (rechts) geht es hinunter in das Frickenkar, südlich (links)

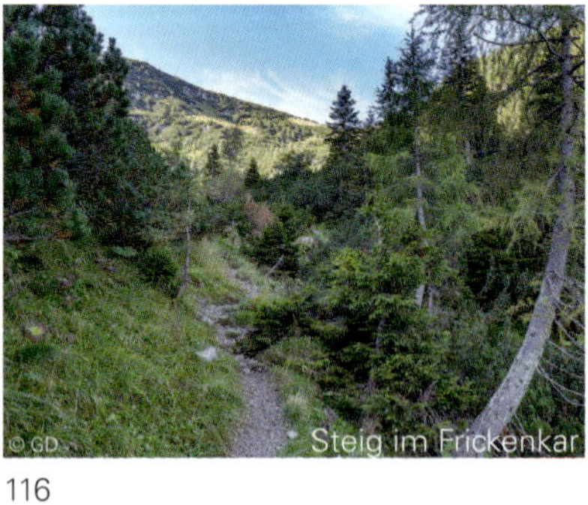

Steig im Frickenkar

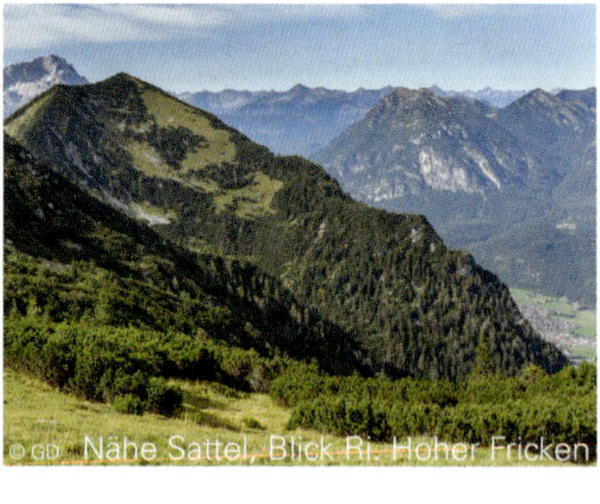

Nähe Sattel, Blick Ri. Hoher Fricken

Wussten Sie schon ...

- ... dass das Estergebirge eines der größten zusammenhängenden Karstgebiete in den Bayerischen Alpen ist.

führt ein Weg hinunter Richtung „Esterbergalm". Bei dieser Scharte hält man sich aber weiter geradeaus, auf dem Grat entlang, und steigt durch Latschen und einige felsige Passagen zum Hohen Fricken auf.

Vom Gipfel des Hohen Fricken geht dann ein Steig in südlicher Richtung am Ochsenberg vorbei, hinunter zur ❹ **Forststraße**, die zur Esterbergalm führt. Hier hält man sich rechts und folgt der extrem steilen Forststraße, Richtung Daxkapelle, bis zum ❺ **Abzweig** nach **Farchant**. Jetzt rechts bergab, auf den Pfad Richtung „Farchant" abzweigen. Der Weg mündet in Farchant, beim Skilift Ried, auf die Straße. Nun nach rechts und über den Walderlebnispfad zum Kuhfluchtgraben gehen. Hier über die Brücke und danach leicht bergab in die Föhrenheide wandern. Dort, an der asphaltierten Straße, links abbiegen und zum Ausgangspunkt zurücklaufen.

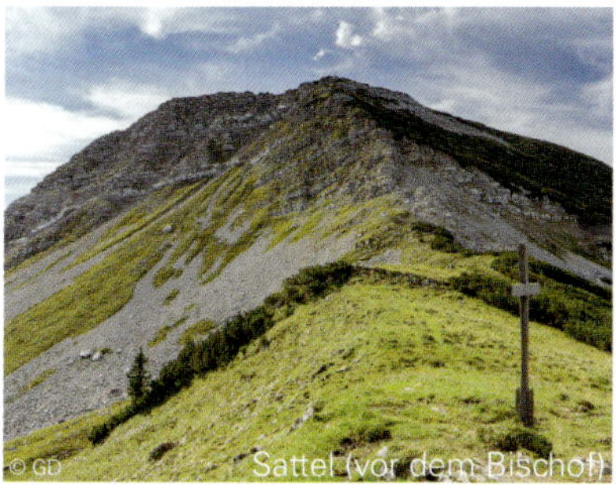
© GD Sattel (vor dem Bischof)

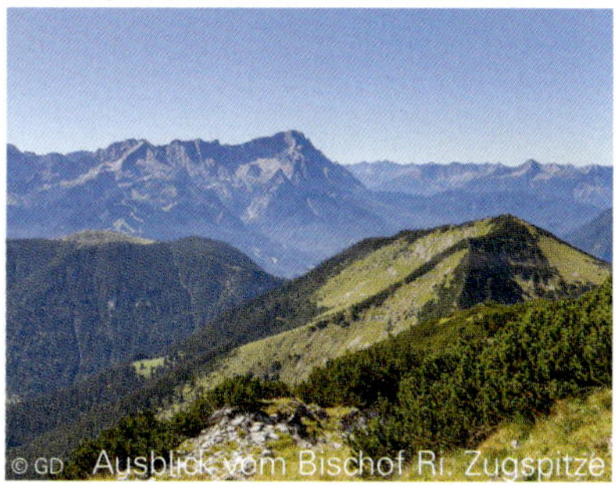
© GD Ausblick vom Bischof Ri. Zugspitze

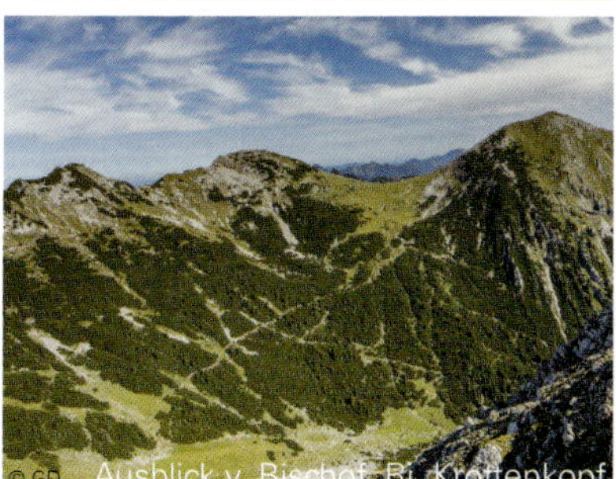
© GD Ausblick v. Bischof Ri. Krottenkopf

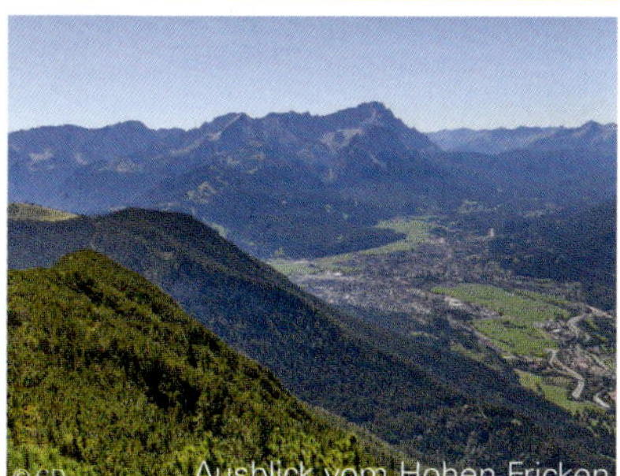
© GD Ausblick vom Hohen Fricken

23 „Krottenkopf - Bischof - Hoher Fricken" (2086 m)

Wunderschöne Bergwanderung zum höchsten Gipfel des Estergebirges

Der Krottenkopf, mit seinen 2086 m, ist der höchste Berg des Estergebirges und der Bayerischen Voralpen. Allerdings ist er durch seine zentrale Lage, mitten im Estergebirge, von keiner Seite schnell zu erreichen. Dennoch ist er ein sehr lohnendes Gipfelziel, mit einer grandiosen Aussicht.

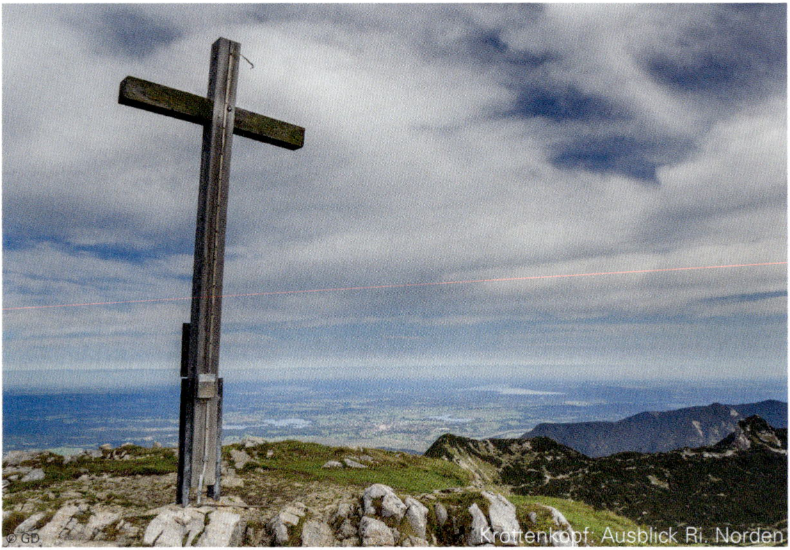

Krottenkopf: Ausblick Ri. Norden

Schwierigkeit: Anspruchsvolle, sehr lange Tour. Bis zur Esterbergalm und weiter, über die Weilheimer Hütte zum Gipfel des Krottenkopfes, ist es eine einfache Tour auf Forststraßen und leicht zu begehenden Steigen. Die restliche Tour verläuft auf schmalen anspruchvolleren Steigen. Gute Kondition und Trittsicherheit sind erforderlich.

Startpunkt: GAP, Parkplatz Wankbahn, 740 m (Anfahrt Seite 19, Nr. ❸)

Strecke: ❶ Parkplatz Wankbahn 740 m, ❷ Esterbergalm 1262 m, ❸ Weilheimer Hütte 1955 m, ❹ Krottenkopf 2086 m, ❺ Bischof 2033 m, ❻ Hoher Fricken 1940 m

Interessantes: Drei aussichtsreiche Gipfel, mit schöner Gratwanderung

Einkehr: Esterbergalm, Weilheimer Hütte

9:39 Std. 22,6 km 1641 hm

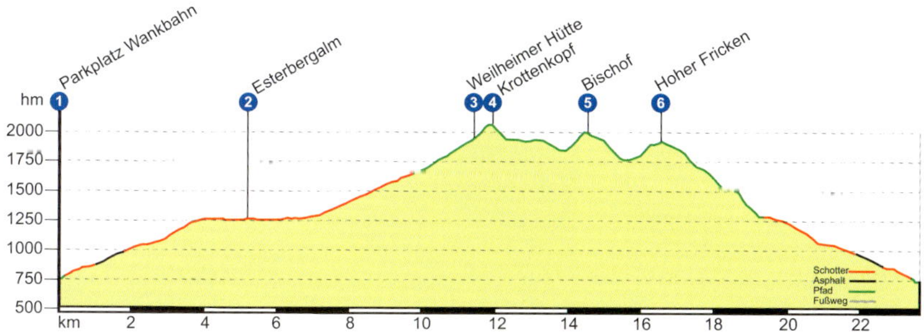

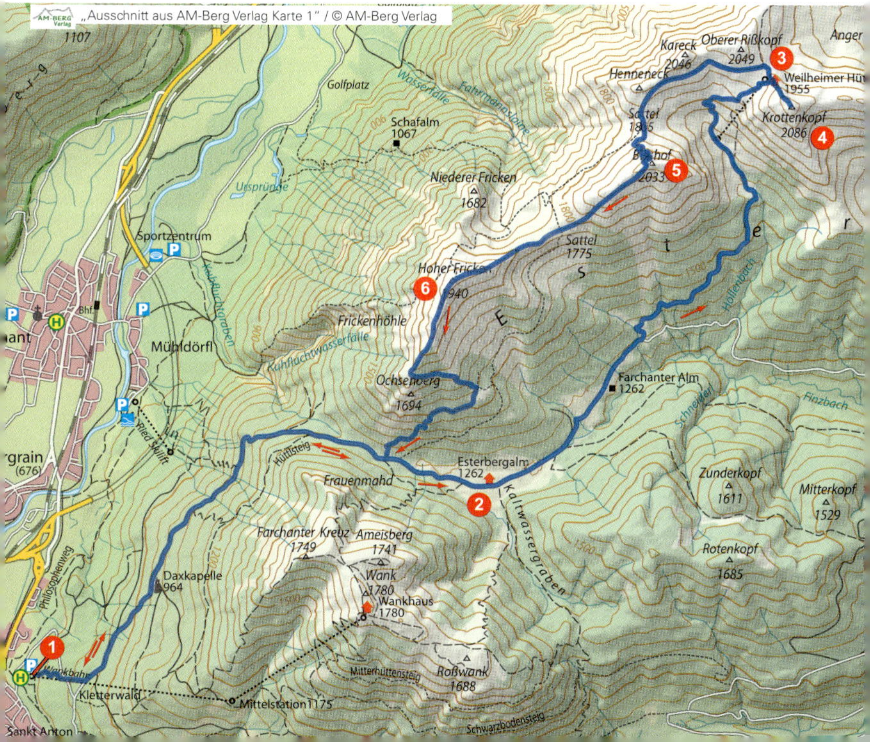

„Ausschnitt aus AM-Berg Verlag Karte 1" / © AM-Berg Verlag

23 „Krottenkopf - Bischof - Hoher Fricken" (2086 m)

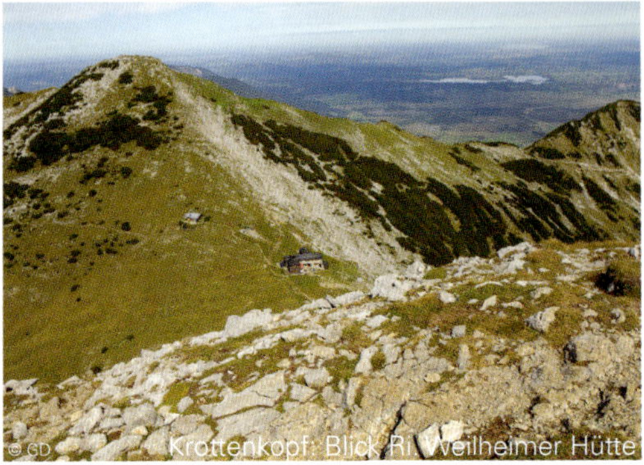
© GD Krottenkopf: Blick Ri. Weilheimer Hütte

Wegbeschreibung:

Vom ❶ **Parkplatz** der **Wankbahn** dem Pfad (bei der Infotafel) Richtung „Zum Wank" bergauf bis zur Straße folgen. Die Straße überqueren und auf der ehemaligen Skipiste, links am Kletterwald vorbei, hinauf zur Forststraße gehen. Nun auf der geschotterten Forststraße nach links, Richtung „Zum Wank" abbiegen (den Abzweig nach rechts, nach wenigen Metern, zur Eckenhütte ignorieren), an der Daxkapelle vorbei und bis zur ❷ **Esterbergalm** wandern.

Von hier weiter auf der Forststraße, an der Farchanter Alm vorbei, bis zu einer Weggabelung laufen. Jetzt links Richtung „Weilheimer Hütte" abzweigen und auf diesem Forstweg bis zur Materialbahn der Weilheimer Hütte aufsteigen. Ab der Materialbahn führt ein schöner Steig hinauf zur ❸ **Weilheimer Hütte**. An der Hütte vorbei und dann nach rechts, über das steilere Gelände, hinauf zum ❹ **Krottenkopf** gehen.

Der Abstieg bis zur Weilheimer Hütte erfolgt auf der gleichen Strecke. Von der Weilheimer Hütte quert man dann, unterhalb vom Kareck und Henneneck, hinüber zu einem Sattel, in dem das Willi Berchtold Kreuz steht. Von dort folgt man in südlicher Richtung dem schmalen Pfad, durch Felsen und Latschen, bis zum Gipfel des ❺ **Bischofs**.

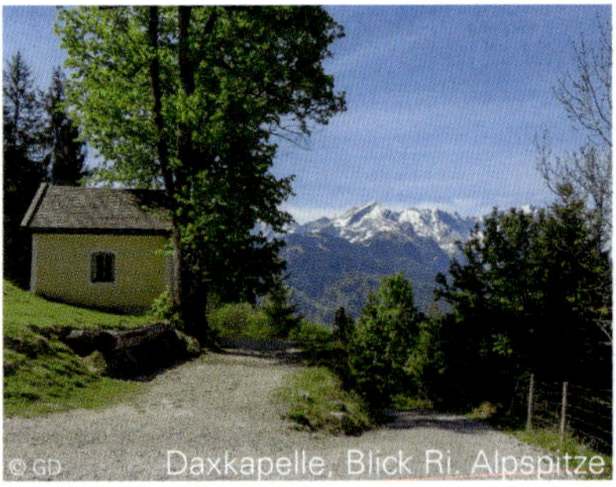
© GD Daxkapelle, Blick Ri. Alpspitze

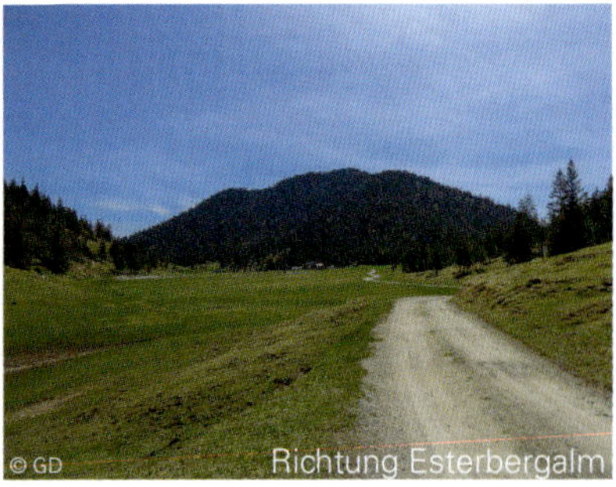
© GD Richtung Esterbergalm

Wussten Sie schon ...

- ... dass das Estergebirge auch Krottenkopfgebirge genannt wird. Es liegt zwischen Loisach-, Eschenlaine- und Isartal und ist somit ein Teil der Nördlichen Kalkalpen.

Vom Gipfel des Bischofs dann dem Gratverlauf weiter, bis zum Hohen Fricken folgen. Der Weg führt zunächst bergab in eine Scharte, zu einer Wegkreuzung. Nördlich (rechts) geht es hinunter in das Frickenkar und südlich (links) hinunter Richtung „Esterbergalm". Bei der Scharte hält man sich aber weiter geradeaus, auf dem Grat entlang, und steigt durch Latschen und einige felsige Passagen zum 6 **Hoher Fricken** auf.

Vom Gipfel des Hoher Frickens führt dann ein Steig in südlicher Richtung, am Ochsenberg vorbei, hinunter zur Forststraße, die zur Esterbergalm geht. Hier rechts und auf der Forststraße, auf dem schon bekannten Weg, bergab bis zum Wankparkplatz zurück wandern.

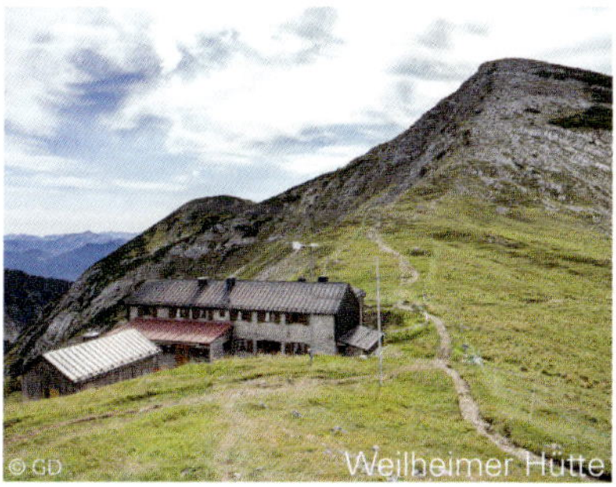
© GD Weilheimer Hütte

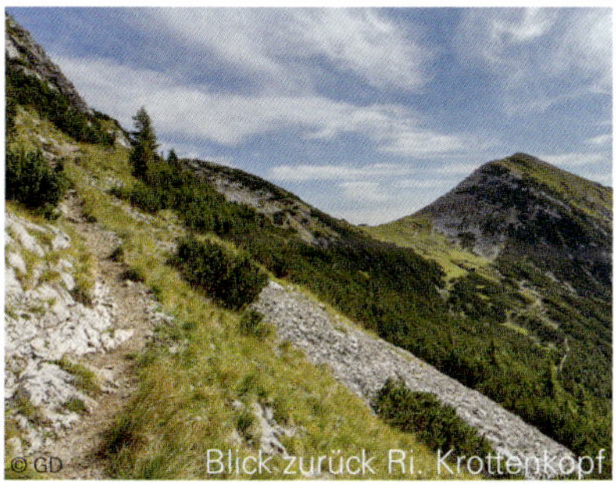
© GD Blick zurück Ri. Krottenkopf

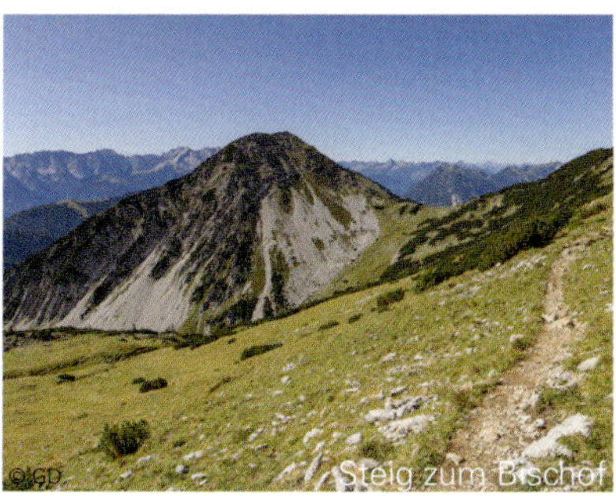
© GD Steig zum Bischof

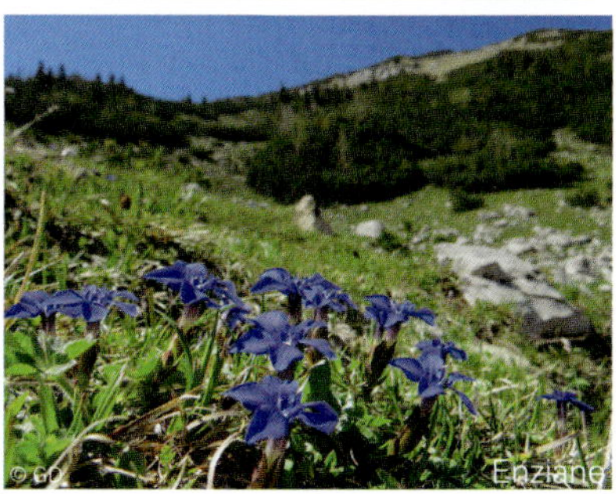
© GD Enziane

24 „Hirschbichel - Kramersteig - Königstand" (1982 m)

Abwechslungsreiche Rundtour um und über den Kramer

Die Kramerspitze und das Wettersteingebirge gegenüber, rahmen Garmisch-Partenkirchen sozusagen ein. Diese ausgedehnte Runde führt über wunderschöne Wege, anspruchsvolle Steige und bietet traumhafte Aussichten auf das Wettersteingebirge und Garmisch-Partenkirchen.

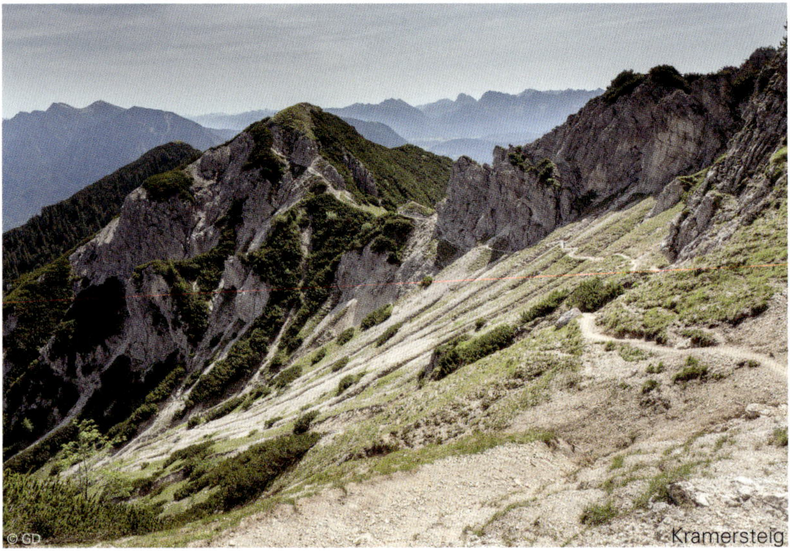

© GD Kramersteig

Schwierigkeit: Lange und anstrengende Tour, auf teilweise schmalen, steilen Steigen. Ab der Enningalm sind die Wege zum Teil nicht markiert, somit wird ein gutes Orientierungsvermögen vorausgesetzt. Ab der Kramerspitze ist zudem auch Trittsicherheit notwendig.

Startpunkt: GAP, Pflegersee, 845 m (Anfahrt Seite 18, Nr. ❶)

Strecke: ❶ Parkplatz Pflegersee 845 m, ❷ Enningalm 1544 m, ❸ Hirschbichel 1935 m, ❹ Stepbergalm 1592 m, ❺ Kramerspitze 1982 m, ❻ Königstand 1453 m

Interessantes: Die Überschreitung des Kramers zählt zu den schönsten Touren im südlichen Ammergebirge.

Einkehr: Enningalm, Stepbergalm, Berggasthof Pflegersee

9:58 Std. 21,2 km 1801 hm

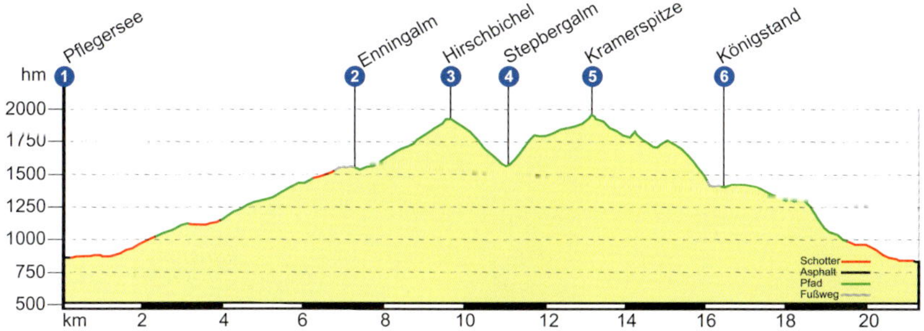

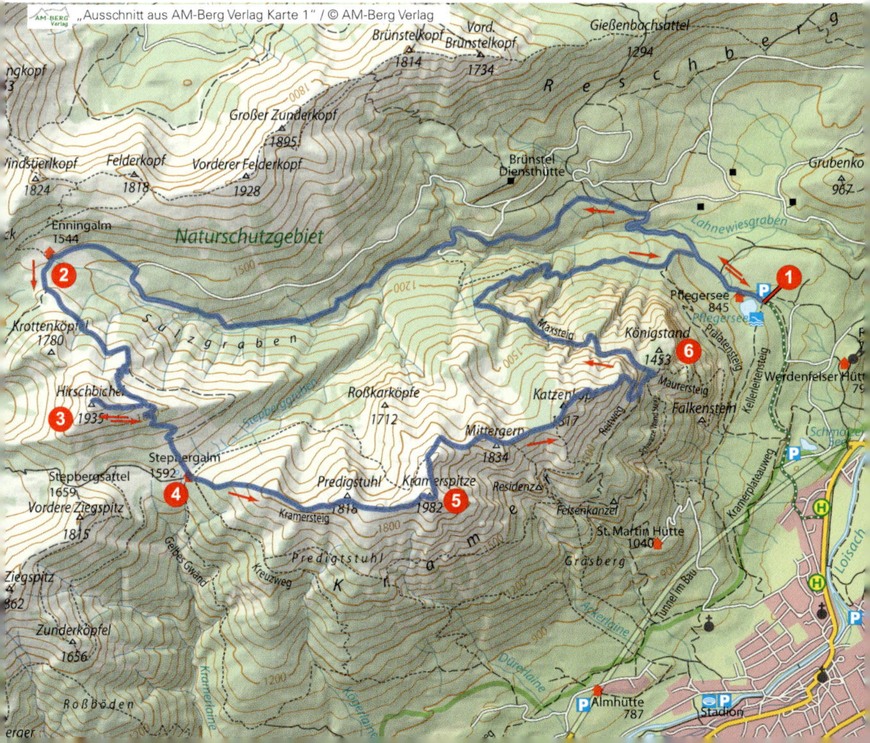

24 „Hirschbichel - Kramersteig - Königstand" (1982 m)

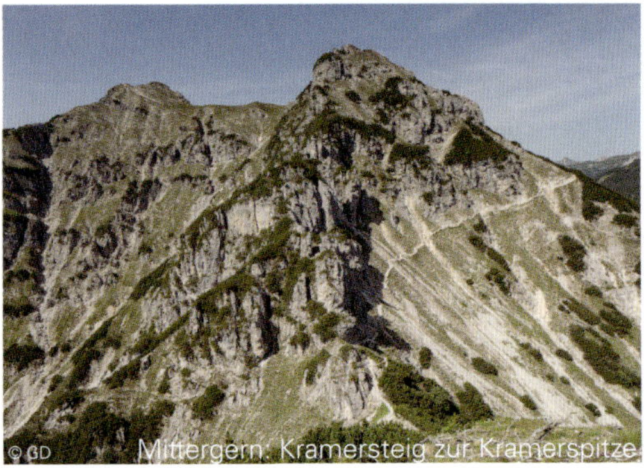

Mittergern: Kramersteig zur Kramerspitze

Wegbeschreibung:

Vom ❶ **Parkplatz** beim **Pflegersee,** am Berggasthof vorbei und geradeaus der Forststraße Richtung „Reschbergwiesen" folgen. Der Weg führt zunächst flach, dann etwas bergab in den Lahnewiesgraben und steigt danach steil an. Bei der nächsten Abzweigung, dem sogenannten „Garmischer Stich" (Schild), nach links und dem Karrenweg Richtung „Brünstelkopf", etwa 500 m bis zu der nächsten Weggabelung, folgen. Jetzt geradeaus und auf dem zunächst steinigen Karrenweg, der später zum Pfad wird, hinaufsteigen. Weiter oben erreicht man einen Forstweg. Auf diesem taleinwärts gehen (etwa 900 m), bis der Forstweg wieder in einen Pfad mündet. Dieser schlängelt sich, oberhalb des Sulzgrabens, nach oben und mündet in eine breite Forststraße. Bei der nächsten Abzweigung wandert man links Richtung „Enningalm".

Von der ❷ **Enningalm** geht es nun in südlicher Richtung weiter bis zu einer Weggabelung, bei einem Sattel. Der Weg teilt sich, rechts der Pfad „256" führt hinunter zur Rotmoosalm. Hier nimmt man den linken Steig „261" Richtung „Stepbergalm". Man steigt zunächst über Wiesen, später im Wald, bis in das nordöstliche Kar, unterhalb des Hirschbichels auf.

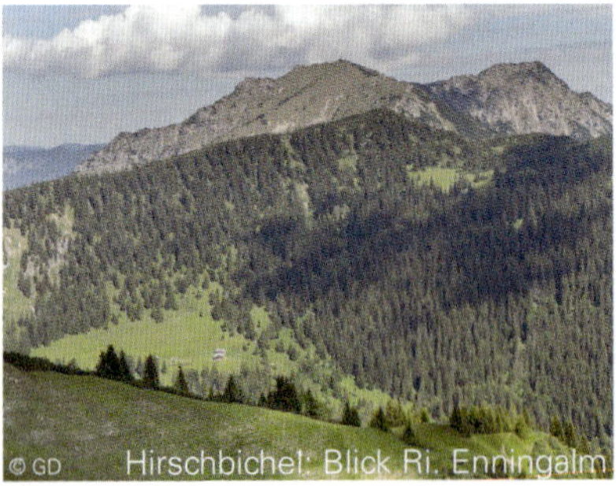

© GD Hirschbichel: Blick Ri. Enningalm

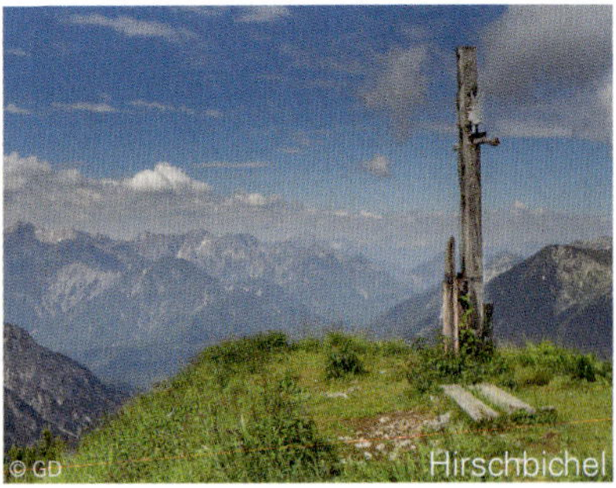

© GD Hirschbichel

Von hier geht es über Steigspuren und teilweise weglos, hinauf zum Hirschbichelrücken. Auf diesem dann rechts, nach Westen bis zum Gipfel des ❸ **Hirschbichels** aufsteigen. Der Abstieg erfolgt zunächst auf der gleichen Strecke. An der Stelle, an der man zuvor den Hirschbichelrücken erreicht hat, folgt man dem Weg nun in südlicher Richtung bergab bis zur ❹ **Stepbergalm**. Von dort auf dem breiten Höhenrücken in östlicher Richtung, durch eine Latschengasse zum Kramer aufsteigen. Der Weg quert unterhalb des Predigstuhls, die mit Latschen durchsetzten Südhänge des Kramers. Kurz unterhalb des Kramer Gipfels führt ein drahtseilgesicherter Weg über Felsplatten hinauf zur ❺ **Kramerspitze**.

Der Abstieg vom Kramer erfolgt zunächst in nördlicher Richtung, auf einem Höhenrücken und verläuft dann auf der Nordseite. Besonders im Frühjahr und Herbst kann hier Schnee liegen oder es kann vereist sein, sodass die Passage etwas kritisch werden könnte. Nach einem kleinen Gegenanstieg auf einen Latschenkopf erreicht man die Felsnadel des Mittergerns. Kurz danach zweigt der „Kramer-Normalweg", welcher zur St. Martin Hütte hinunterführt, ab. Hier folgt man dem Weg weiter in östlicher Richtung und steigt zum Katzenkopf auf. Von diesem geht es dann hinunter zum ❻ **Königstand**.

Von dort über den Maxsteig, der in nördlicher Richtung, vom Königstand abzweigt, wieder bis zum Pflegersee absteigen.

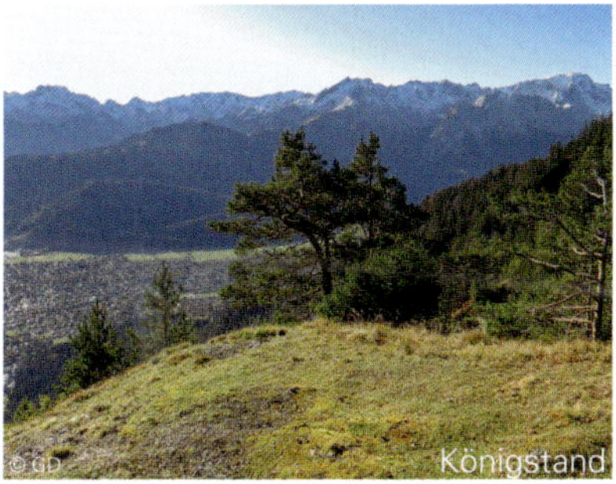
© GD Königstand

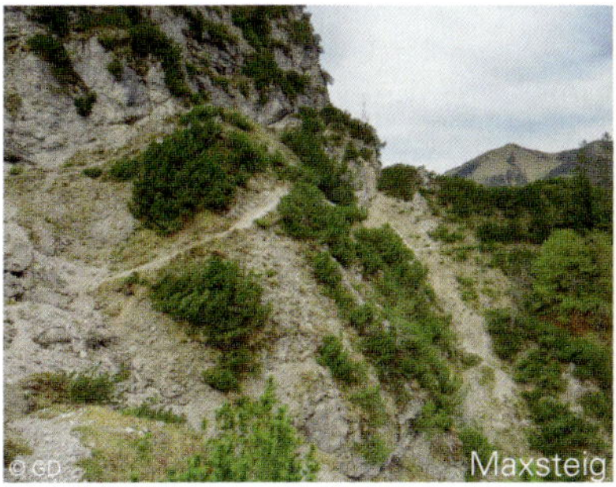
© GD Maxsteig

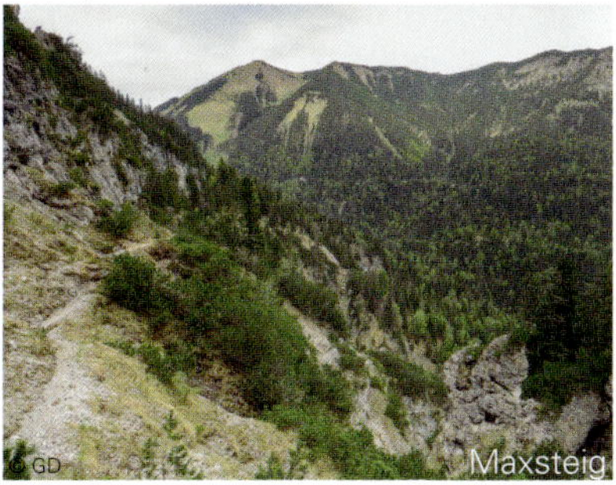
© GD Maxsteig

25 „Südliche Riffelspitze über Riffelscharte“ (2262 m)

Sehr anspruchsvolle und abwechslungsreiche Bergtour

Der Waxensteinkamm zwischen dem Eibsee und dem Höllental, mit seinen zahlreichen Gipfeln, besticht durch seine landschaftliche Schönheit. Die Nordseite fällt mit steilen, kompakten Felswänden ab und auf der Südseite reichen schrofendurchsetzte Grasflanken bis zu den Gipfeln hinauf.

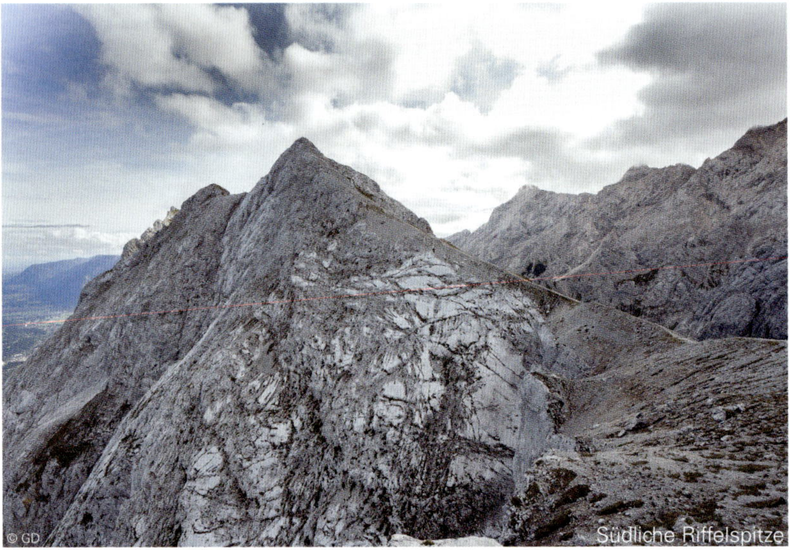

Schwierigkeit: Sehr schwierige Tour. Ab dem Riffelkar führt ein Klettersteig mit dem Schwierigkeitsgrad (A/B) bis zur Riffelscharte. Gute Kondition, ausgezeichnete Trittsicherheit und absolute Schwindelfreiheit sind unbedingt erforderlich.

Startpunkt: Grainau, Eibsee / Zugspitzbahn, 980 m (Anfahrt Seite 22, Nr. ⑪)

Strecke: ❶ Parkplatz Zugspitzbahn 980 m, ❷ Haltestelle Riffelriß 1639 m, ❸ Riffelscharte 2161 m, ❹ Südliche Riffelspitze 2262 m

Interessantes: Sensationelle Aus- und Tiefblicke, über die Riffelscharte zur Südlichen Riffelspitze.

Einkehr: Eibsee Alm

7:00 Std. 11,4 km 1340 hm

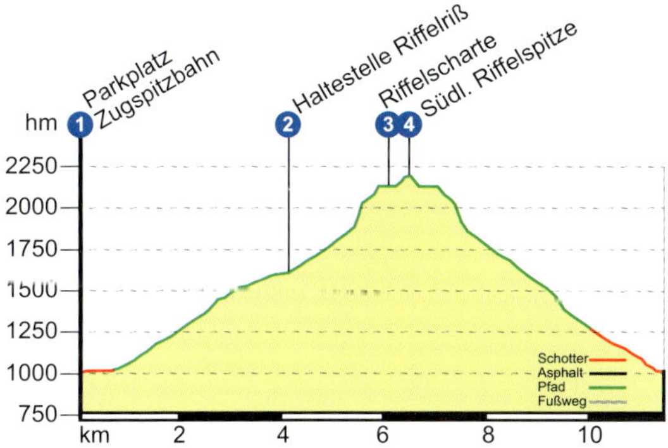

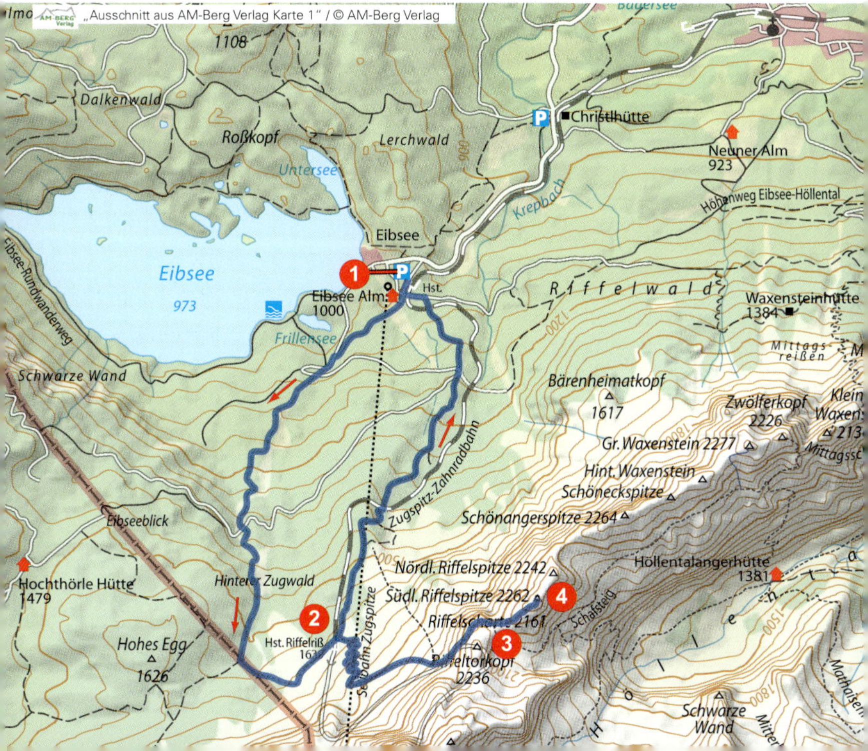

25 „Südliche Riffelspitze über Riffelscharte“ (2262 m)

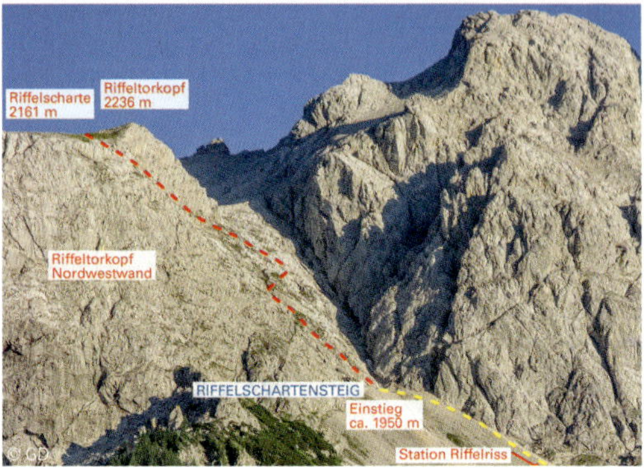

Wegbeschreibung:
Vom ❶ **Parkplatz** bei der **Zugspitzbahn,** auf der asphaltierten Straße bis zur Eibsee Alm gehen. Von hier dem Forstweg nach Westen, Richtung „Station Riffelriß“ folgen. Bei einer Weggabelung hält man sich links und wandert auf einem Karrenweg steil bergauf, bis man wieder auf die Forststraße trifft. Hier geradeaus und auf der ehemaligen Riffelriß Skipiste weitergehen. Nach 300 m zweigt von der Skipiste, nach rechts in den Wald, ein Weg ab. Dieser schlängelt sich rechts an der Skipiste, bis zu einer Forststraße hoch. Die Forststraße überqueren und weiter Richtung „Riffelriß“ aufsteigen. Direkt bei der Landesgrenze teilt sich der Weg. Hier hält man sich links und folgt dem Weg Richtung „Station Riffelriß“. (Der Weg rechts führt zur Wiener Neustädter Hütte). Genau bei der ❷ **Haltestelle Riffelriß** beginnt der Wanderweg zur Riffelscharte. Zunächst geht der Weg, in mäßiger Steigung durch Latschen, dann über ein großes Schotterfeld in das Riffelkar. Die letzten Meter bis zum Einstieg in den Klettersteig, verlaufen durch ein extrem steiles Schotterfeld an der Felswand entlang. Diese Passage ist ziemlich anstrengend und mühsam. Danach folgt man dem Klettersteig (Schwierigkeitsgrad A/B), der etwa 200 hm, über gut gestuften griffigen Fels, zur Riffelscharte hinaufführt. Von dem weitläufigen Wie-

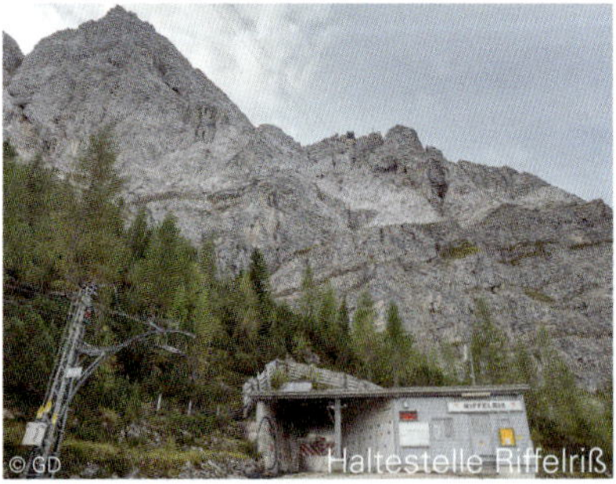

Haltestelle Riffelriß

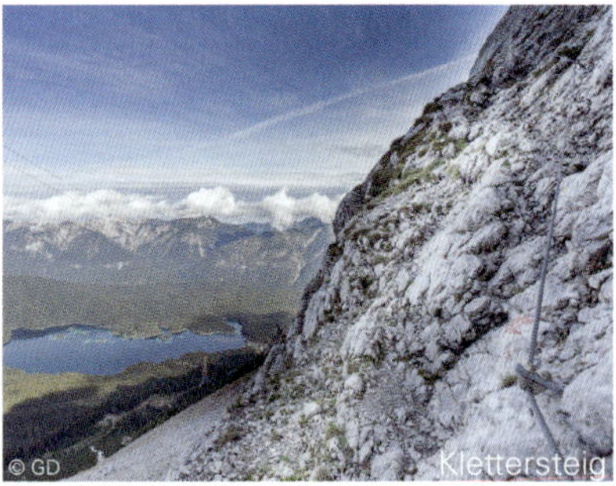

Klettersteig

Wussten Sie schon ...

- ... dass es am Waxensteinkamm zwei Riffelspitzen gibt, wobei die Südliche Riffelspitze wesentlich einfacher bestiegen werden kann, als die nördliche Riffelspitze.

... dass die Überschreitung des Waxensteinkamm wesentlich anspruchsvoller und ausgesetzter ist, als der Jubiläumsgrat. Die luftige Überschreitung ist in beide Richtungen möglich, jedoch ist es von Osten nach Westen einfacher.

sengelände an der ❸ **Riffelscharte** hat man einen wunderschönen Ausblick auf den Eibsee, die Zugspitze, die Alpspitze und das Höllental. Nun dem Steig hinauf bis zur ❹ **Südlichen Riffelspitze** folgen, die letzten Meter wandert man über steiles, wegloses Schrofengelände.
Der Abstieg bis zur Haltestelle Riffelriß erfolgt auf der gleichen Strecke. Nach dem Klettersteig kann man entweder, über das gewaltige Schotterfeld absteigen oder man nimmt den Weg zurück zur Haltestelle Riffelriß. Von der Haltestelle Riffelriß nun dem Pfad rechts an der Bahnlinie entlang folgen und direkt unter der Zugspitzseilbahn, hinunter zu einem Tunnel der Zahnradbahn gehen. Dem Weg stets weiter bergab, bis zu einem Karrenweg folgen. Dieser mündet etwas später in eine Forststraße. Auf dieser weiterwandern, bis bei einer Weggabelung nach rechts wieder ein Karrenweg abzweigt. Auf diesem steil bergab, bis zur Brücke der Bahnlinie (Zahnradbahn) wandern. Danach links und zum Parkplatz der Zugspitzbahn zurückgehen.

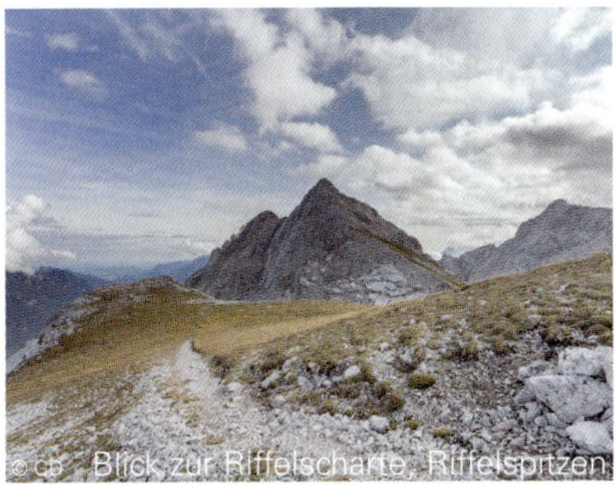
© GD Blick zur Riffelscharte, Riffelspitzen

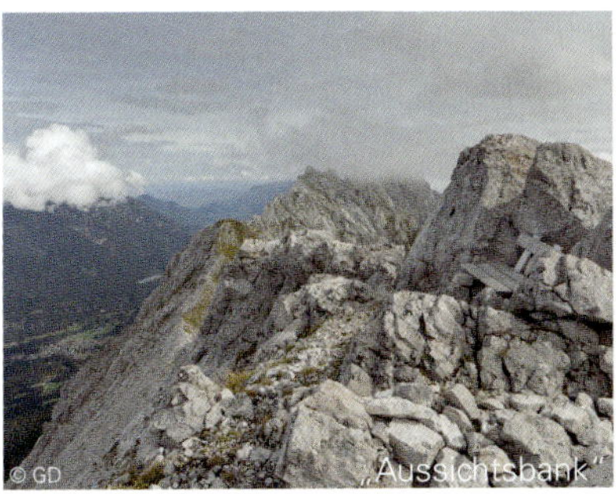
© GD „Aussichtsbank"

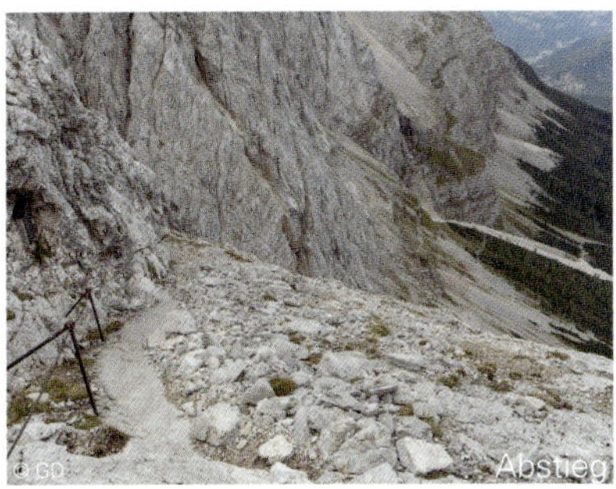
© GD Abstieg

26 „Kleiner Waxenstein über Mittagsreißen" (2136 m)

Grandiose, einsame und sehr anspruchsvolle Bergtour

Der Kleine Waxenstein ist der nordöstlichste Eckpfeiler des Waxensteinkamms. Die markante steil abfallende Nordostwand des Manndl bildet den Abschluss des etwa 3 km langen Gebirgskammes. Die Tour bietet sensationelle Ausblicke auf Garmisch-Partenkirchen und ins Wettersteingebirge.

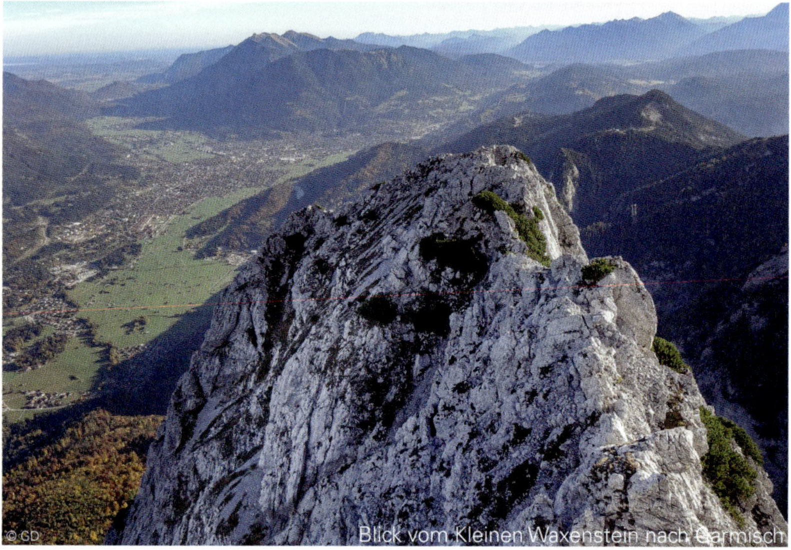

Blick vom Kleinen Waxenstein nach Garmisch

Schwierigkeit: Sehr schwierige Tour, ab der Mittagsreißen meist wegloses und heikles Schrofengelände. Ab dem Manndl ausgesetzte Gratkletterei, mit Kletterstellen bis zum II. Schwierigkeitsgrad (UIAA). Gute Kondition, ausgezeichnete Trittsicherheit, absolute Schwindelfreiheit und Orientierungssinn sind unbedingt erforderlich.

Startpunkt: Parkplatz Hammersbach, 760 m (Anfahrt Seite 22, Nr. ⑩)

Strecke: ① Wanderparkplatz Hammersbach 760 m, ② Abzweig Waxensteinhütte 1345 m, ③ Manndl 1889 m, ④ Kleiner Waxenstein 2136 m

Interessantes: Grandiose Tiefblicke vom Manndl und Kleinen Waxenstein.

Einkehr: Hotel Hammersbach

6:40 Std. | 9,1 km | 1330 hm

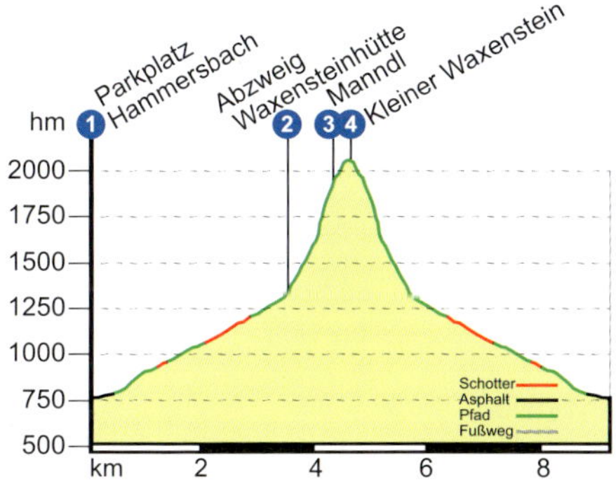

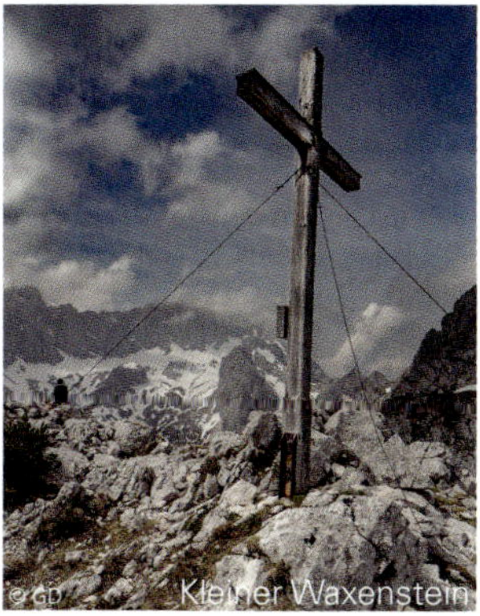

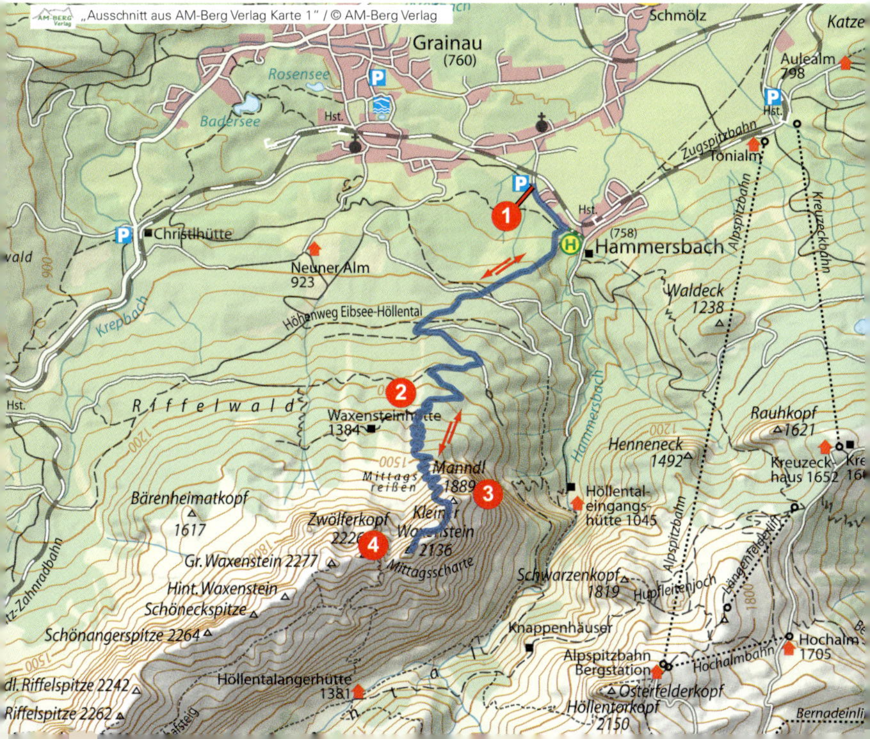

26 „Kleiner Waxenstein über Mittagsreißen" (2136 m)

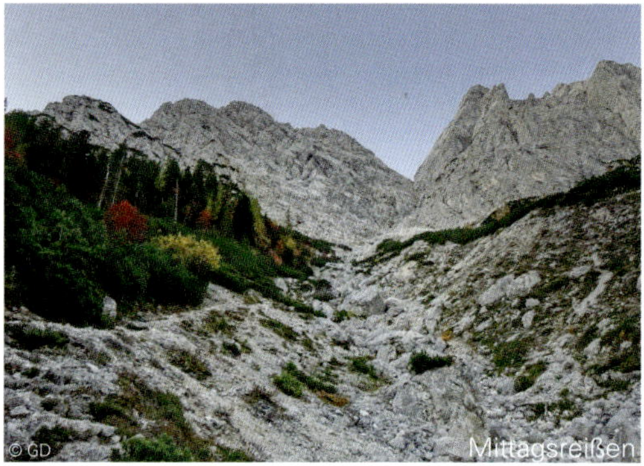

Wegbeschreibung:

Vom ❶ **Wanderparkplatz Hammersbach** auf dem Gehweg Richtung „Sagenwald 5min. 350m" gehen. Nach den ersten Häusern von Hammersbach, rechts dem Fußweg Richtung „Sagenwald 20m" folgen. Kurz darauf beginnt links der Erlebnispfad durch den „sagenhaften" Bergwald. Nun auf dem Fußweg über die angelegten Stufen, an der Übersichtstafel vorbei, bergauf wandern. Nach wenigen Metern geht es auf einem Waldpfad weiter. Diesem Pfad nun stets hinauf bis zu einer Wegkreuzung folgen. Dort geradeaus über die Forststraße gehen und auf dem Weg gegenüber bergauf zum Höhenweg Eibsee-Höllental wandern. Den Höhenweg überqueren und weiter bergwärts gehen, bis man wieder eine Forststraße (die Kehre einer Forststraße) erreicht. Dieser Forststraße etwa 500 m nach oben folgen, bis rechts ein Hohlweg abzweigt. Auf diesen abbiegen und bis auf eine Höhe von 1280 m aufsteigen. Dann rechts dem Steig, der durch den Wald hinauf zur Mittagsreißen führt, folgen. Hier nach links (geradeaus, ❷ **Abzweig Waxensteinhütte**), im Bachbett der Mittagsreißen auf der linken Seite bergauf gehen und weiter oben rechts im Bachbett weitergehen. Dann steigt man im oberen Bereich nach links und quert, unterhalb der Felswände des Kleinen Waxensteins, durch steiles Schro-

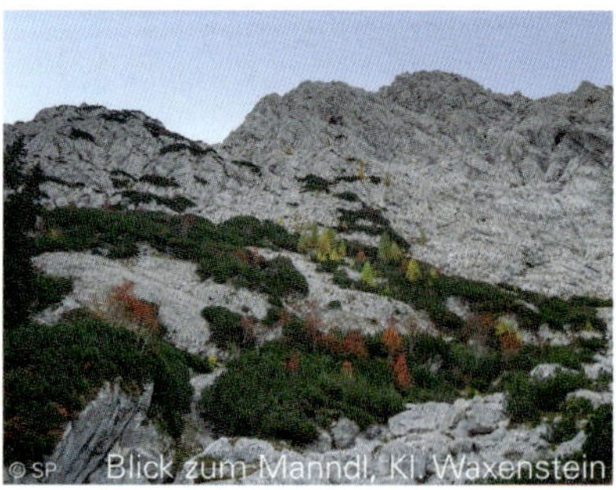

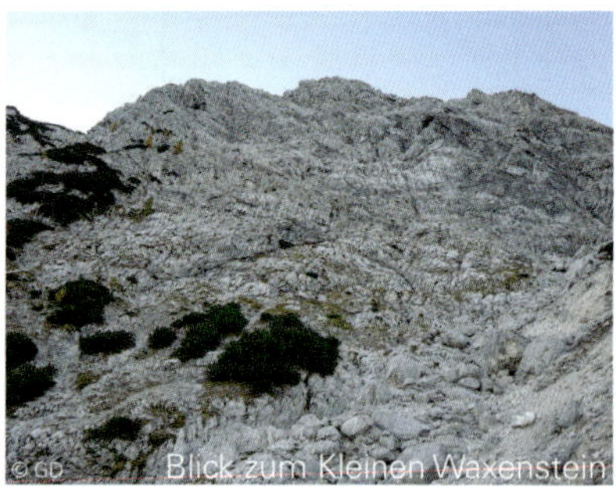

Wussten Sie schon ...

- ... dass der Gipfel des Kleinen Waxenstein pyramidenförmig, fast 1400 m über Grainau, steil nach oben ragt. Wenn man vom kleinen Waxenstein zum Großen Waxenstein geht, muss 2x je 30 m in die Mittgasscharte abgeseilt werden.
- ... dass das Manndl ein sensationeller Aussichtspunkt ist.

fengelände. Diesem Steig bis zum grünen Sattel, zwischen Manndl und Kleinem Waxenstein bergauf folgen. Vom ❸ **Manndl**, dem kleinen latschenbedeckten Absatz, hat man eine sensationelle Aussicht. Um von hier auf den Kleinen Waxenstein zu gelangen, gibt es zwei Möglichkeiten. Die schwierigere Variante, eine Kletterroute im oberen II. Schwierigkeitsgrad, ist durch den auffallenden Kamin zu klettern. Die leichtere Variante, der Normalweg, verläuft links dieses markanten Kamins, durch die schrofen- und latschendurchzogene Wand hinauf zum Grat.
Auf dem Grat geht es links zum Gipfel des ❹ **Kleinen Waxenstein**. Der Abstieg erfolgt auf der gleichen Strecke.

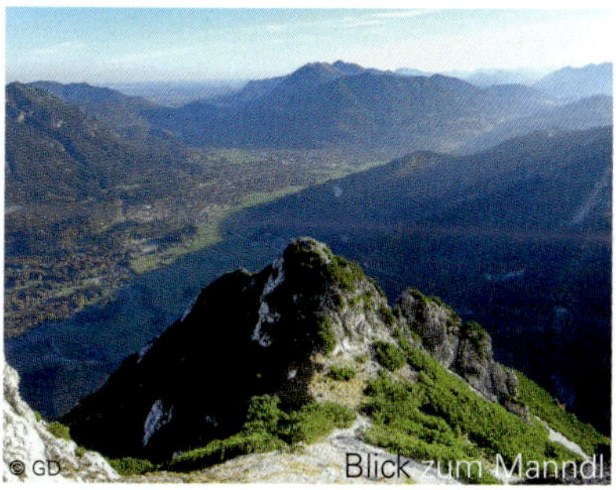

© GD Blick zum Manndl

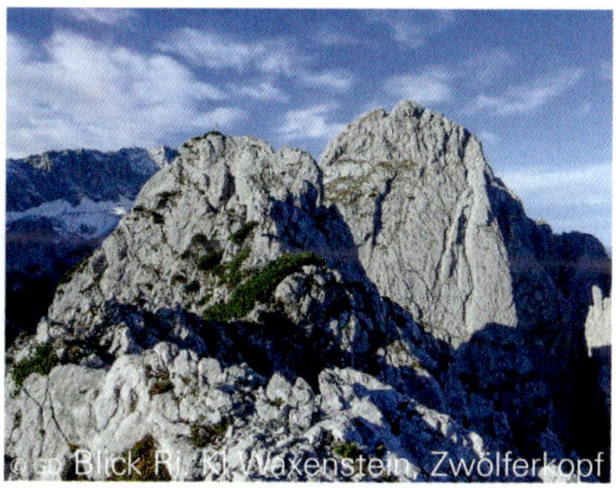

© GD Blick Ri. Kl.Waxenstein, Zwölferkopf

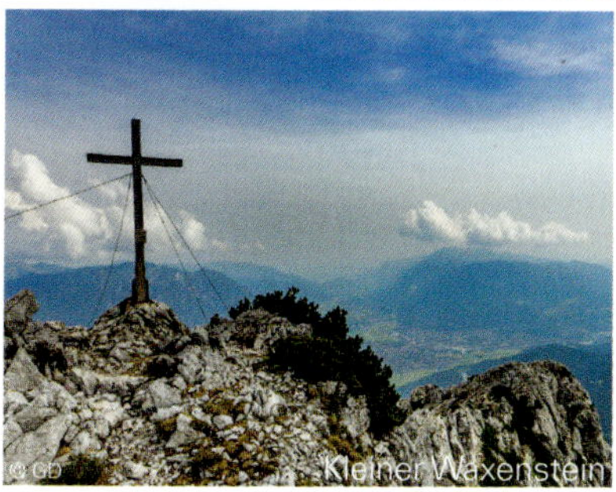

© GD Kleiner Waxenstein

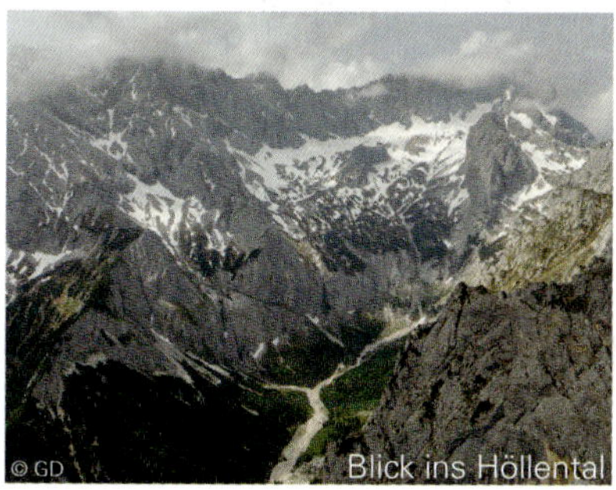

© GD Blick ins Höllental

27 „Großer Waxenstein über Höllental“ (2277 m)

Sehr anspruchsvolle und beeindruckende Bergtour

Der Große Waxenstein ist der höchste Gipfel des Waxensteinkammes und liegt westlich vom Zwölferkopf, der sich direkt hinter der markanten Mittagsscharte erhebt. Von Grainau aus erscheint der Große Waxenstein so dominant, dass er oft mit der wesentlich höheren Zugspitze verwechselt wird.

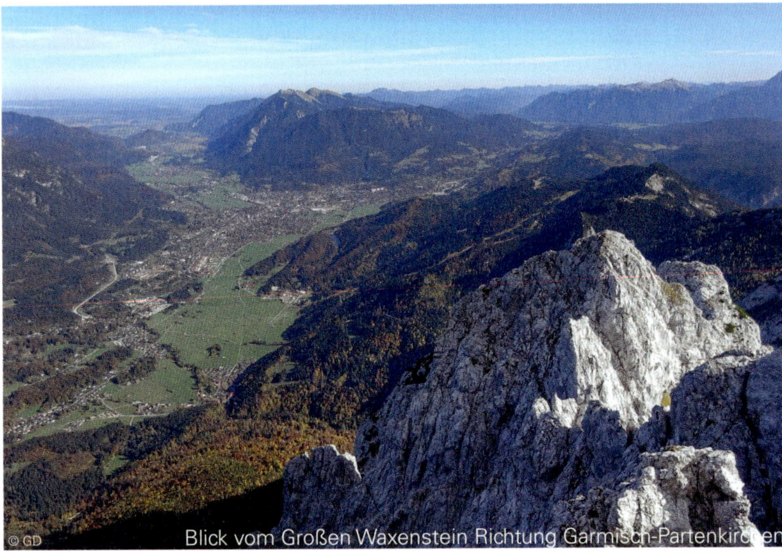

© GD Blick vom Großen Waxenstein Richtung Garmisch-Partenkirchen

Schwierigkeit: Sehr schwierige Tour, ab der Höllentalangerhütte meist wegloses und heikles Schrofengelände mit Kletterstellen bis zum II. Schwierigkeitsgrad (UIAA). Gute Kondition, ausgezeichnete Trittsicherheit, absolute Schwindelfreiheit und Orientierungssinn sind unbedingt erforderlich.

Startpunkt: Parkplatz Hammersbach, 760 m (Anfahrt Seite 22, Nr. ⑩)

Strecke: ❶ Wanderparkplatz Hammersbach 760 m, ❷ Höllentalangerhütte 1381 m, ❸ Großer Waxenstein 2277 m, ❹ Riffelschartensteig 1915 m

Interessantes: Sensationelle Tiefblicke ins Höllental und zur Zugspitze.

Einkehr: Höllentalangerhütte, Hotel Hammersbach

7:47 Std. 16,6 km 1373 hm

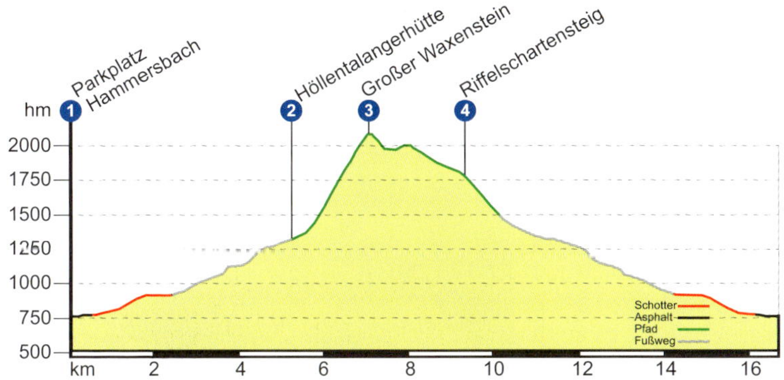

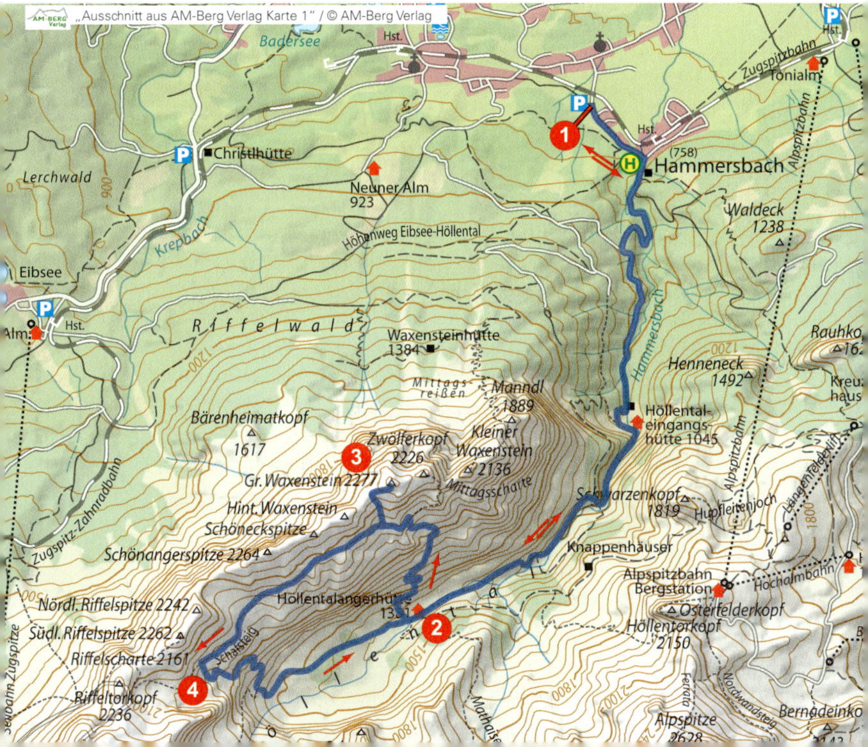

27 „Großer Waxenstein über Höllental" (2277 m)

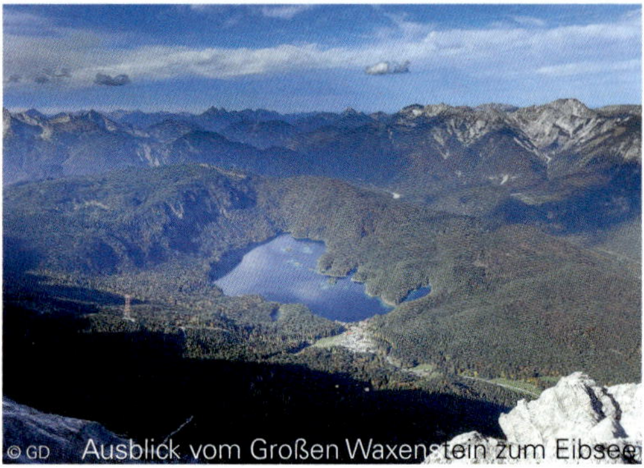

© GD Ausblick vom Großen Waxenstein zum Eibsee

Wegbeschreibung:

Vom ❶ **Wanderparkplatz Hammersbach,** auf dem Gehweg nach Hammersbach laufen und vor dem Hotel Hammersbach rechts dem Forstweg Richtung „Höllentalklamm" folgen. An der Hammersbacher Hütte vorbei und zunächst links, an dem hier sehr zahmen Hammersbach, taleinwärts gehen. Bei einer Brücke wechselt man die Bachseite, um über den nun steilen Forstweg rasch an Höhe zu gewinnen. Nach einiger Zeit passiert man die Materialseilbahnen (Höllentalangerhütte und Höllentalklamm Eingangshütte). Hier wird das Tal deutlich enger, die schroffen Felsen des Höllentals ragen steil in den Himmel. Auf dem breiten Weg mit vielen Serpentinen erreicht man eine Weggabelung, hier links Richtung „Höllentalklamm Eingangshütte". Bei der kleinen, auf einem Felsvorsprung exponiert stehenden Höllentaleingangshütte muss man das Ticket für die Klamm kaufen. Durch die tiefe, enge Schlucht, in der spektakuläre Wasserfälle tosen, führt der Weg durch einige Tunnels, über Stufen und Brücken hinauf zum Klammende. Der Weg wurde von 1902 bis 1905 mit großem Aufwand angelegt. Nach der Klamm wird das Höllental etwas breiter und Bäume säumen den Weg. Etwa 300 m nach dem Klammende kommt man am Abzweig zum Stangensteig vorbei. Hier dem Weg geradeaus weiter, bis zur

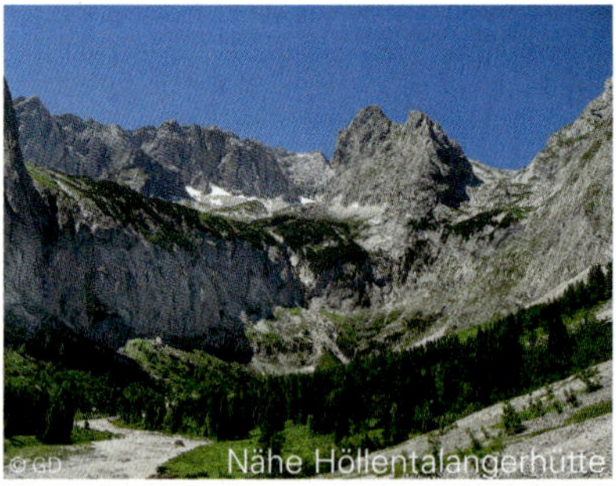

© GD Nähe Höllentalangerhütte

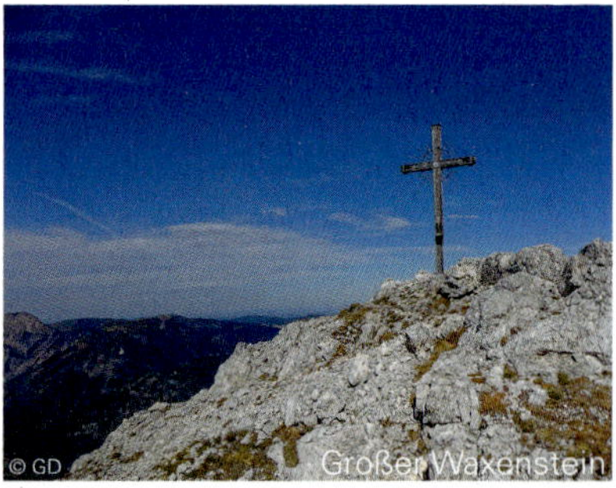

© GD Großer Waxenstein

Wussten Sie schon ...?

- ... dass es am Ende der Klamm noch Reste von Wehren und Kanalbauten gibt. Sie gehörten zu einem Kraftwerk, das einst das Höllentalbergwerk bei den Knappenhäusern mit Strom versorgte. Während des 1. Weltkrieges wurde hier nach Molybdän geschürft.

- ... dass der Große Waxenstein bereits am 9. August 1871 von Hermann von Barth und Martin Ostler zum ersten Mal bestiegen wurde.

❷ **Höllentalangorhütte** folgen. Von dort geht man gleich hinter der Brücke (meist ausgetrocknetes Bachbett) nach rechts und dann auf den Steigspuren über das Schotterfeld, hinauf zum felsigen Einstieg. Der Einstieg ist mit einem roten „W" markiert. Zuerst geht es schräg nach rechts bergauf, an der Wasserfassung der Höllentalangerhütte vorbei, dann über steile, ausgesetzte Schrofen weiter hinauf. Auf einer Höhe von etwa 2000 m zweigt rechts ein Pfad zur Mittagscharte ab, hier bleibt man links und folgt den roten, teilweise verblichenen Markierungen „GW".

Nach einer Hangquerung, auf einer Höhe von etwa 2050 m, erreicht man beim Abzweig zum Schafsteig, die Waxensteinrinne. Hier nach rechts und durch die teilweise ausgewaschene, mit Geröll gefüllte Rinne, etwa 150 m aufsteigen. Am Ende dieser Rinne hält man sich wieder rechts und geht über steiles Schutt- und Schrofengelände hinauf zum Gipfel des ❸ **Großen Waxensteins**.

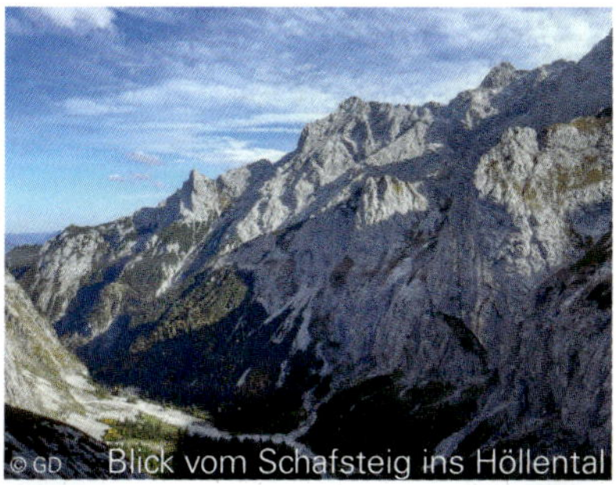

© GD Blick vom Schafsteig ins Höllental

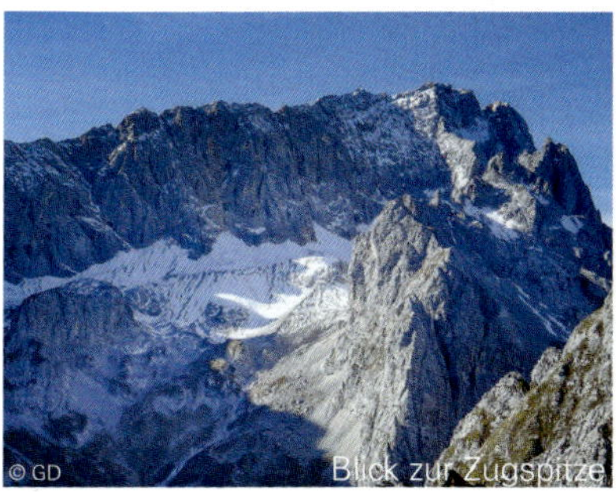

© GD Blick zur Zugspitze

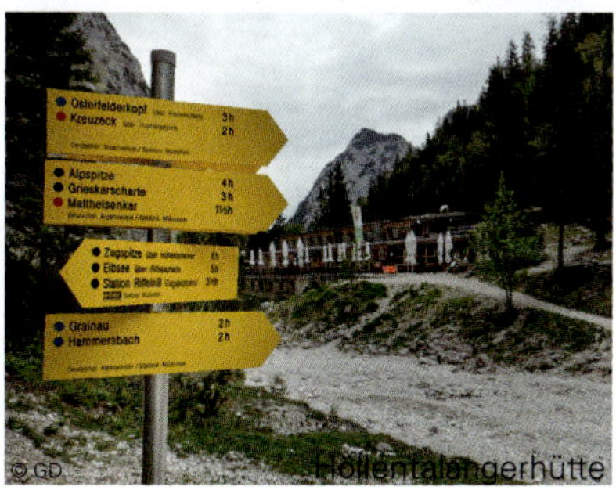

© GD Höllentalangerhütte

27 „Großer Waxenstein über Höllental“ (2277 m)

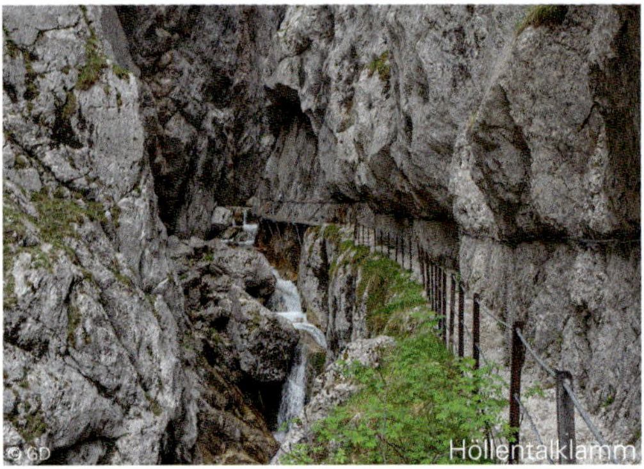
© GD
Höllentalklamm

Beim Abstieg vom Großen Waxenstein geht es zunächst wieder durch die Waxensteinrinne, bis zum Abzweig des Schafsteigs hinunter. Dort folgt man dem Schafsteig nach rechts. Der Steig schlängelt sich in leichtem Auf und Ab, über abschüssige Wiesen an den Südhängen des Großen Waxensteins, der Schönangerspitze und der Nördlichen Riffelspitze, entlang. Nach einem größeren Abstieg erreicht man auf einer Höhe von etwa 1900 m den Weg, der von der Höllentalangerhütte auf die Riffelscharte führt. Hier links und dem ❹ **Riffelschartensteig** folgen. Dieser führt steil nach unten ins Höllental, wobei einige Passagen klettersteigähnlich abgesichert sind. Auf einer Höhe von etwa 1600 m trifft der Riffelschartensteig auf den Anstieg zur Zugspitze, hier links und zur Höllentalangerhütte absteigen. Von dort auf der gleichen Strecke, durch die Höllentalklamm, zurück zum Ausgangspunkt gehen.

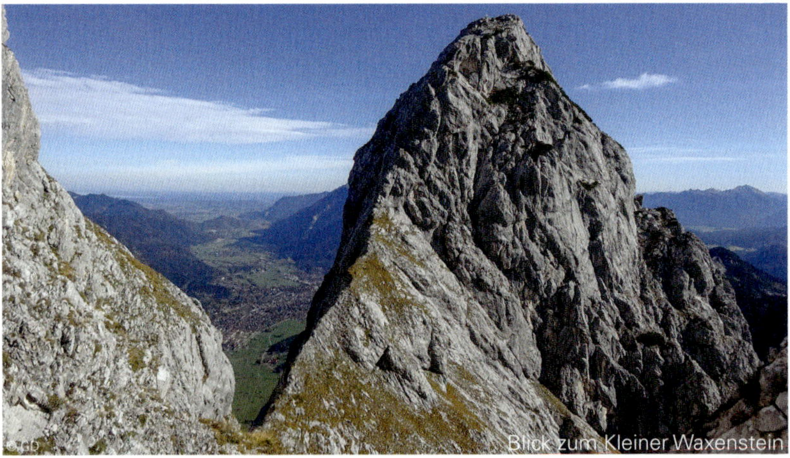
© GD
Blick zum Kleiner Waxenstein

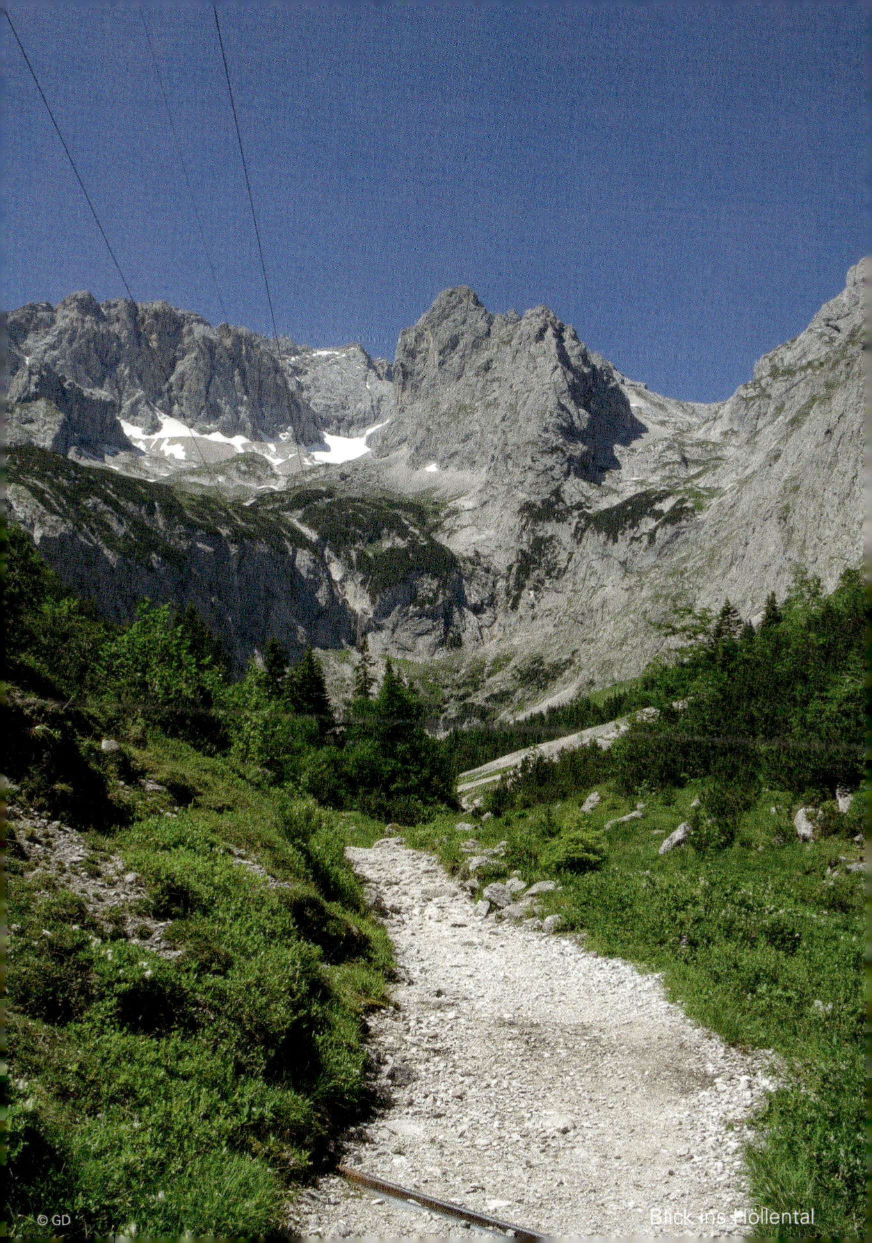

Blick ins Höllental

28 „Waxensteinumrundung - Südliche Riffelspitze“ (2262 m)

Sehr lange anspruchvolle Runde um den Waxensteinkamm

Der Waxensteinkamm, die nördliche Grenze des Höllentals, verläuft von der Riffelscharte über die Riffelspitzen, die Waxensteine und den markanten Zwölferkopf bis zum Manndl. Die Umrundung zählt mit zu den schönsten und abwechslungsreichsten Bergtouren im Wettersteingebirge.

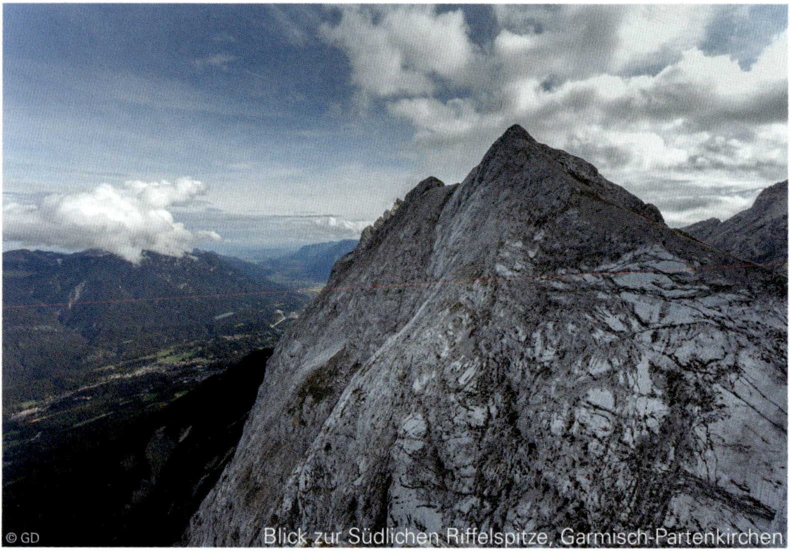

© GD

Blick zur Südlichen Riffelspitze, Garmisch-Partenkirchen

Schwierigkeit: Sehr schwierige Tour, ab dem Riffelkar Klettersteig bis zur Riffelscharte. Sehr gute Kondition, ausgezeichnete Trittsicherheit und absolute Schwindelfreiheit sind unbedingt erforderlich.

Startpunkt: Parkplatz Hammersbach, 760 m (Anfahrt Seite 22, Nr. ⑩)

Strecke: ❶ Wanderparkplatz Hammersbach 760 m,
❷ Abzweig Nähe Parkplatz Zahnradbahn 1043 m,
❸ Haltestelle Riffelriß 1639 m, ❹ Riffelscharte 2161 m,
❺ Südliche Riffelspitze 2262 m,
❻ Höllentalangerhütte 1381 m

Interessantes: Atemberaubende Tief- und Ausblicke.

Einkehr: Höllentalangerhütte, Hotel Hammersbach

8:22 Std. 18,4 km 1456 hm

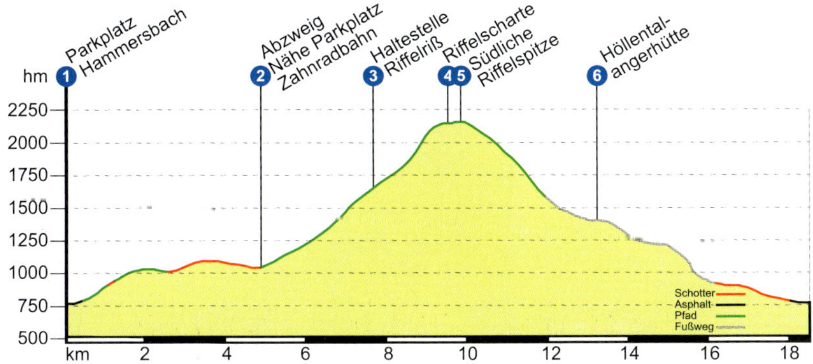

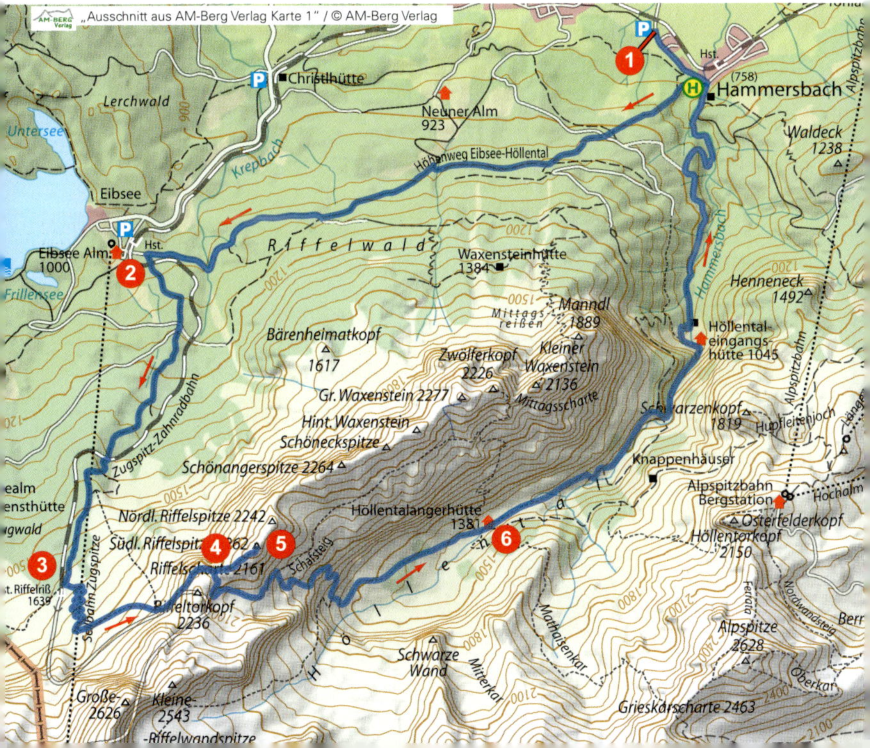

28 „Waxensteinumrundung - Südliche Riffelspitze“ (2262 m)

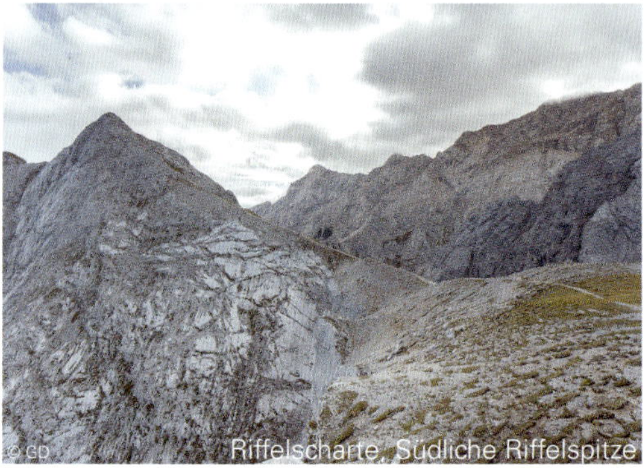

© GD Riffelscharte, Südliche Riffelspitze

Wegbeschreibung:
Vom ❶ **Wanderparkplatz Hammersbach,** auf dem Gehweg Richtung „Sagenwald 5min. 350m“ gehen. Nach den ersten Häusern von Hammersbach, rechts dem Fußweg Richtung „Sagenwald 20m“ folgen. Kurz darauf beginnt links der Erlebnispfad durch den „sagenhaften“ Bergwald. Nun auf dem Fußweg über die angelegten Stufen, an der Übersichtstafel vorbei, bergauf wandern. Nach wenigen Metern geht es auf einem Waldpfad weiter. Diesem Weg nun stets bergauf bis zu einer Wegkreuzung folgen. Hier geradeaus die Forststraße überqueren und weiter bergauf, bis zum Höhenweg Eibsee-Höllental wandern. Hier geht man rechts und folgt diesem Weg bis kurz vor den ❷ **Parkplatz** der **Zahnradbahn**. Jetzt links und auf dem Forstweg bergauf gehen. Nach ein paar Metern hat man die Bahnbrücke der Zahnradbahn erreicht. Danach geht es sehr steil bergauf, bis man wieder zu einer Forststraße (Kehre einer Forststraße) kommt. Nun auf der Forststraße ca. 50 m hinaufgehen und dann dem mittleren Hohlweg (geradeaus) bergauf folgen. Nach etwa 500 m mündet der Hohlweg in einen Pfad. Auf diesem Pfad, entlang der Bahnlinie, bis zur ❸ **Haltestelle Riffelriß** aufsteigen. Der Weg führt zunächst in mäßiger Steigung durch Latschen, dann über ein großes Schotterfeld in

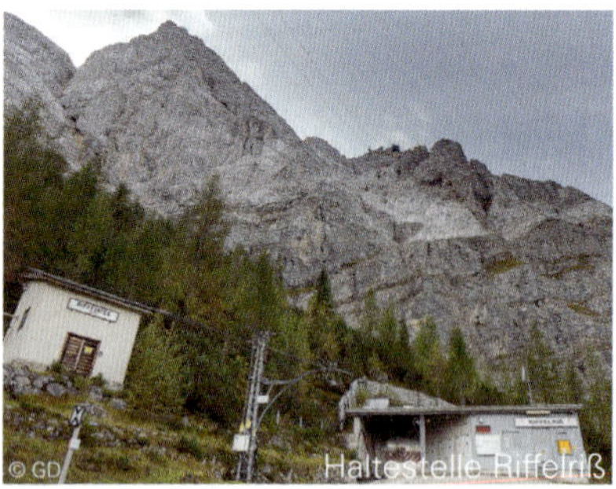

© GD Haltestelle Riffelriß

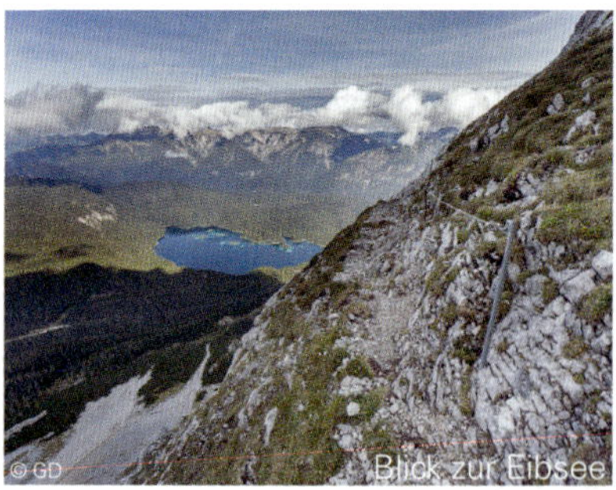

© GD Blick zur Eibsee

Wussten Sie schon ...

- ... dass sich vom Gipfel der Zugspitze fast endlose Gratverläufe in südlicher, nördlicher und östlicher Richtung erstrecken. Der nördlichste verlaufende Kamm ist der Riffelwandkamm (ca. 2 km) und dieser mündet in den Waxensteinkamm (ca. 3 km).

das Riffelkar. Die letzten Meter bis zum Einstieg in den Klettersteig verlaufen durch ein extrem steiles Schotterfeld an der Felswand entlang. Diese Passage ist ziemlich anstrengend und mühsam. Dann folgt man dem Klettersteig (Schwierigkeitsgrad A/B) der, etwa 200 hm über gut gestuften griffigen Fels, zur Riffelscharte hinaufführt. Von dem weitläufigen Wiesengelände an der ❹ **Riffelscharte** hat man einen wunderschönen Ausblick auf den Eibsee, die Zugspitze, die Alpspitze und das Höllental. Nun dem Steig hinauf zur ❺ **Südlichen Riffelspitze** folgen. Die letzten Meter führen über steiles, wegloses Schrofengelände.

Der Abstieg bis zur Riffelscharte erfolgt auf der gleichen Strecke. Von der Riffelscharte geht man nun auf dem Riffelschartensteig nach links, steil nach unten ins Höllental. Einige Passagen sind klettersteigähnlich abgesichert. Auf einer Höhe von etwa 1600 m trifft der Riffelschartensteig auf den Anstieg zur Zugspitze.

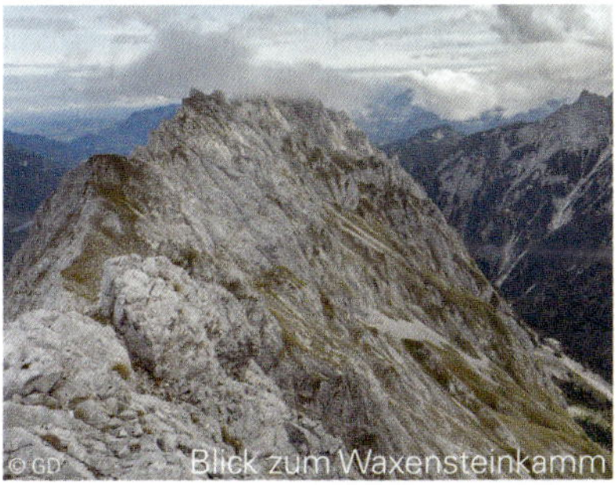
© GD Blick zum Waxensteinkamm

Hier links und zur ❹ **Höllentalangerhütte** absteigen. Von dort geht es dann, durch die Höllentalklamm, zurück zum Ausgangspunkt.

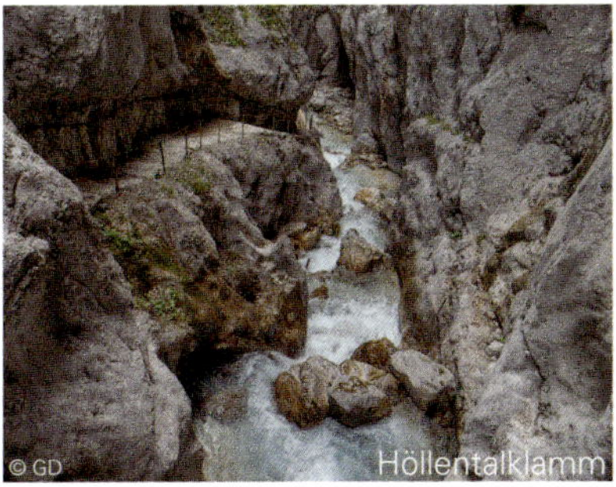
© GD Höllentalklamm

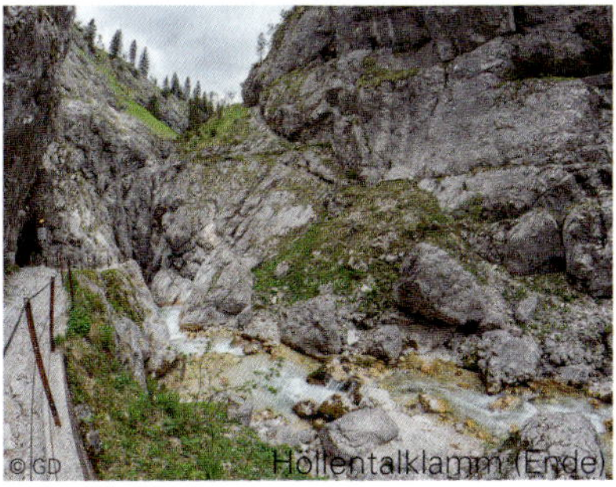
© GD Höllentalklamm (Ende)

29 „Alpspitze über Mathaisenkar" (2628 m)

Sehr lange, abwechslungsreiche und erlebnisreiche Tour

Die pyramidenförmige Alpspitze gilt als eine der bekanntesten und schönsten Berge der Nördlichen Kalkalpen. Westlich der Alpspitze liegt das eher einsame, aber sehr gewaltige Mathaisenkar. Der Klettersteig vom Mathaisenkar zur Grieskarscharte ist bei guten Bergsteigern beliebt.

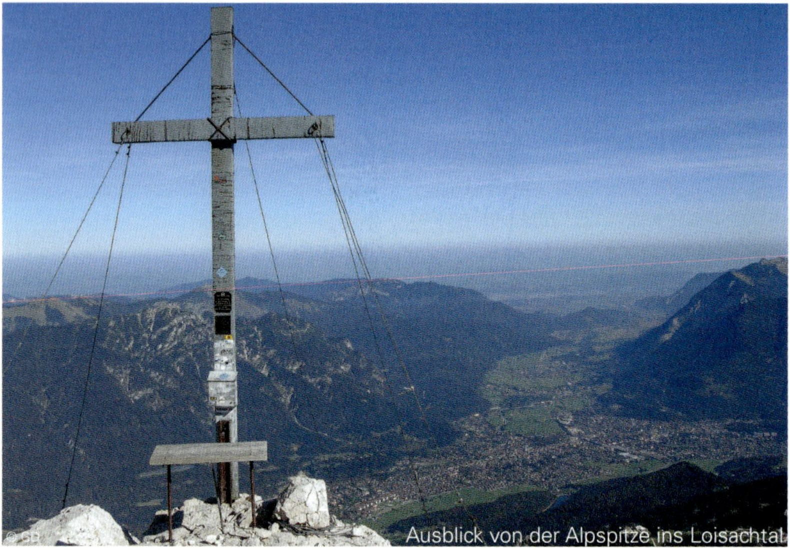

© GD

Ausblick von der Alpspitze ins Loisachtal

Schwierigkeit: Sehr schwierige Tour. Ab dem Mathaisenkar führt ein Klettersteig mit dem Schwierigkeitsgrad (B/C) bis zur Grieskarscharte. Der Abstieg von der Alpspitze erfolgt über den versicherten Ostgrat (A) und den Nordwandsteig (A). Sehr gute Kondition, ausgezeichnete Trittsicherheit und absolute Schwindelfreiheit sind unbedingt erforderlich.

Startpunkt: GAP, Talstation Alpspitzbahn, 760 m (Anfahrt Seite 20, Nr. ❼)

Strecke: ❶ Parkplatz Alpspitzbahn 760 m, ❷ Höllentalangerhütte 1381 m, ❸ Einstieg Klettersteig 2000 m, ❹ Alpspitze 2628 m, ❺ Bergstation Alpspitzbahn 2033 m

Interessantes: Wilde Landschaft im Mathaisenkar.

Einkehr: Höllentalangerhütte, Bergstation Alpspitzbahn

7:00 Std. 12,4 km 1778 hm

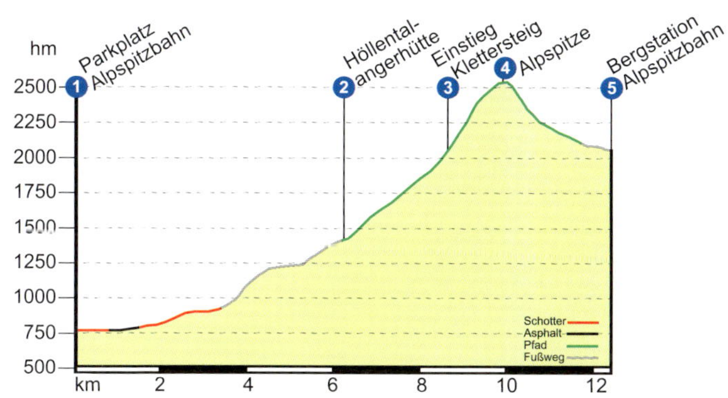

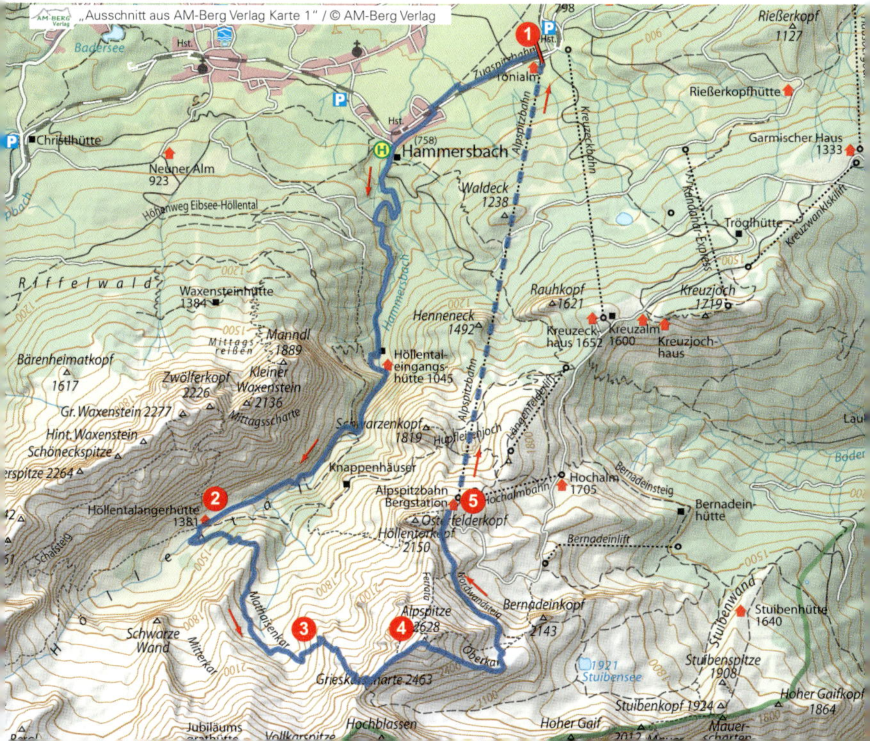

29 „Alpspitze über Mathaisenkar“ (2628 m)

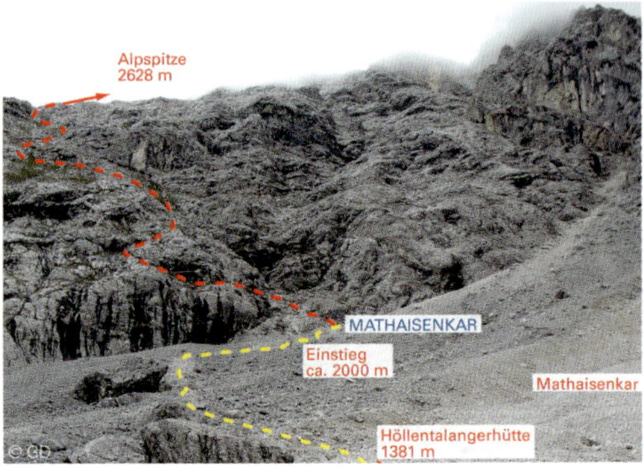

Wegbeschreibung:

Vom ❶ **Parkplatz** der **Alpspitzbahn,** bei der Bahnüberführung, dem Forstweg, entlang der Bahnlinie folgen. Nach etwa 800 m nach rechts und gleich darauf nach links auf dem Hammersbacher Fußweg weitergehen. In Hammersbach links über die Bahnlinie und dann auf der Straße zum Hotel Hammersbach wandern. Dort links und dem Forstweg Richtung „Höllentalklamm" folgen. An der Hammersbacher Hütte vorbei und zunächst links, an dem hier sehr zahmen Hammersbach, taleinwärts gehen. Bei einer Brücke wechselt man die Bachseite, um über den nun steilen Forstweg rasch an Höhe zu gewinnen. Nach einiger Zeit passiert man die Materialseilbahnen (Höllentalangerhütte und Höllentalklamm Eingangshütte). Jetzt wird das Tal deutlich enger, die schroffen Felsen des Höllentals ragen steil in den Himmel. Auf dem breiten Weg mit vielen Serpentinen erreicht man eine Weggabelung, hier links Richtung „Höllentalklamm Eingangshütte". Bei der kleinen, auf einem Felsvorsprung exponiert stehenden Höllentaleingangshütte muss man das Ticket für die Klamm kaufen. Durch die tiefe, enge Schlucht, in der spektakuläre Wasserfälle tosen, führt der Weg durch einige Tunnels, über Stufen und Brücken hinauf zum Klammende. Der Weg wurde von 1902 bis 1905 mit großem Aufwand angelegt.

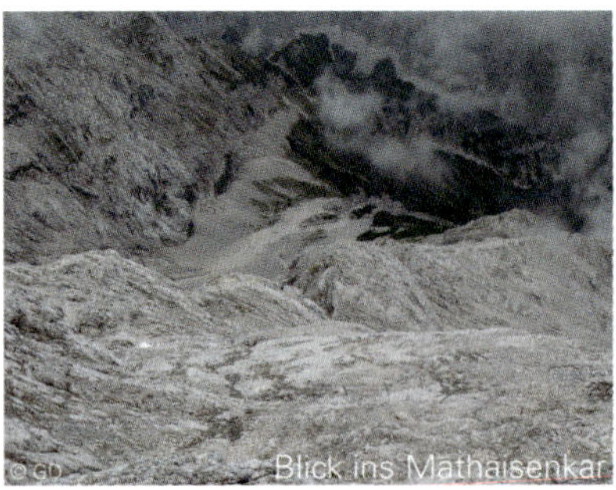

Blick ins Mathaisenkar

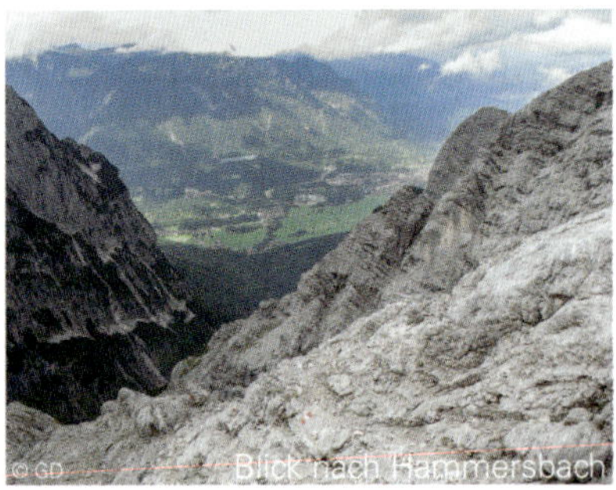

Blick nach Hammersbach

Nach der Klamm wird das Höllental etwas breiter und Bäume säumen den Weg. Etwa 300 m nach dem Klammende kommt man am Abzweig zum Stangensteig vorbei. Hier auf dem Weg geradeaus weiter und bis zur ❷ **Höllentalangerhütte** hinaufgehen.

Bei der Höllentalangerhütte zweigt links der Weg Richtung „Alpspitze/Mathaisenkar" ab. Man folgt dem Steig, der zunächst durch den Wald und später durch eine Latschenzone nach oben, ins gewaltige Mathaisenkar, führt. Im Mathaisenkar geht es in östlicher Richtung hinauf, zum oberen Bereich des Schuttfeldes. Der ❸ **Einstieg** zum **Klettersteig** befindet sich auf einer Höhe von 2000 m. Nun dem Klettersteig (Schwierigkeitsgrad B/C), der mit roten Punkten markiert ist, bis zur Grieskarscharte folgen. Von dort nach links und entlang des teilweise drahtseilgesicherten Grates, bis zur ❹ **Alpspitze** aufsteigen.
Der Abstieg hinunter über den Ostgrat, führt zunächst durch sehr geröllhaltiges Gelände. Nach etwa 200 hm Abstieg erreicht man den Ostgrat, der stellenweise mit Drahtseilen, aber auch über weite Strecken nicht versichert ist. Von hier über Schrofengelände (I), hinunter zum Oberkar absteigen. Nun das Oberkar, bis zum Abzweig Richtung „Bernadeinkopf", durchqueren. Danach geradeaus weiter Richtung „Nordwandsteig" gehen. Eine kurze Leiter und Trittstufen führen zum Nordwandsteig, der im Schwierigkeitsgrad (A) durch die Nordwand der Alpspitze verläuft.
Dem Nordwandsteig, der am Ende noch durch einen Tunnel führt, bis zum Abzweig Richtung „Ferrata" folgen. Dort auf dem Wanderweg, vorbei an einem Felsturm mit einer kurzen klettersteigähnlich gesicherten Stelle, bis zur ❺ **Bergstation** der **Alpspitzbahn** gehen und mit der Alpspitzbahn ins Tal fahren.

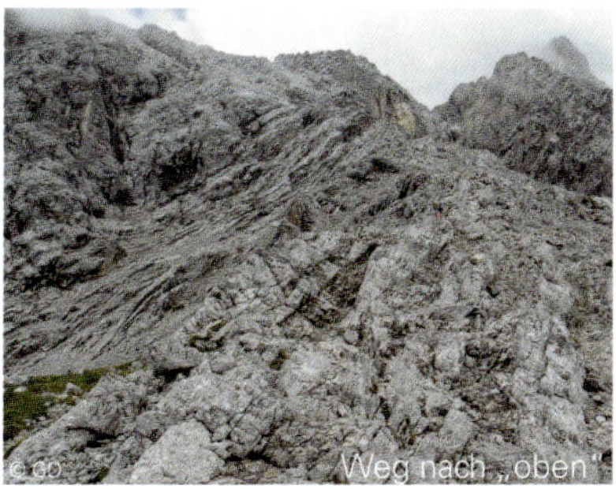
© GD Weg nach „oben"

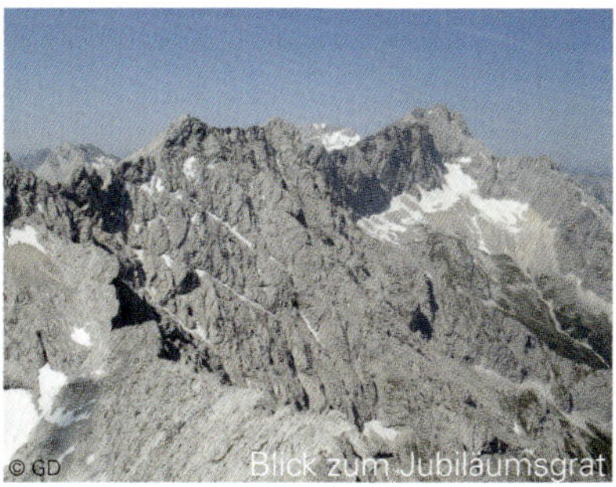
© GD Blick zum Jubiläumsgrat

30 „Zugspitze über Stopselzieher“ (2962 m)

Über den Stopselzieher, ist der kürzeste Weg, hinauf auf die Zugspitze

Beim Aufstieg über die Wiener-Neustädter-Hütte und den Stopselzieher-Klettersteig handelt es sich um eine anspruchsvolle und sehr abwechslungsreiche Bergtour. Während des Aufstiegs ergeben sich herrliche Blicke nach Ehrwald, Lermoos, Biberwier und bis zum Fernpass.

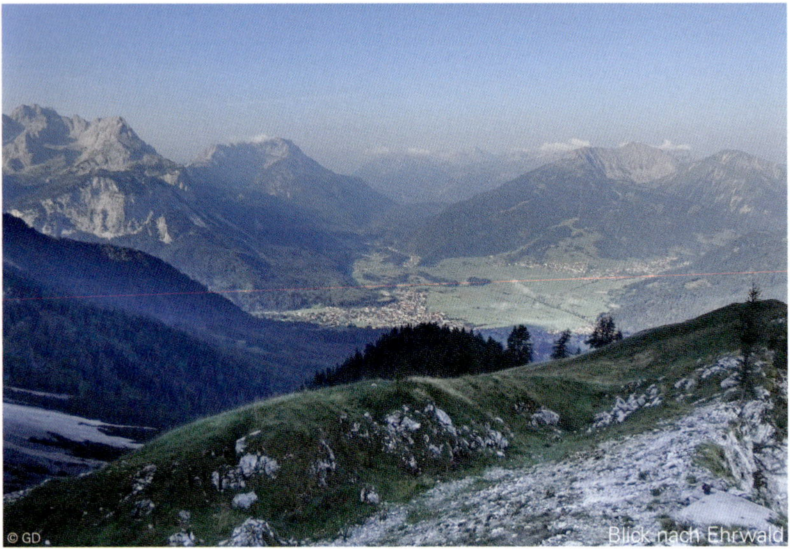

© GD

Blick nach Ehrwald

Schwierigkeit: Der Stopselzieher-Klettersteig ist leicht (meist A, A/B), dazwischen verläuft er durch Gehgelände sowie kurze ungesicherte Kletterstellen. Konzentration und Ausdauer sind erforderlich, da es 1900 hm bergauf sind. Klettersteigausrüstung erforderlich.

Startpunkt: Eibsee / Zahnradbahn, 980 m (Anfahrt Seite 22, Nr. ⓫)

Strecke: ❶ Parkplatz Zahnradbahn 980 m, ❷ Abzweig Haltestelle Riffelriß 1522 m, ❸ Wiener-Neustädter-Hütte 2213 m, ❹ Zugspitze 2962 m

Interessantes: Ein natürlicher Felskamin „Stopselzieher“ wird durchstiegen.

Einkehr: Wiener-Neustädter-Hütte, Münchner Haus, Panorama 2962, Panorama-Gipfelrestaurant

6:00 Std. | 9,6 km | 1915 hm

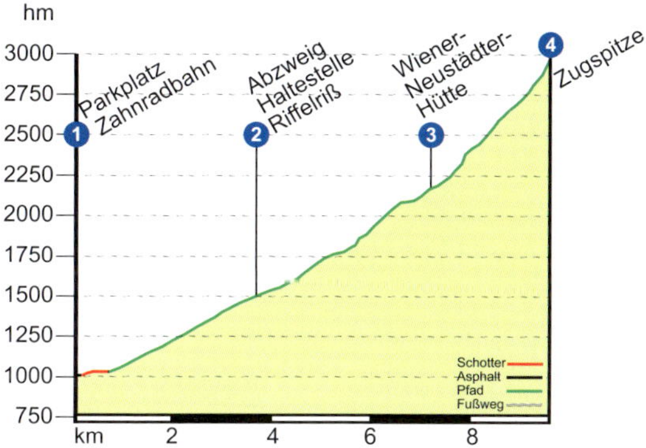

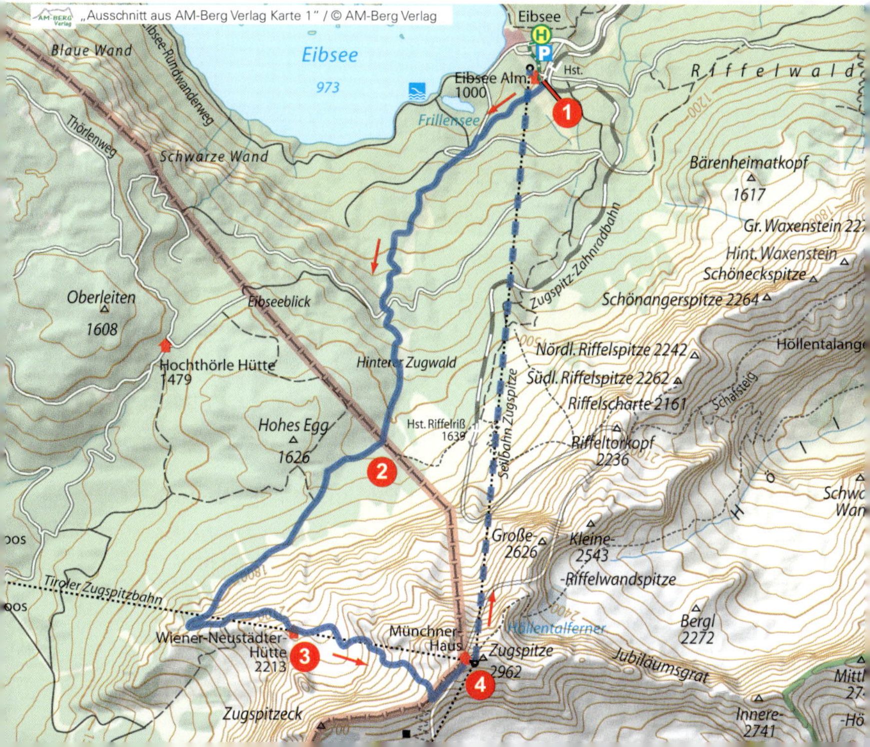

30 „Zugspitze über Stopselzieher“ (2962 m)

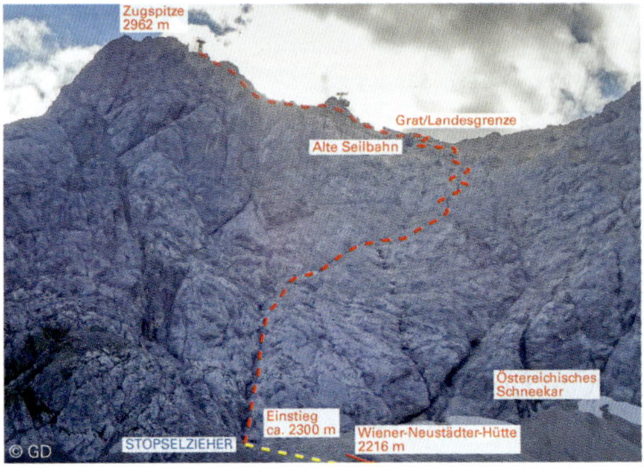

Wegbeschreibung:

Vom ❶ **Parkplatz** bei der **Zahnradbahn** auf der asphaltierten Straße bis zur Eibsee Alm gehen. Von hier dem Forstweg nach Westen, Richtung „Station Riffelriß“ folgen. Bei einer Weggabelung biegt man links auf einen Karrenweg ab und wandert steil bergauf, bis man wieder auf die Forststraße trifft. Hier geradeaus und auf der ehemaligen Riffelriß Skipiste bergauf laufen. Nach 300 m zweigt von der Skipiste ein Weg rechts in den Wald ab. Auf diesem Weg, der sich am Rand der Skipiste hinaufschlängelt, bis zu einer Forststraße aufsteigen. Die Forststraße überqueren und weiter dem Weg Richtung „Riffelriß“ folgen.

Direkt bei der Landesgrenze (Schild) teilt sich der Weg. (Links der ❷ **Abzweig** geht zur **Haltestelle Riffelriß**). Man hält sich sich geradeaus und folgt dem Steig Richtung „Wiener-Neustädter-Hütte“. Der Steig „821“ führt zunächst durch lichten Wald, später durch eine Latschenzone und dann über ein Geröllfeld, bis zu einer Felsstufe. Über diese und weitere kurze Felsstufen, die mit einem Drahtseil gesichert sind, geht es bis zu einer Geländekante hinauf. Hier trifft man auf den Weg „801“, der von Ehrwald heraufführt. Von hier hat man einen sensationellen Blick nach Ehrwald, Lermoos, Biberwier und bis zum Fernpass.

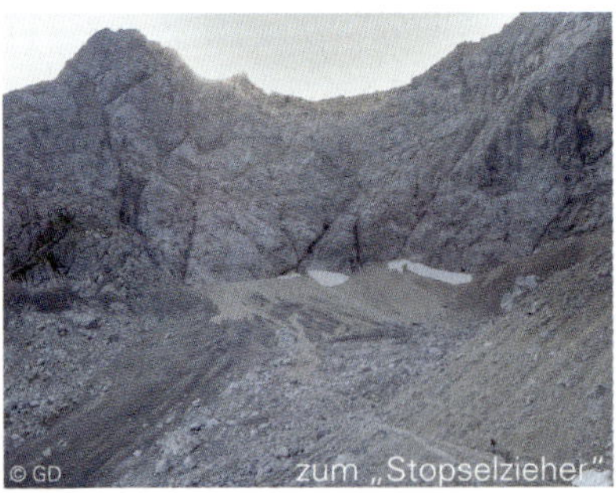

zum „Stopselzieher“

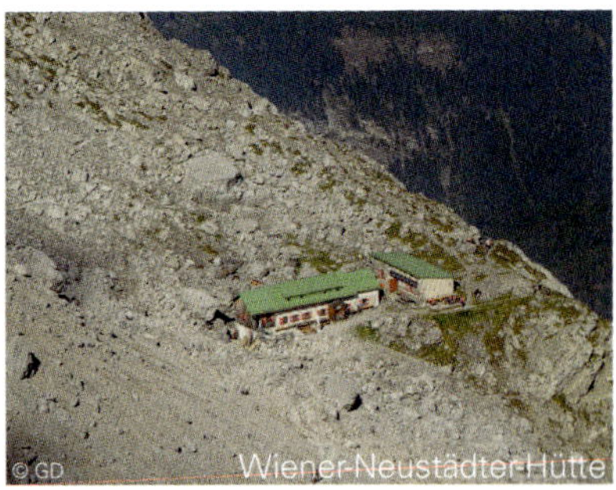

Wiener-Neustädter-Hütte

Jetzt links halten und dem Stopselsteig bergauf folgen. Es geht an der Seilbahnstütze der Tiroler Zugspitzbahn vorbei und unterhalb der Seilbahn hinauf zur ❷ **Wiener-Neustädter-Hütte**. Dieser Weg ist zwar gut ausgebaut, an manchen Stellen auch mit Drahtseil versichert, aber er führt durch sehr steiles ausgesetztes Gelände. Vor allem im Frühjahr halten sich an den steilen Hängen oft sehr lange Altschneefelder.

Von der Wiener-Neustädter-Hütte geht es über ein großes Schotterfeld, auch hier kann sehr lange Schnee liegen, direkt zum Einstieg des Klettersteiges. Der Steig führt, nach wenigen Metern, durch ein Felsloch, das mit Drahtseilsicherungen und Tritteisen versichert ist. Der Stopselzieher-Steig hat seinen Namen dieser Passage zu verdanken. Nach diesem kurzen, sehr interessanten Teilstück wird der Steig etwas leichter und führt drahtseilgesichert durch die steile, felsige Bergflanke etwa 750 hm nach oben. Kurz vor dem Grat, kommt man an der Ruine der ehemaligen Bergstation der Tiroler Zugspitzbahn vorbei. Auf dem Grat trifft man auf den Steig „801", der vom Sonnalpin heraufkommt. Nun über diesen Weg bis zur Eisentreppe gehen, die zum Zugspitzplateau hinaufführt. Von hier, am Münchner Haus vorbei, bis zum östlichen Ende der Plattform weitergehen. Dort über die Treppe in das Gebäude und dann durch die Türe nach draußen gehen. Nun über Stufen hinunter bis zum letzten Anstieg (kurzer Klettersteig) zum Gipfel der ❹ **Zugspitze**.

Mit der Seilbahn Zugspitze fährt man dann ins Tal.

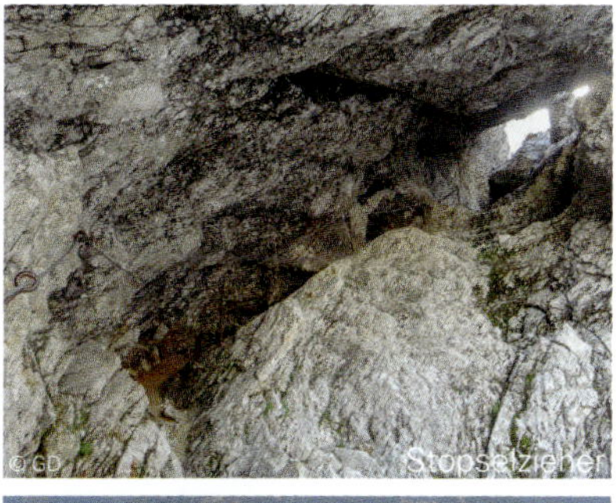

© GD Stopselzieher

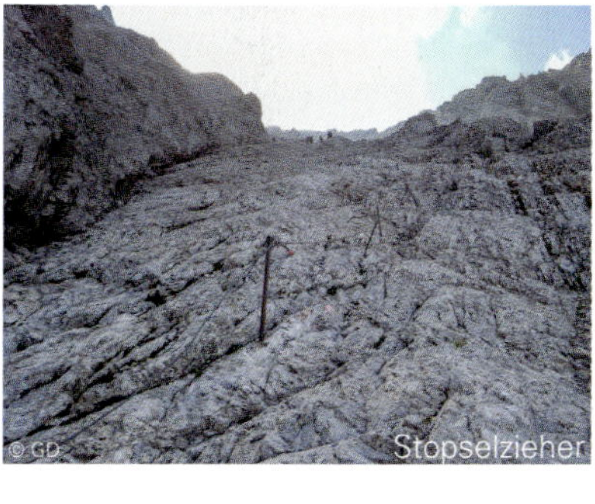

© GD Stopselzieher

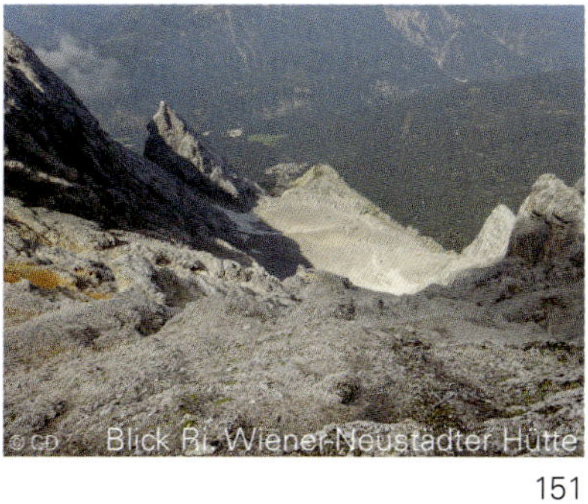

© GD Blick Ri. Wiener-Neustädter Hütte

31 „Zugspitze über Höllental“ (2962 m)

Abwechslungsreichster und anspruchsvollster Aufstieg zur Zugspitze

Über das Höllental auf die Zugspitze ist eine der schönsten und anspruchsvollsten Touren im Wettersteingebirge. Man durchsteigt fast alle Vegetationsstufen. Von der Wald- und Wiesenlandschaft im Tal geht es über Latschen, Gletscher und Felslandschaften hinauf zur Zugspitze.

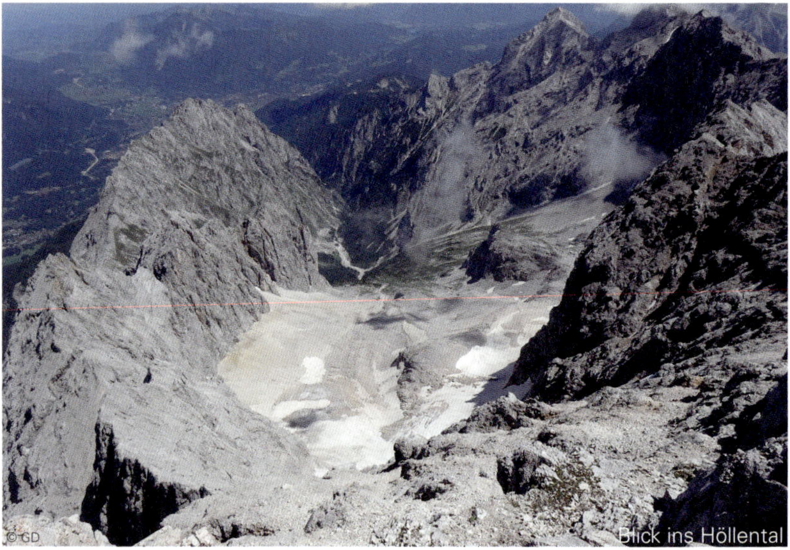

©GD

Blick ins Höllental

Schwierigkeit: Der Höllentalanstieg verläuft teilweise auf einem Klettersteig (meist A, A/B) und durch hochalpines Gelände. Der Höllentalferner sollte nicht unterschätzt werden, vor allem im Sommer / Herbst, wenn der Schnee abgetaut ist, kommen zahlreiche Gletscherspalten zum Vorschein. Klettersteigausrüstung, Steigeisen sind dringend erforderlich.

Startpunkt: Parkplatz Hammersbach, 760 m (Anfahrt Seite 22, Nr. ⑩)

Strecke: ❶ Wanderparkplatz Hammersbach 760 m, ❷ Höllentalangerhütte 1381 m, ❸ Einstieg Klettersteig 1620 m, ❹ Gletscher 2300 m, ❺ Zugspitze 2962 m

Interessantes: Durchquerung fast aller Vegetationsstufen.

Einkehr: Höllentalangerhütte, Münchner Haus, Panorama 2962

8:00 Std. 10,8 km 2254 hm

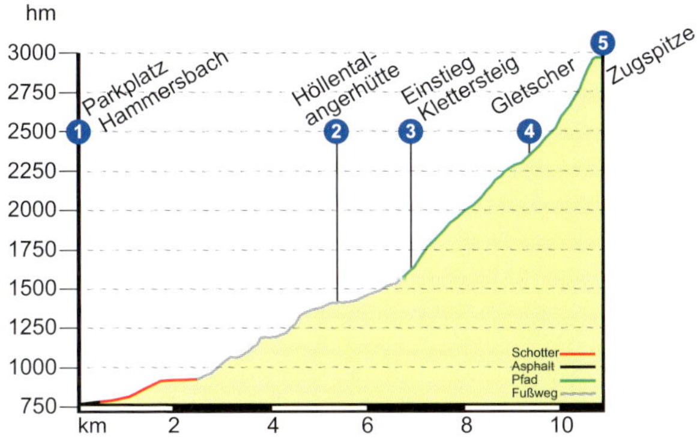

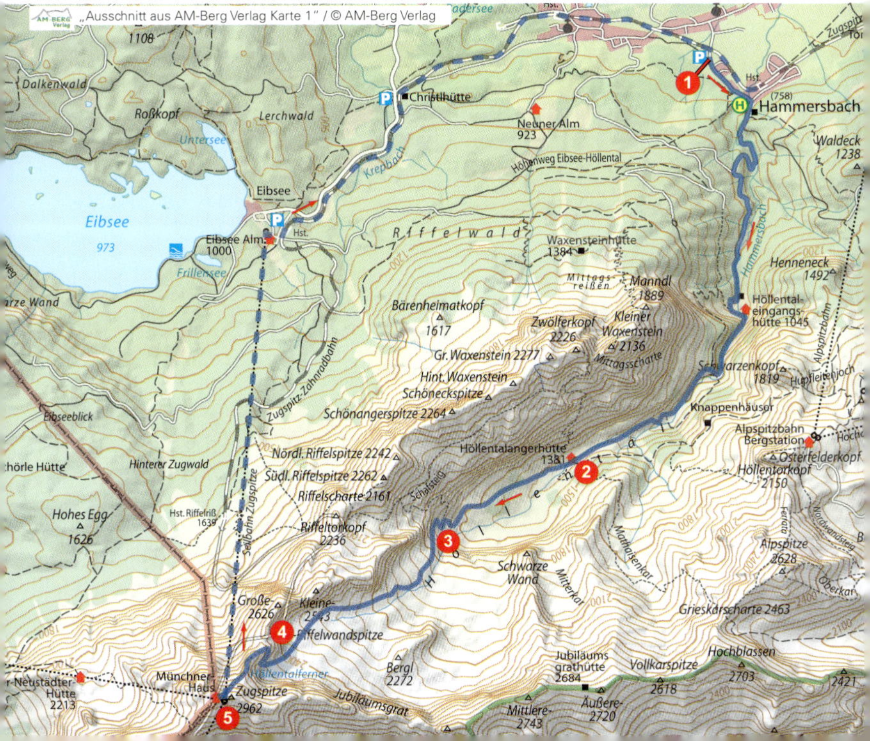

31 „Zugspitze über Höllental“ (2962 m)

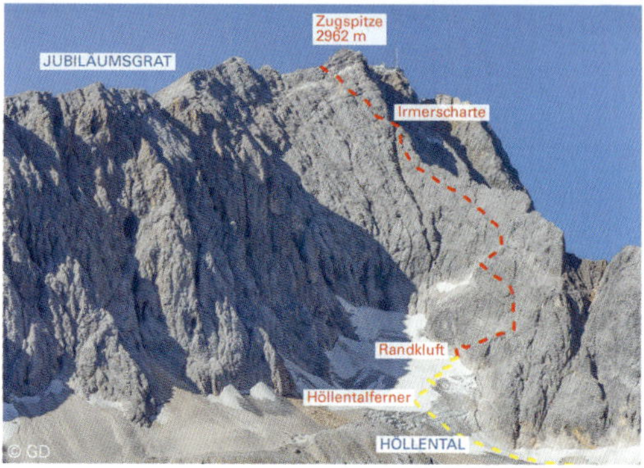

Wegbeschreibung:

Vom ❶ **Wanderparkplatz Hammersbach** auf dem Gehweg nach Hammersbach laufen und vor dem Hotel Hammersbach, rechts dem Forstweg Richtung „Höllentalklamm“ folgen. An der Hammersbacher Hütte vorbei und zunächst links, an dem hier sehr zahmen Hammersbach, taleinwärts gehen. Bei einer Brücke wechselt man die Bachseite, um über den nun steilen Forstweg rasch an Höhe zu gewinnen. Nach einiger Zeit passiert man die Materialseilbahnen (Höllentalangerhütte und Höllentalklamm Eingangshütte). Hier wird das Tal deutlich enger, die schroffen Felsen des Höllentals ragen steil in den Himmel. Auf dem breiten Weg mit vielen Serpentinen erreicht man eine Weggabelung, hier links Richtung „Höllentalklamm Eingangshütte“. Bei der kleinen, auf einem Felsvorsprung exponiert stehenden Höllentaleingangshütte muss man das Ticket für die Klamm kaufen.

Jetzt beginnt der Weg durch die Höllentalklamm. Durch die tiefe, enge Schlucht, in der spektakuläre Wasserfälle tosen, führt der Weg durch einige Tunnels, über Stufen und Brücken hinauf zum Klammende. Der Weg wurde von 1902 bis 1905 mit großem Aufwand angelegt. Nach der Klamm wird

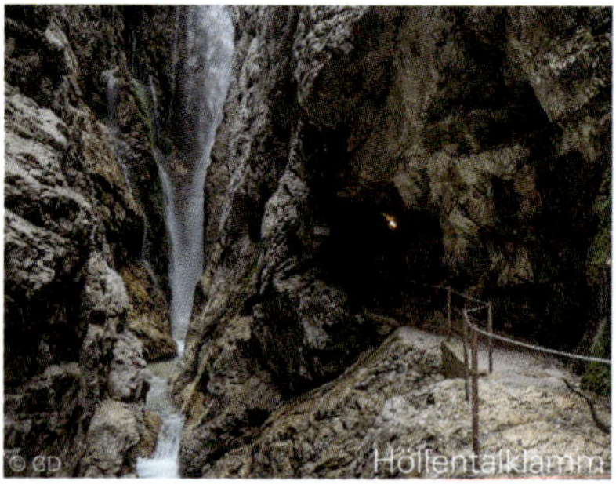

Höllentalklamm

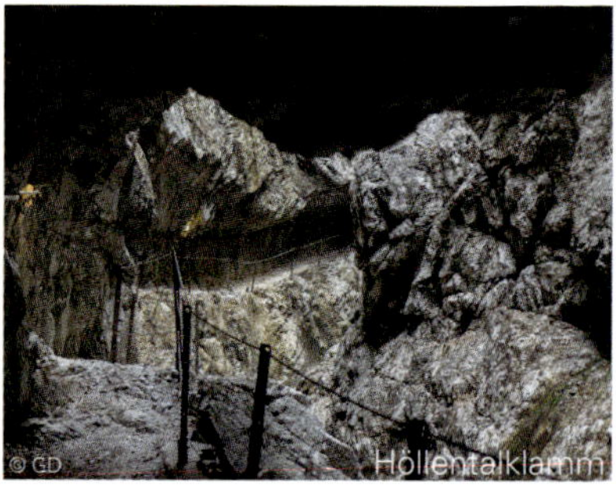

Höllentalklamm

Wussten Sie schon ...?

- ... dass die Zugspitze mit 2962 m der höchste Berg Deutschlands ist und dass sich auf der Zugspitze der letzte deutsche Gletscher befindet. Seit 1949 ist das Zugspitzplatt ein Skigebiet.

- ... dass auf der Zugspitze täglich Gletscherführungen angeboten werden und dass je nach Schneelage, von Juni - September eine Rodelstrecke zur Verfügung steht..

- ... dass es auf der Zugspitze, an der Bergstation der Zugspitzbahn, ein Erlebnismuseum „Faszination Zugspitze" gibt. Der Besucher bekommt hier Einblicke in die Geschichte rund um die Zugspitze sowie der Seilbahnen auf die Zugspitze.

das Höllental etwas breiter und Bäume säumen den Weg. Etwa 300 m nach dem Klammende kommt man am Abzweig zum Stangensteig vorbei. Hier dem Weg geradeaus weiter, bis zur ❷ **Höllentalangerhütte** folgen.

Von der Höllentalangerhütte wandert man taleinwärts, bis zum ❸ **Beginn** des **Klettersteiges**. Hier legt man die Klettersteigausrüstung an und steigt über die sogenannte „Leiter" und das „Brett" auf. Nach dem „Brett" endet zunächst die Seilversicherung. Man folgt dem Steig, über einfaches ungesichertes Klettergelände (Einser-Gelände), bis zum „Grünen Buckel". Über diesen geht es dann weiter durch das Schottergelände und entlang der Moräne bis zum

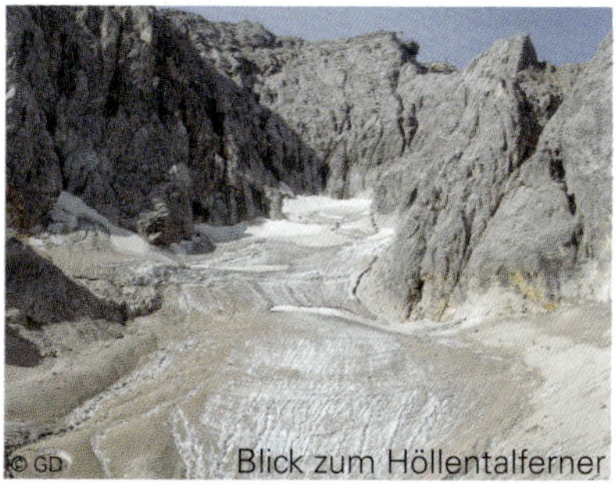

© GD Blick zum Höllentalferner

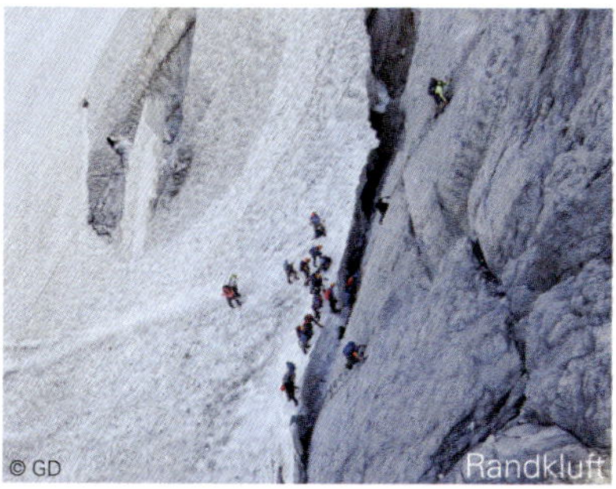

© GD Randkluft

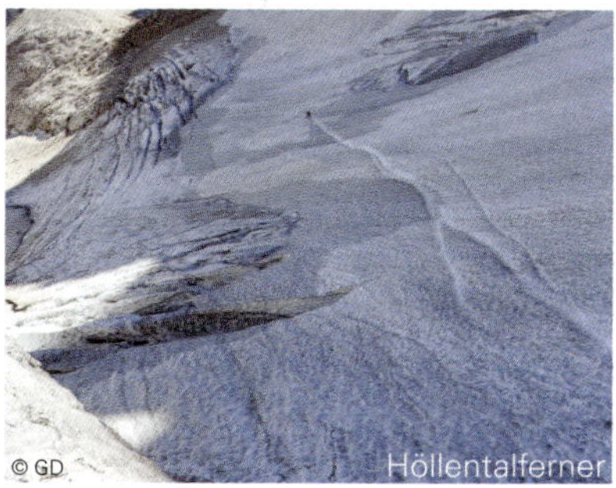

© GD Höllentalferner

❹ **Gletscher**. Am Beginn des Gletschers werden die Steigeisen angelegt, dann steigt man über den zunächst flachen, weiter oben zunehmend steiler werdenden Gletscher bis zur Randkluft.

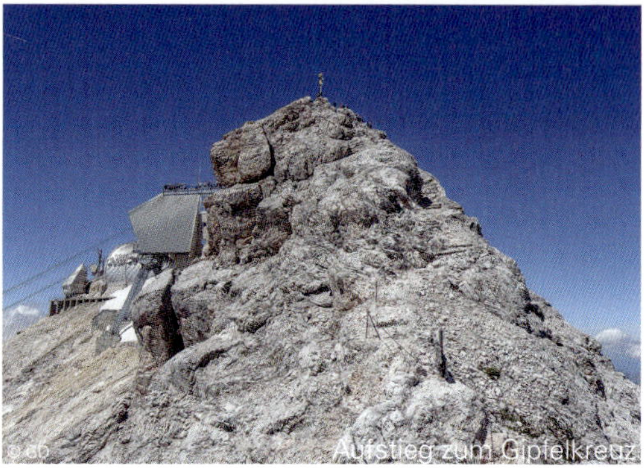
© GD Aufstieg zum Gipfelkreuz

Je nach Schnee- und Eisverhältnissen kann das Überwinden der Randkluft eine große Herausforderung darstellen. Nach der Randkluft folgt man stets dem Klettersteig bis zum Gipfel der ❺ **Zugspitze**. Die Talfahrt erfolgt mit der Seilbahn Zugspitze zum Eibsee und dann mit der Zahnradbahn zur Haltestelle Hammersbach fahren.

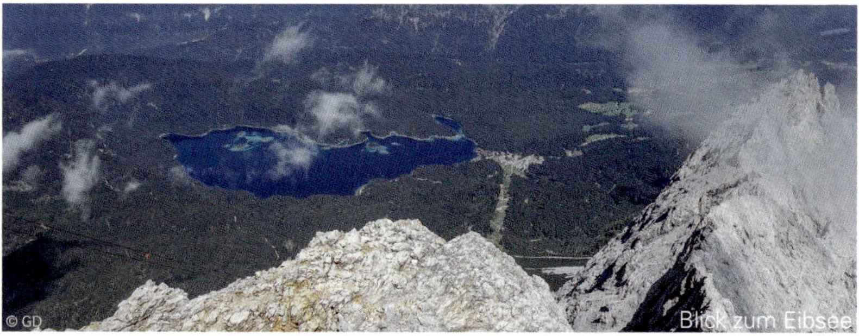
© GD Blick zum Eibsee

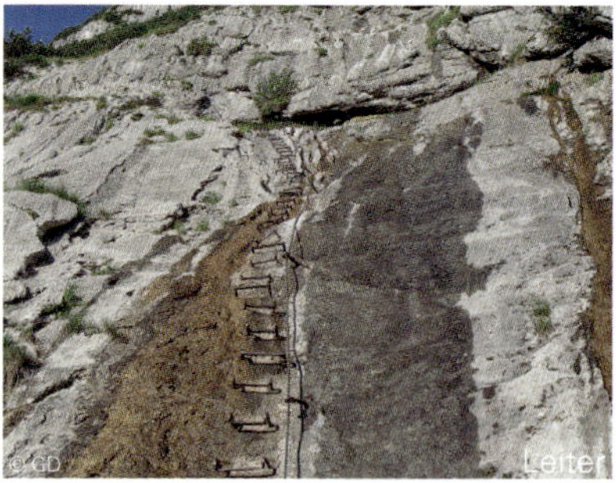
© GD Leiter

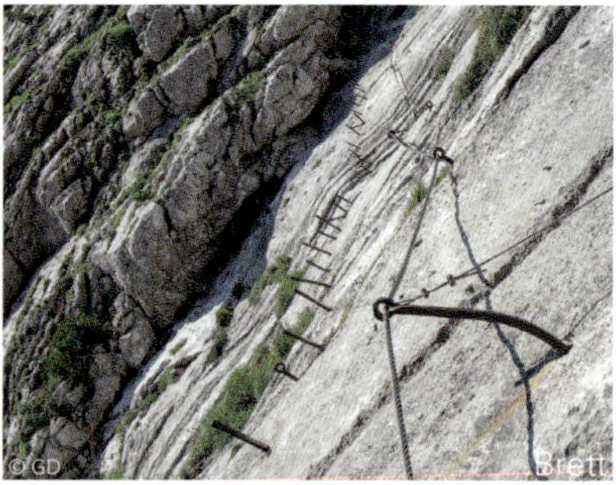
© GD Brett

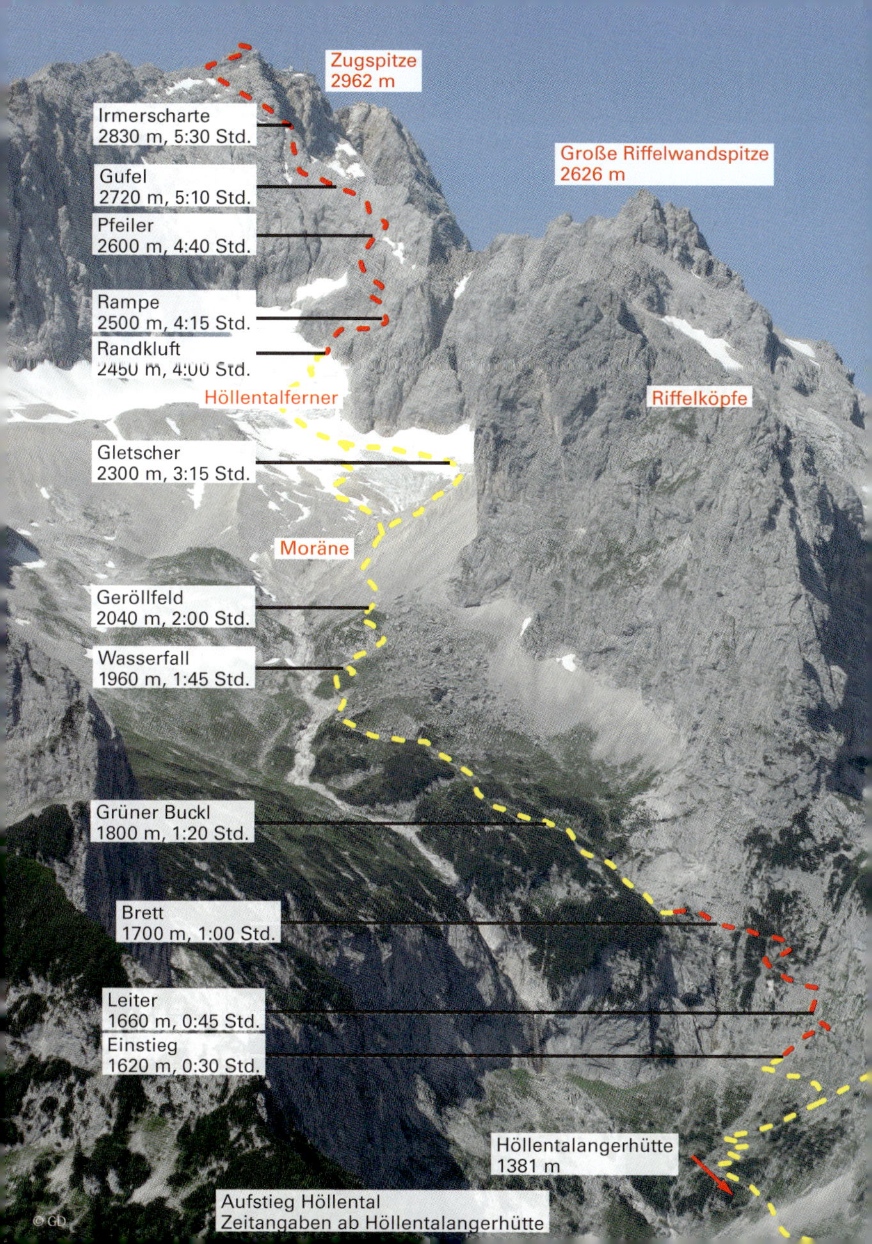

Zugspitze
2962 m
Irmerscharte
2830 m, 5:30 Std.
Gufel
2720 m, 5:10 Std.
Pfeiler
2600 m, 4:40 Std.
Große Riffelwandspitze
2626 m
Rampe
2500 m, 4:15 Std.
Randkluft
2450 m, 4:00 Std.
Höllentalferner
Riffelköpfe
Gletscher
2300 m, 3:15 Std.
Moräne
Geröllfeld
2040 m, 2:00 Std.
Wasserfall
1960 m, 1:45 Std.
Grüner Buckl
1800 m, 1:20 Std.
Brett
1700 m, 1:00 Std.
Leiter
1660 m, 0:45 Std.
Einstieg
1620 m, 0:30 Std.
Höllentalangerhütte
1381 m
Aufstieg Höllental
Zeitangaben ab Höllentalangerhütte
© GD

Hütten / Bergbahnen

(Einkehr-Symbol) = Einkehrmöglichkeit (Übernachtungs-Symbol) = Übernachtungsmöglichkeit

Hütten / Gasthöfe	Einkehr	Übernachtung	Höhe	Tel.	Webseite
Bergstation Alpspitze	✓		2033 m	08821/58858	www.restaurant-alpspitze.de
Aule Alm	✓		798 m	08821/2384	www.aule-alm.de
Bayernhaus	✓	✓	1280 m	08821/2828	www.das-bayernhaus.de
Drehmöser 9	✓		1340 m	08821/7972020	www.drehmoeser9.de
Eckbauer	✓	✓	1236 m	08821/2214	www.eckbauer.de
Esterbergalm	✓		1262 m	08821/3277	www.almgasthof-esterberg.de
Garmischer Haus	✓		1333 m	08821/798550	www.zugspitze.de
Gschwandtnerbauer	✓		1020 m	08821/2139	www.gschwandtnerbauer.bayern
Hanneslabauer	✓	✓	860 m	08821/53131	
Hochalm	✓		1705 m		
Höllentalangerhütte (DAV)	✓	✓	1381 m	08821/9438548	www.alpenverein-muenchen-oberland.de
Höllentaleingangshütte	✓		1045 m	08821/8895	www.alpenverein-gapa.de
Kaiserschmarrn-Alm	✓		860 m	08821/7278193	www.kaiserschmarrn-alm.de
Knorrhütte (DAV)	✓	✓	2051 m	0151/14443496	www.knorrhuette.de
Kochelberg-Alm	✓		850 m	08821/56662	wwwkochelberg-alm.de
Kreuzalm	✓		1600 m	08821/3045	www.kreuzalm-garmisch.de
Kreuzeckhaus (DAV)	✓	✓	1652 m	08821/2202	www.alpenverein-gapa.de
Kreuzjochhaus		✓	1600 m	08821/50607	www.kreuzjochhaus.de
Meilerhütte (DAV)	✓	✓	2366 m	0171/5227897	www.meilerhuette.de
Münchner Haus (DAV)	✓	✓	2959 m	08821/2901	www.alpenverein-muenchen-oberland.de
Neuneralm	✓		923 m	08821/81225	www.neuneralm-grainau.de
Oberreintalhütte (DAV)		✓	1532 m	08821/2701	www.hbgap.de
Berggasthof Panorama	✓	✓	850 m	08821/9669070	www.berggasthof-panorama.de
Berggasthof Pflegersee	✓		845 m	08821/2771	www.pflegersee.com
Panorama 2962 (Gipfel)	✓		2962 m	08821/7970	www.zugspitze.de
Partnachalm	✓		1050 m	08821/2615	www.partnachalm.de

Pfeiffer Alm	🍴	🛏	950 m	08821/2720	www.pfeiffer-alm.de
Reintalangerhütte (DAV)	🍴	🛏	1369 m	08821/7089743	www.alpenverein-muenchen-oberland.de
Schachenhaus	🍴	🛏	1866 m	0172/8768868	www.schachenhaus.de
Sonnalpin Gletscherrestaurant auf dem Zugspitzplatt	🍴		2600 m	08821/7970	www.zugspitze.de
Sonnenalm (Wank)	🍴		1774 m	08821/797-0	www.zugspitze.de
St. Martin Hütte	🍴		1040 m	08821/4970	www.martinshuette-grasberg.de
Stepbergalm	🍴		1592 m	0171/5460788	www.stepberg-alm.de
Stuibenhütte (nur Winter)			1640 m	0174/7515911	www.alpenverein-gapa.de
Tannenhütte	🍴		940 m	0171/6232455	www.tannenhuette.de
Gasthof Wamberg	🍴		1016 m	08821/2293	www.wamberg.de
Wankhaus (DAV)	🍴	🛏	1780 m	08821/56201	www.alpenverein-gapa.de
Weilheimer Hütte (DAV)	🍴	🛏	1956 m	0170/2708052	www.dav-weilheim.de
Werdenfelser Hütte	🍴		795 m	08821/3333	

Bergbahnen	**Betriebszeiten**
Seilbahn Zugspitze (vom Eibsee zum Zugspitzgipfel)	Sept. - Juni: 8:30 - 16:45, Juli - August: 8:00 - 17:45, letzte Bergfahrt 30 Min. vor Betriebsende
Gletscherbahn Seilbahn (Zugspitzplatt zum Zugspitzgipfel)	Sept. - Juni: 8:45 - 16:25, Juli - August: 8:15 - 17:25
Alpspitzbahn Seilbahn zum Osterfelderkopf	Okt. - Feb. 8:30 - 16:30, März - Juni 8:30 - 17:00, Juli - Sept. 8:00 - 17:30, letzte Bergfahrt 30 Min. vor Betriebsende
Hochalmbahn Seilbahn (Hochalm zum Osterfelderkopf)	verkehrt halbstündlich während der Betriebszeiten der Alpspitzbahn
Kreuzeckbahn (Seilbahn zum Kreuzeck)	Nov. - Feb. 8:30 - 16:15, März - Juni 8:30 - 17:00, Juli - Sept. 8:30 -17:30, Okt. 8:30 - 17:00
Hausbergbahn (Seilbahn zum Hausberg)	während der Skisaison Nov. - Feb. 8:30 - 16:30, März - April 8:30 - 16:45
Wankbahn (Seilbahn zum Wank)	Winter teilweise in den Ferienzeiten, März - Okt.: 8:45 - 17:00, Nov.: 8:45 - 16:30, letzte Bergfahrt 30 Min. vor Betriebsende
Eckbauerbahn	9:00 - 18:00, letzte Bergfahrt 30 Min. vor Betriebsende
Graseckbahn	Während der Öffnungszeiten des Forsthaus Graseck , mit Tag- und Nachtbetrieb (täglich 7:00 - 22:00 Freitag und Samstag bis 24:00)

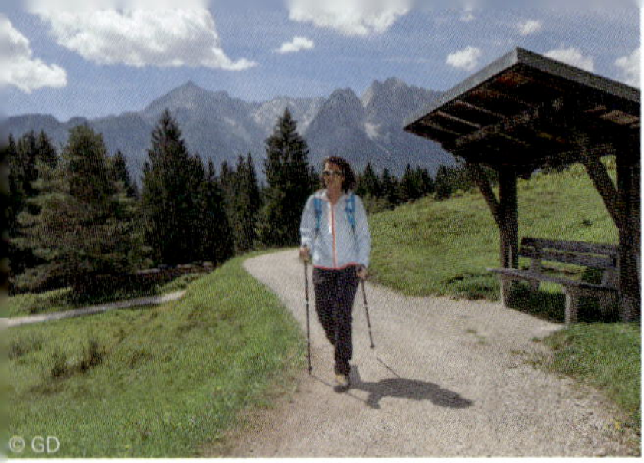

© GD

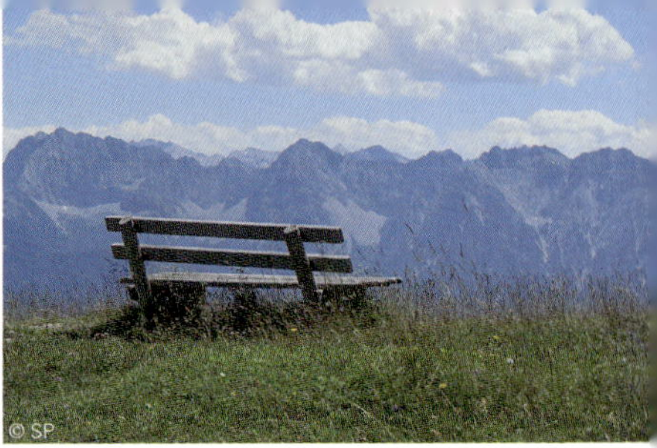

© SP

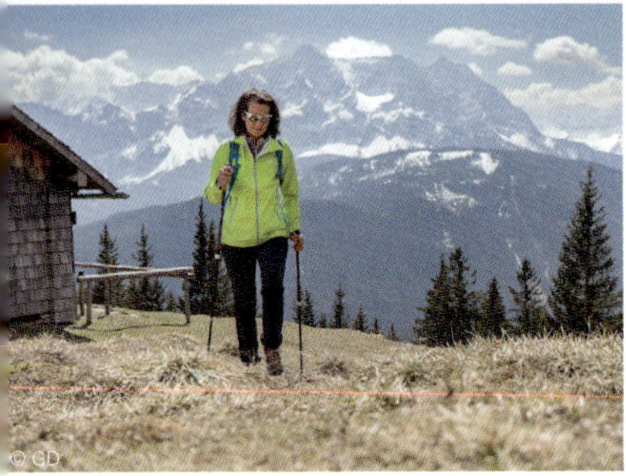

© GD

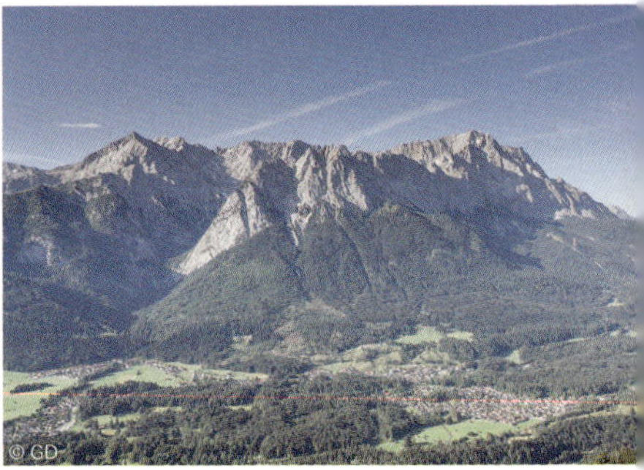

© GD

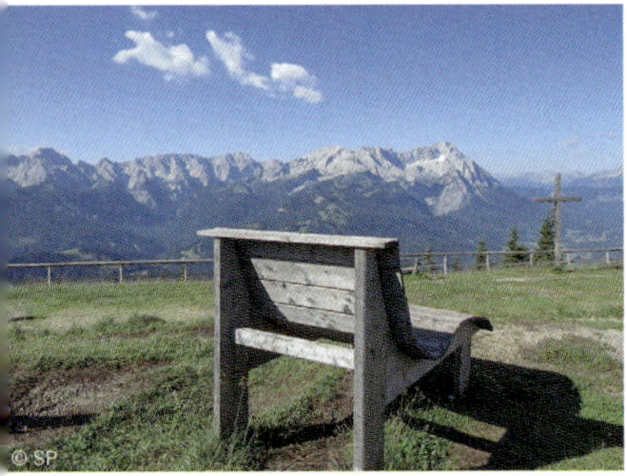

© SP

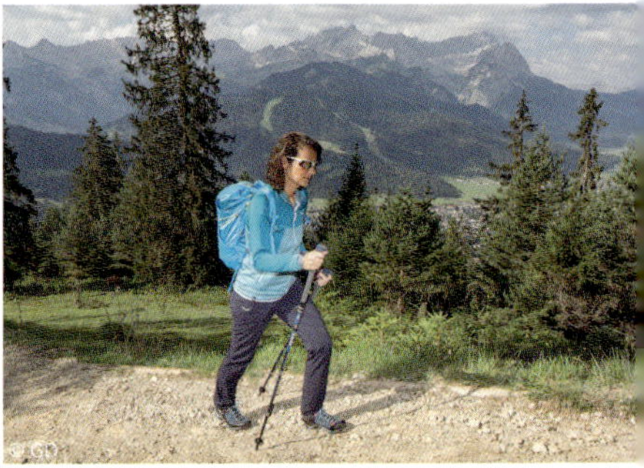

© GD

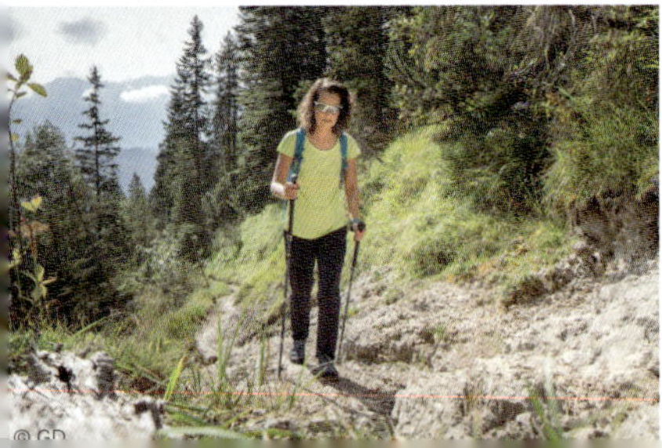

© GD

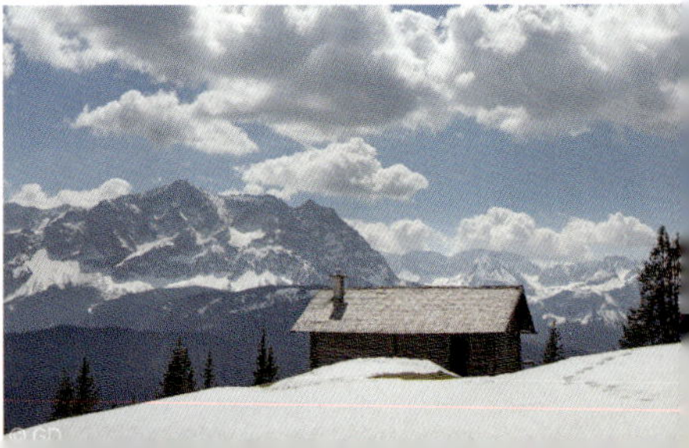

© GD

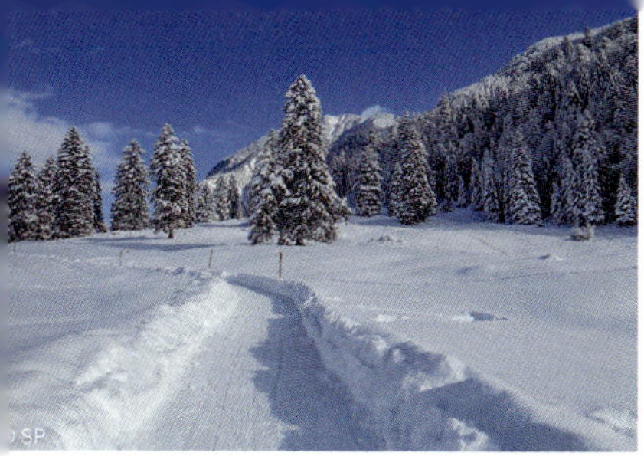
SP
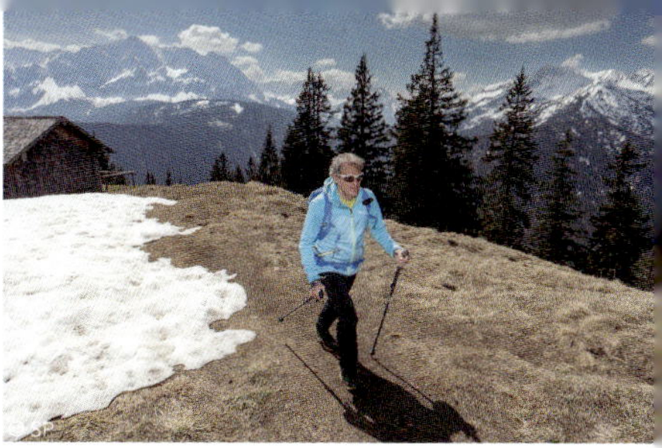
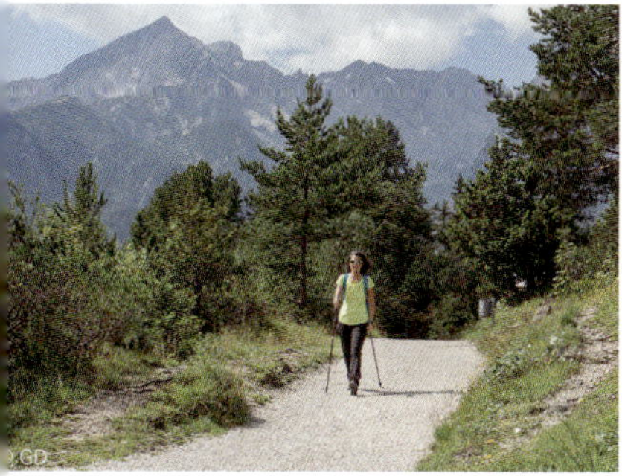
GD
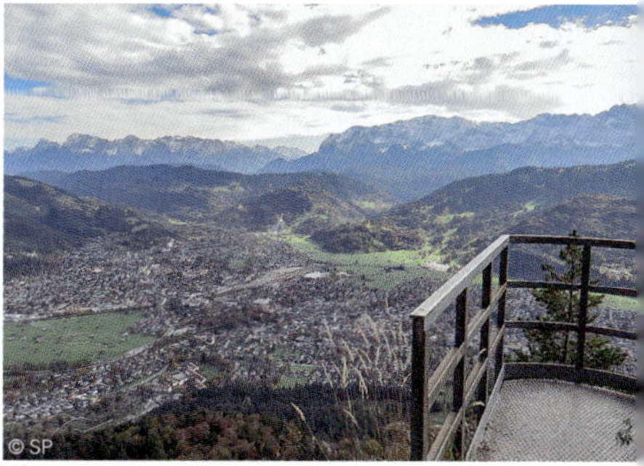
© SP
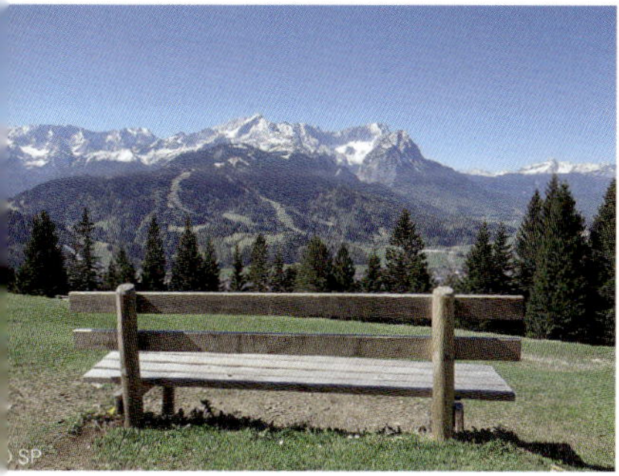
SP
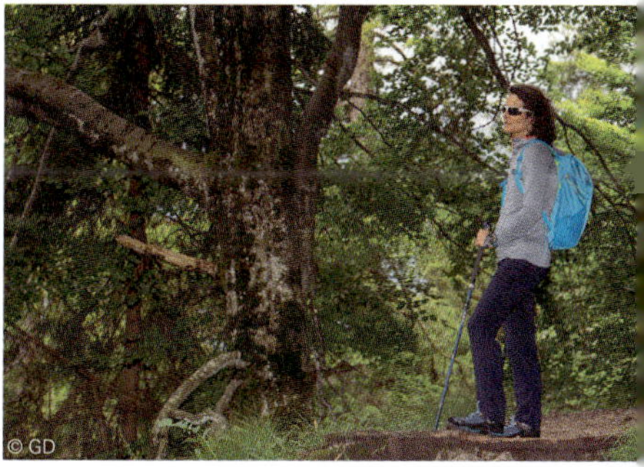
© GD
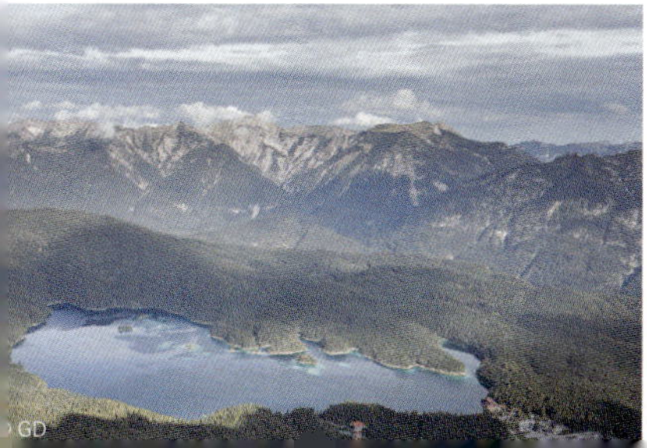
GD
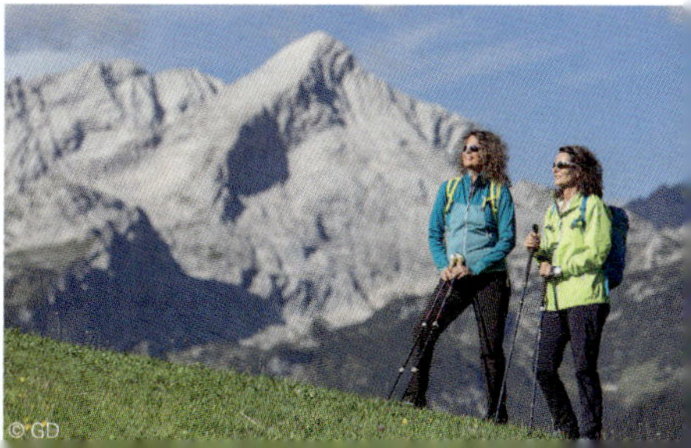
© GD

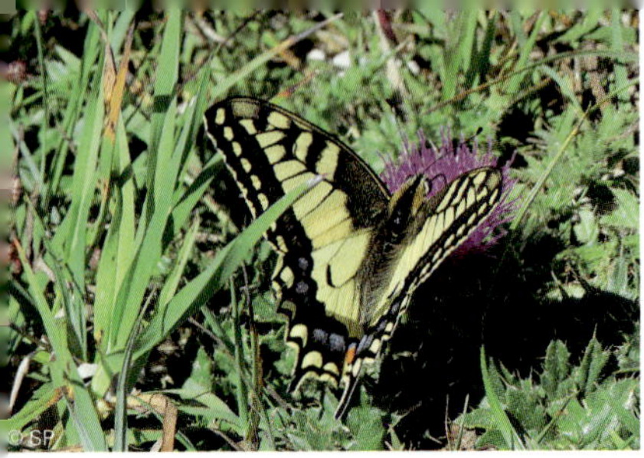
© SP
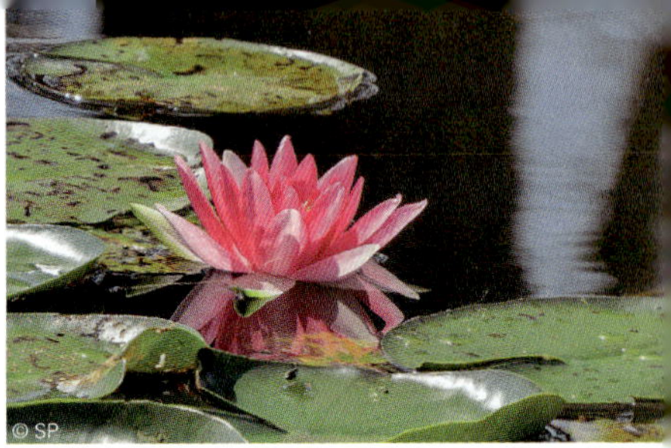
© SP
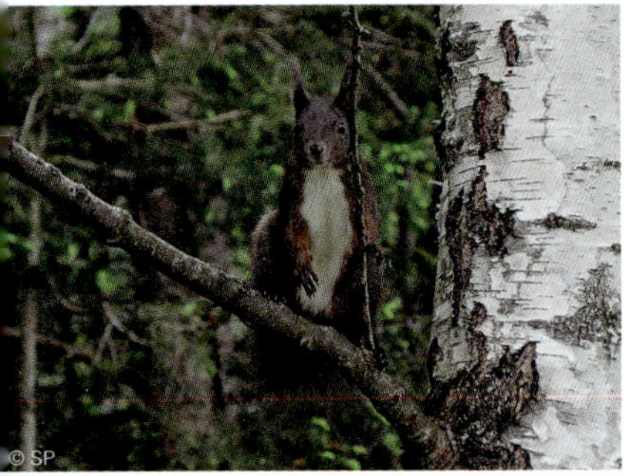
© SP
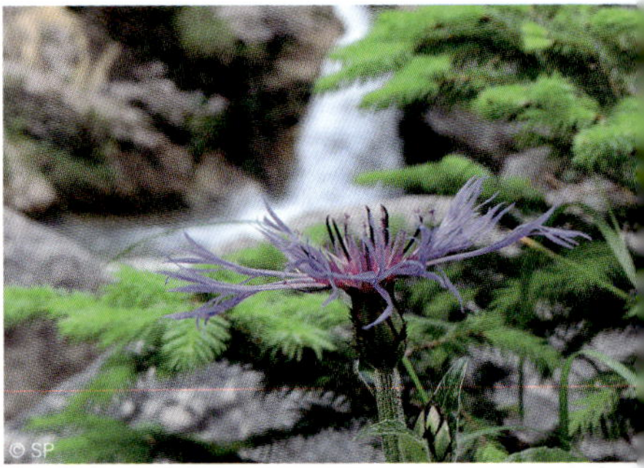
© SP
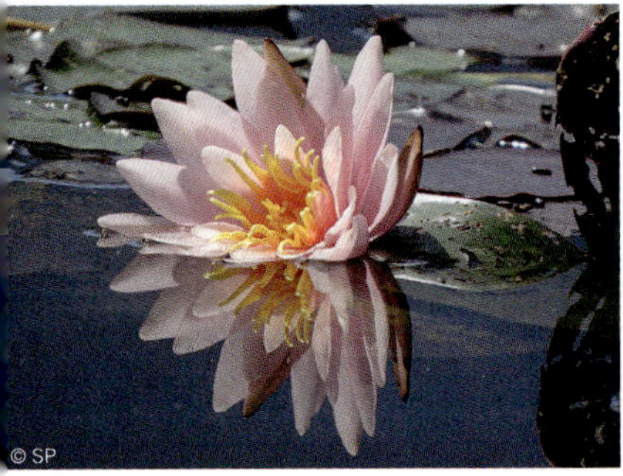
© SP
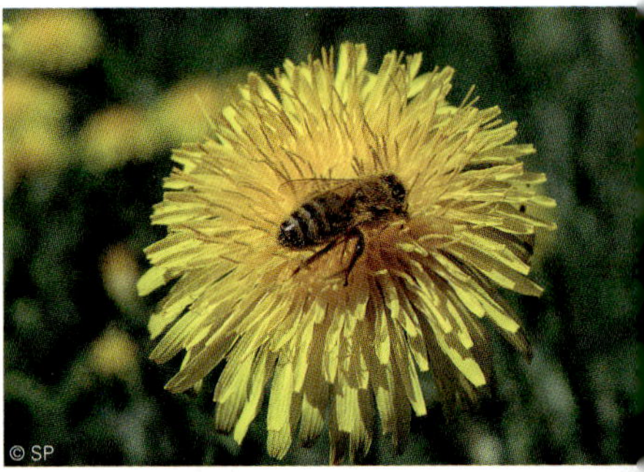
© SP
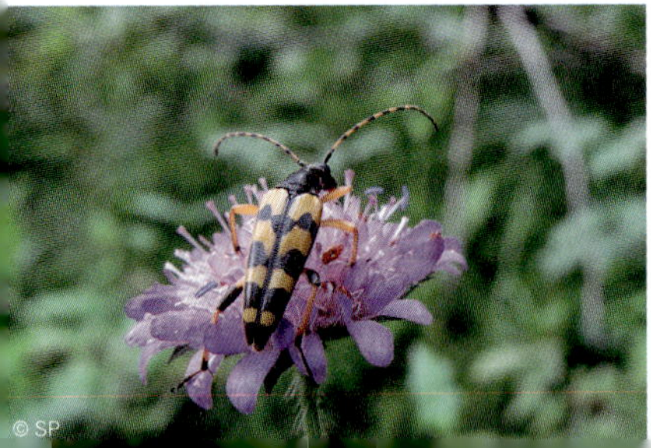
© SP
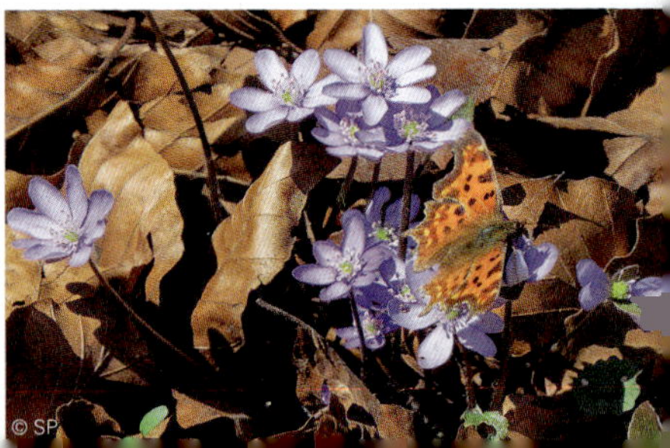
© SP

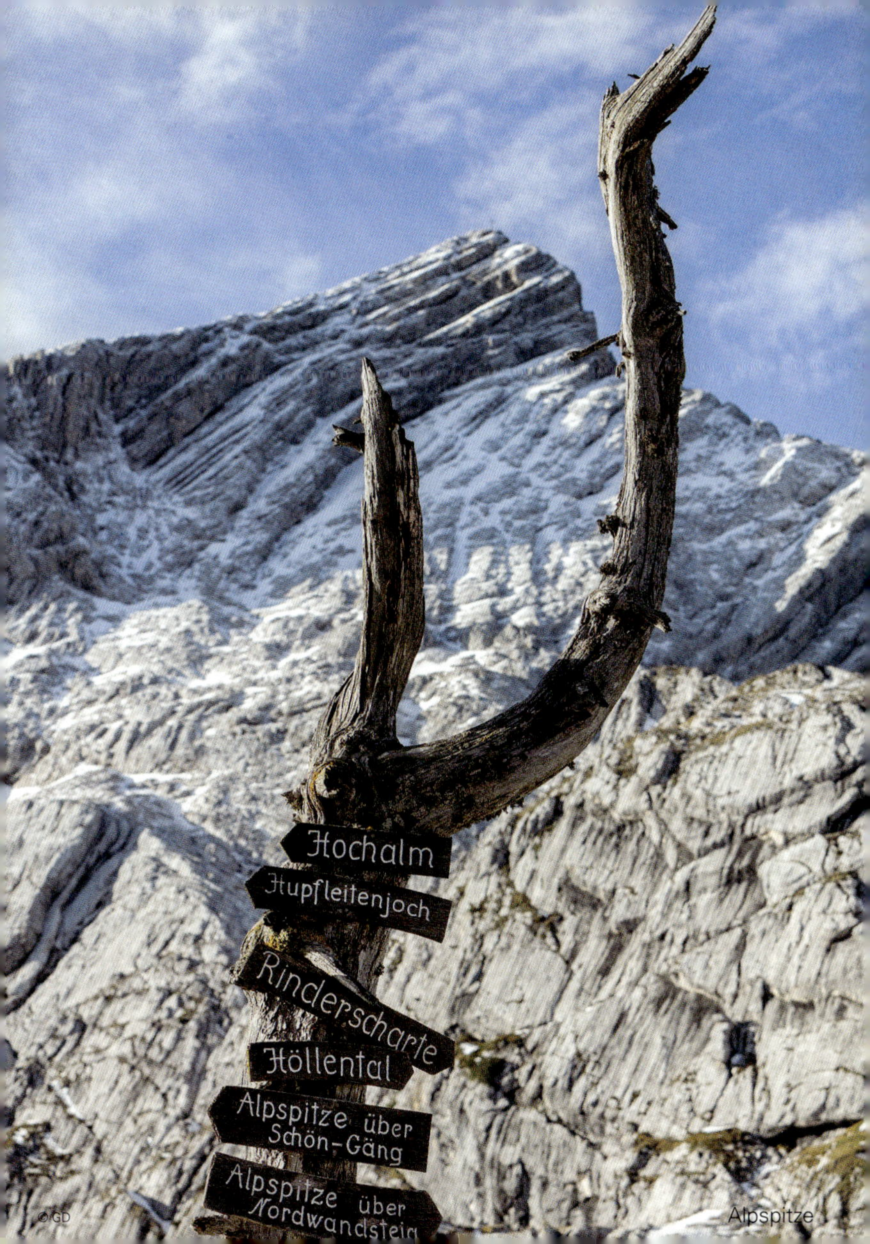

© GD

Alpspitze

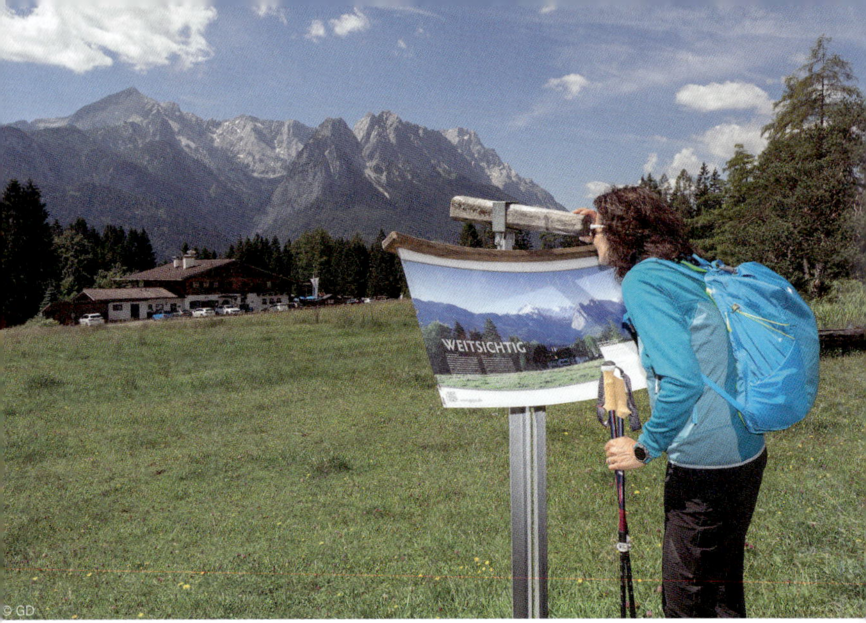

© GD

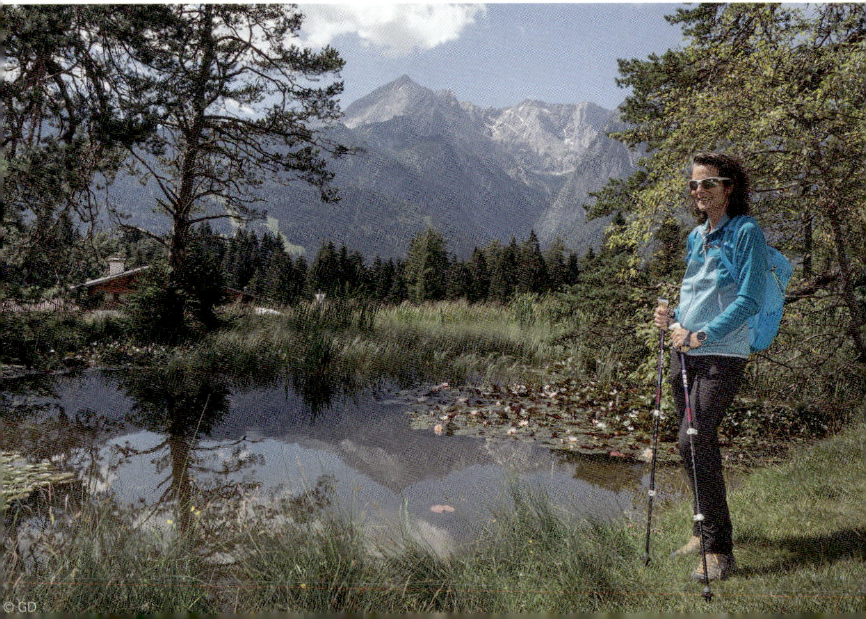
© GD

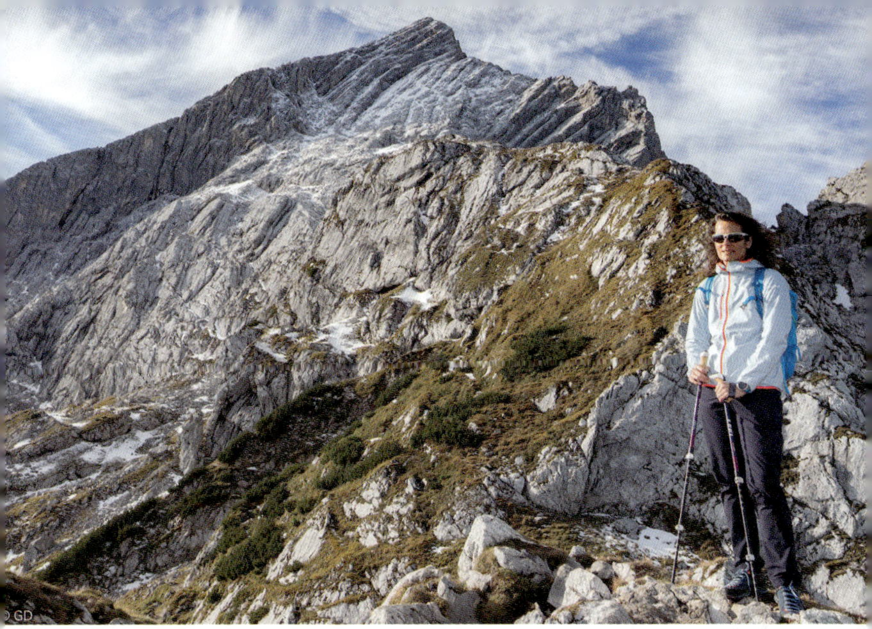
© GD

Auswahl weiterer Tourenführer im AM-BERG Verlag

Wanderführer

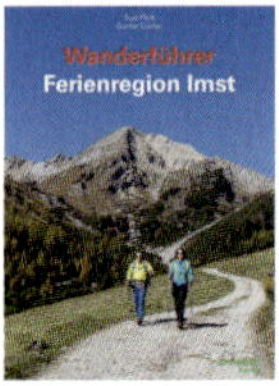

Wanderführer
Ferienregion Imst
ISBN: 978-3-946613-02-02

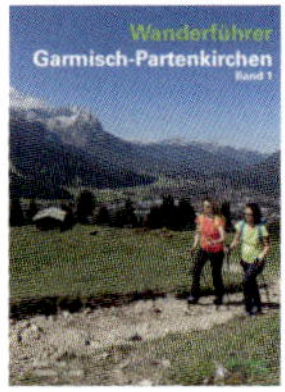

Wanderführer
Garmisch-Partenkirchen, Band 1
ISBN: 978-3-946613-12-1

Schwerpunkt:
leichte - mittlere Touren

E-Bike Tourenführer

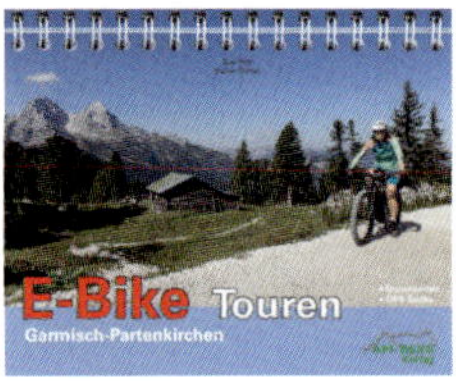

Band 1
Garmisch-Partenkirchen
ISBN: 978-3-946613-07-7

Kletterführer

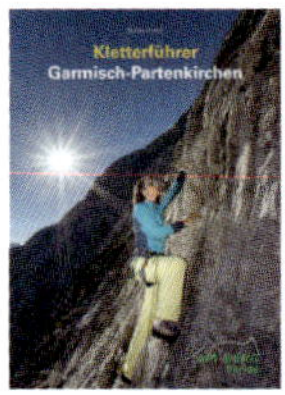

Kletterführer
Garmisch-Partenkirchen
ISBN: 978-3-946613-09-1

Mountainbike Tourenführer

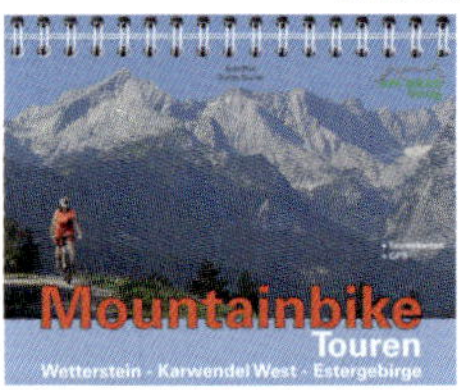

Band 1
Wetterstein-Karwendel West-Estergebirge
ISBN: 978-3-9815671-7-5

Band 6
Tegernsee-Schliersee-Bayrischzell
ISBN: 978-3-9815671-0-6

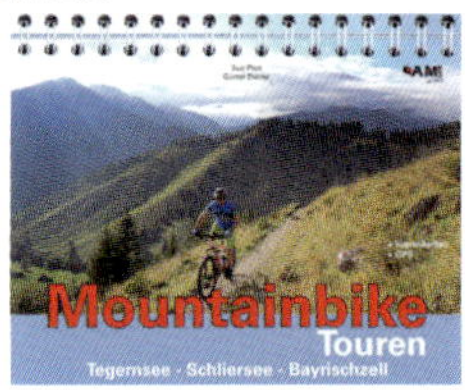

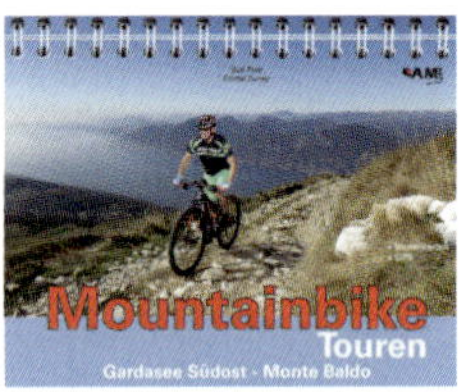

Band 7
Gardasee Südost-Monte Baldo
ISBN: 978-3-9815671-3-7

Band 8
Gardasee Südwest-Valvestino See
ISBN: 978-3-9815671-6-8

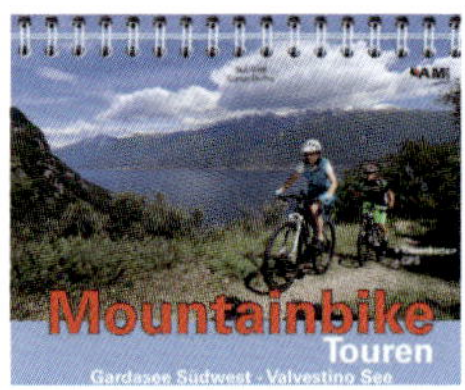

AM-Berg Verlag
Am Lahnewiesgraben 8, 82467 Garmisch-Partenkirchen
Telefon: 08821/969110 www.am-berg-verlag.de info@am-berg-verlag.de

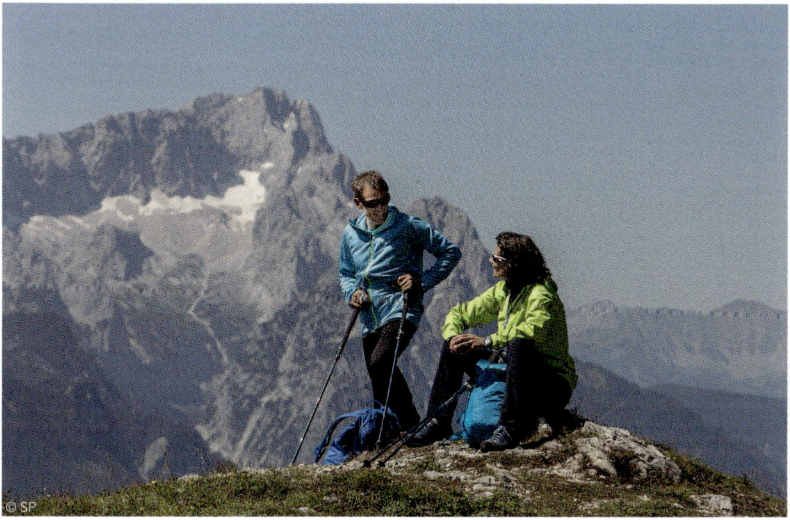

© SP

Die Autoren

Susi Plott

lebt seit 2003 in Garmisch-Partenkirchen. Die begeisterte Outdoorsportlerin schätzt und liebt die vielfältigen Tourenmöglichkeiten des Werdenfelser Landes. Sie ist auch Autorin von verschiedenen Mountainbike und e-Bike Tourenführern sowie einem Freizeitführer.

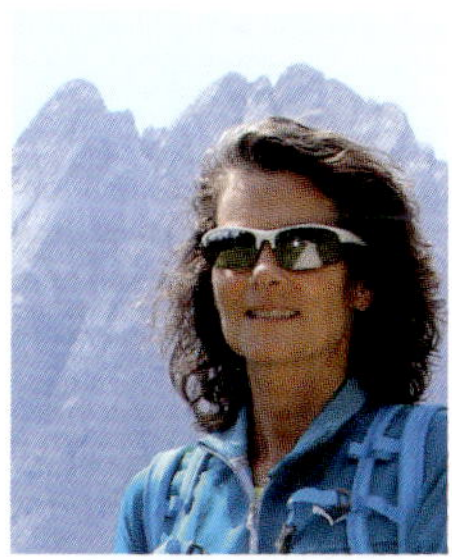

Günter Durner

Der staatlich geprüfte Berg- und Skiführer ist das ganze Jahr hindurch in den Bergen unterwegs. In Garmisch-Partenkirchen kennt er fast alle Kletter-, Mountainbike- und Bergtouren. Er ist Autor von vielen bergbezogenen Büchern (Kletterführer, Lehrbücher und Mountainbike / e-Bike Tourenführer) sowie einem Freizeitführer.

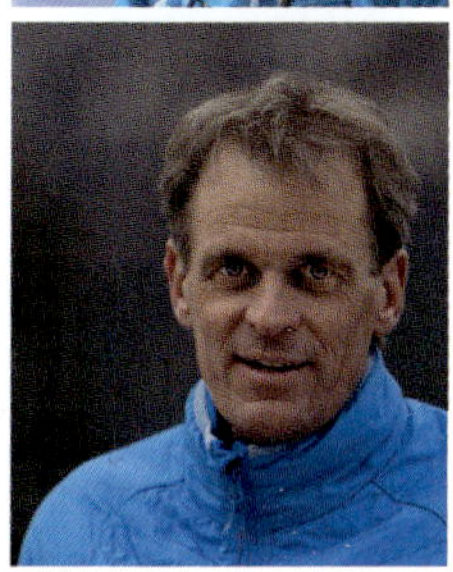

Wanderführer Garmisch-Partenkirchen, Band 2

Erschienen im AM-BERG Verlag, www.am-berg-verlag.de

1. Auflage 2022 ISBN 978-3-946613-10-7

Produktmanagement: Susi Plott
Text: Susi Plott und Günter Durner (www.am-berg.de)
Lektorat: Susi Plott, Heide Plott
Modelle: Susi Plott, Christine Söllner, Günter Durner
Vanessa Ruetz (Seite 14)

Fotos: Susi Plott (SP) und Günter Durner (GD)

Layout, Grafik, Satz: Astanelli (Susi Plott), www.astanelli.de
Günter Durner

Druck: SIA UnitedPress Tipografija, www.unitedpress.lv
Landkarten: © AM-Berg Verlag
Kartographie: GeoGraphic Production, Thomas Gall - www.geographic-production.de

Vielen Dank für die Unterstützung folgender Firmen:

SALEWA LEKI GARMIN

Über konstruktive Kritik, Kommentare und Verbesserungsvorschläge würden wir uns freuen. Die gesamten Informationen in diesem Führer wurden von den Autoren gewissenhaft und mit größter Sorgfalt gesammelt und überprüft. Da inhaltliche und sachliche Fehler nicht ausgeschlossenen werden können, erklärt der AM-BERG Verlag, dass alle Angaben im Sinne der Produkthaftung ohne Garantie erfolgen und dass Verlag sowie Autoren keinerlei Verantwortung und Haftung für inhaltliche und sachliche Fehler übernehmen.